WINKLER
WELTLITERATUR
WERKDRUCK
AUSGABE

Porträt Benjamin Franklins von George Dunlop Leslie

Benjamin Franklin
Lebens-
erinnerungen

HERAUSGEGEBEN VON
MANFRED PÜTZ

WINKLER VERLAG
MÜNCHEN

In der deutschen Erstübertragung Gottfried August Bürgers
(Teil I, 1792) sowie der Kapp-Auerbachschen Fassung
(Teil II-IV, 1876), durchgesehen und nach der kritischen Ausgabe
von L. W. Labaree (Yale 1964) ergänzt von Gottfried Krieger.
Mit fünf Illustrationen. Anmerkungen und Zeittafel
von G. Krieger. Herausgegeben und mit einem Nachwort
versehen von Manfred Pütz.
ISBN 3 538 06572 1

CIP-Kurztitelaufnahme der Deutschen Bibliothek
Franklin, Benjamin: Lebenserinnerungen / Benjamin Franklin. Hrsg. von
Manfred Pütz. –
In d. dt. Erstübertr. Gottfried August Bürgers (Teil I, 1792)
sowie d. Kapp-Auerbachschen Fassung (Teil II – IV, 1876),
durchges. u. nach d. krit. Ausg. von L. W. Labaree
(Yale 1964) / erg. von Gottfried Krieger. Anm. u.
Zeittafel von G. Krieger. – München : Winkler, 1983.
(Winkler-Weltliteratur-Werkdruck-Ausgabe)
ISBN 3-538-06572-1
NE: Pütz, Manfred [Hrsg.]; Franklin, Benjamin:
[Sammlung ‹dt.›]

Umschlaggestaltung: Meike Harms, unter Verwendung eines Porträts
von Daniel Martin, © White House Historical Association;
Photograph by the National Geographic Society.

I

of ~~all~~ my Rowing; but a Man being ²³¹
sometimes more generous when he has
but a little Money than when he
has plenty, perhaps thro' Fear of
being thought to have but little.
Then I walk'd up the Street, gazing
about, till near the Market House
I met a Boy with Bread. ~~of Bread~~
~~He Bakers~~. I had ^made^ many a Meal
on Bread, & inquiring where he got
it, I went ~~immediately~~ ~~and bought~~
~~and~~ ^he directed me^ to the Bakers in second Street:
and not ~~knowing~~ ~~the~~ ~~I~~ ask'd
for Bisket, intending such as we
had in Boston, but they ^it seems^ were
not made in Philadelphia, then
not considering ^or knowing^ ~~the~~ ^the greater^ Difference
of Money & the Cheapness ~~or~~ of
~~Bread in~~ ^of~~ Pensilvania, I bid~~
~~the like on~~ nor the Names of his
Bread, I bid him give me three
penny worth ^of any sort^. He gave me ac-
cordingly three great Puffy Rolls.
I was surprised at the Quantity,
but took it, and having no Room
in my Pockets, walk'd off, with
~~a~~ Roll under ^each^ Arm, & eating
the other. Thus I went up Market Street as far as fourth Street,
then I turned ~~and~~ and went down Chestnut Street ~~and~~ ^part of Walnut^
Street, eating my Roll all the Way,
and ~~returning~~ coming round found
my self again at ~~Market Street Wharf,~~
near the Boat I came in, to which
I went for a Draught of the River
Water and being fill'd with one of
my Rolls, gave the other two to
a Woman & her Child that came
down the River in the Boat with us
and were waiting to go further.

^I insisted on their taking it,^

I ask'd for a threepenny Loaf, & and
was told they had none such: so

passing by the Door of Mr Read, of
~~paid~~ my future Wife's Father,
when she standing at the Door
saw me, & thought I made, as I certainly did,
a most
awkward ridiculous Appearance.

Thus

Seite 28 (Ankunft in Philadelphia) von Franklins Manuskript.

*M*ein lieber Sohn,

es hat mir stets Vergnügen bereitet, irgendwelche kleine Anekdoten über meine Vorfahren zu sammeln. Du wirst Dich wohl noch der Nachforschungen erinnern, die ich unter meinen noch lebenden Verwandten anstellte, als wir zusammen in England waren, sowie auch der Reise, die ich deshalb unternahm. Da ich annehme, daß es Dir vielleicht in gleichem Maße angenehm ist, die Umstände *meines* Lebens kennenzulernen, von denen Dir ein großer Teil noch unbekannt ist, und da ich einer Woche ungestörter Muße während meines gegenwärtigen Aufenthaltes auf dem Lande entgegensehe, so setze ich mich nieder, um sie für Dich aufzuschreiben. Außerdem werde ich auch noch durch andere triftige Gründe dazu veranlaßt. Aus dem Schoße der Armut und der Dunkelheit, worin ich geboren wurde und die Jahre meiner Jugend verlebte, stieg ich in einen Zustand der Wohlhabenheit und auf eine ziemlich hohe Stufe des Ruhmes in der Welt empor. Das Glück ist bisher mein unzertrennlicher Begleiter geblieben. Vielleicht wünscht meine Nachwelt die Mittel zu wissen, die ich anwandte und welche, Dank sei dem Segen Gottes, so gut anschlugen, daß sie vielleicht einige von diesen auf ihre eigene Situation anwendbar und daher für nachahmenswert hält. Dieses Glück, wenn ich darüber nachdachte, veranlaßte mich bisweilen zu sagen: Wenn es mir freigestellt wäre, so wollte ich wohl eben diese Lebensbahn noch einmal von einem Ende bis zum andern durchlaufen. Ich würde mir nur das Recht der Schriftsteller ausbedingen, bei einer neuen Ausgabe ihrer Werke die Fehler der ersten zu verbessern. Allenfalls möchte ich außer dem Verbessern der Fehler auch wohl einige schlimme Zufälle und Begebenheiten meines Lebens gegen günstigere vertauschen. Indessen, wenn mir auch dieser Punkt verweigert würde, so wäre ich nichtsdestoweniger bereit, wieder von vorne anzufangen. Weil man nun aber das Leben selbst nicht wiederholen kann, so muß man tun, was diesem am nächsten kommt; man muß seine Begebenheiten ins Gedächtnis zurückrufen und, damit das Andenken desto dauerhafter sei, dieselben niederschreiben. Bei diesem Geschäft werde ich auch dem natürlichen Hang alter Männer, von sich selbst und ihren eigenen vergangenen Handlungen zu reden, nachgeben und mich diesem um so williger überlassen, je weniger ich dadurch denen beschwerlich falle, die sich etwa aus Ehrfurcht für mein Alter verpflichtet halten könnten, mich anzuhören. Denn zu lesen brauchen sie mich doch nicht, wenn sie nicht selbst wollen. Endlich geschieht dadurch vielleicht auch meiner *Eitelkeit* Genüge, welches ich lieber freiwillig bekenne, da mir, wenn ich es leugnete, doch niemand glauben würde. Denn fast nie hörte oder las ich die Einleitungsphrasen *Ohne Eitelkeit kann ich sagen* usw., ohne daß nicht irgendeine Eitelkeit unmittelbar nachgefolgt wäre. Die meisten Menschen hassen Eitelkeit an andern, so viel ihnen auch immer selbst davon zuteil geworden sein mag. Was aber mich betrifft, so ist sie mir überall willkommen, wo ich sie finde, weil ich überzeugt bin, daß sie sowohl ihrem Besitzer als auch denen vorteilhaft ist, welche sich in seinem Wirkungskreise befinden. Es würde daher in gar manchen Fällen eben nicht widersinnig sein, wenn ein Mensch seine Eitelkeit zu den übrigen Annehmlichkeiten seines Lebens mitzählte und der Vorsehung Dank dafür sagte.

Da ich gerade vom Dank an die Vorsehung spreche, so muß ich in aller Demut bekennen, daß ich eben dieser göttlichen Vorsehung das Glück verdanke, welches ich bis hierher genossen habe. Sie allein hat mir die Mittel dargeboten, welche ich angewendet habe, und hat sie mir gelingen lassen. Mein Glaube in dieser Hinsicht läßt mich wenigstens *hoffen,* wenn ich auch nicht mit Gewißheit darauf *rechnen* kann, daß der Himmel diese seine Güte auch noch ferner an mir beweisen werde, entweder dadurch, daß er die Dauer meines Glückes verlängert, oder daß er mir Kraft genug gibt, einen harten Umschlag desselben zu ertragen, den ich ebenso leicht wie viele andere erfahren kann. Mein zukünftiges Geschick kennt nur Gott, welcher selbst unsere Drangsale zu unserem weit größeren Wohlsein dienen lassen kann.

Einer meiner Oheime, beflissen wie ich, Familien-Anekdoten zu sammeln, gab mir einige Papiere, woraus ich mehrere Umstände entlehnt habe, die unsere Vorfahren betreffen. Ich habe daraus ersehen, daß sie seit wenigstens dreihundert Jahren in demselben Dorfe, Ecton in Northamptonshire, auf einem Freigut von ungefähr dreißig Morgen Land gelebt haben. Mein Oheim hatte nicht ausfindig machen können, wie lange sie schon vor dieser Zeit daselbst zugebracht haben mochten. Sie wohnten hier vielleicht schon seit der Zeit, da sie, nach der Weise anderer Bürger im ganzen Königreich, die sich auch Familiennamen beilegten, den Familiennamen *Franklin* annahmen, der vorher Personen einer gewissen Klasse bezeichnete. Dieses kleine Eigentum würde zu ihrem Unterhalt nicht hinreichend gewesen sein, wenn nicht bis auf seine Zeit das Schmiedehandwerk in der Familie betrieben worden wäre, in welchem beständig der älteste Sohn unterrichtet wurde. Diese Gewohnheit befolgten er und mein Vater ebenfalls in Anbesehung ihrer ältesten Söhne. Die Untersuchungen, die ich zu Ecton anstellte, ergaben in Ansehung ihrer Geburten, Heiraten und Sterbefälle Auskunft erst seit dem Jahre 1555, weil das Kirchenregister daselbst nicht über diesen Zeitpunkt hinausgeht. Aus diesem Register ersah ich, daß ich seit fünf Generationen der Nachfahre immer des jüngsten Sohnes des jüngsten Sohnes war.

Mein Großvater Thomas, geboren 1598, lebte zu Ecton,

bis er zu alt wurde, sein Handwerk fortzusetzen, da er sich denn nach Banbury in Oxfordshire zu seinem Sohn John, einem Färber, begab, bei welchem mein Vater in der Lehre stand. Mein Großvater starb daselbst und ward auch da begraben. Wir sahen 1758 seinen Grabstein. Sein ältester Sohn, Thomas, lebte in dem väterlichen Hause zu Ecton und hinterließ dieses samt der Länderei seinem einzigen Kind, einer Tochter, welche selbiges nachher mit Beistimmung ihres Ehemannes, eines gewissen Fisher aus Wellingborough, an Herrn Isted, den gegenwärtigen Gutsherrn zu Ecton, verkaufte. Mein Großvater hinterließ vier lebende Söhne, nämlich Thomas, John, Benjamin und Josiah. Ich will Dir von ihnen soviel mitteilen, als mein Gedächtnis mir darbietet; denn ich habe meine Papiere nicht bei der Hand, in welchen Du umständlichere Nachrichten finden wirst, wenn sie während meiner Abwesenheit nicht verloren gegangen sind. Thomas hatte das Schmiedehandwerk von seinem Vater erlernt. Da er aber von Natur viel Geistesgaben besaß, so bildete er diese auf Antrieb des Herrn Palmer Esq., des vornehmsten Einwohners des Kirchensprengels, durch Studien aus. Eben dieser munterte auch die übrigen Brüder auf, etwas zu lernen. Thomas brachte es auf diese Art so weit, daß er mit Notariatsgeschäften umgehen konnte; er wurde bald ein einflußreicher Mann in den Angelegenheiten der Grafschaft und eine der wichtigsten Triebfedern aller gemeinnützigen Unternehmungen sowohl der Grafschaft und Stadt Northampton als auch seines eigenen Dorfes. Man erzählte uns zu Ecton manch treffendes Beispiel dafür. Ungemein geachtet und begünstigt von dem damaligen Lord Halifax starb er am 6. Januar 1702 alter Zeitrechnung, auf den Tag genau vier Jahr vor meiner Geburt. Das, was uns einige alte Personen im Dorfe von seinem Leben und Charakter erzählten, war, wenn ich mich recht erinnere, wegen der außerordentlichen Ähnlichkeit mit dem, was Du von mir selbst wußtest, Dir so auffallend, daß Du noch sagtest: Wenn er vier Jahre später gestorben wäre, so möchte man eine Seelenwanderung annehmen.

John wurde, wie ich glaube, zum Handwerk eines Wollfärbers erzogen. Benjamin lernte in London die Seidenfärberei und war ein sehr erfinderischer Mensch. Ich erinnere mich seiner noch sehr wohl: denn er kam während meiner Kindheit zu meinem Vater nach Boston und lebte eine Zeit lang bei uns im Hause. Er brachte es zu einem hohen Alter. Sein Enkel, Samuel Franklin, lebt gegenwärtig noch in Boston. Benjamin hinterließ zwei handschriftliche Quartbände seiner Poesien, bestehend aus kleinen flüchtigen Stücken, die an seine Freunde und Verwandten gerichtet waren; die folgenden Zeilen, die er mir schickte, sind dafür ein Beispiel. Eine Art von Schriftverkürzung, die er für sich erfunden hatte, brachte er auch mir bei; da ich mich aber derselben niemals bediente, so habe ich sie nun wieder vergessen. Ich wurde nach diesem Onkel benannt, da er und mein Vater eine besondere Zuneigung zueinander trugen. Er war sehr fromm und besuchte fleißig die Predigten der besten Kanzelredner, die er nach seiner Kurzschriftmethode sehr gern mitzuschreiben pflegte. Er hatte davon mehrere Bände gesammelt. Auch war er ein großer und für seinen Stand vielleicht allzu großer Liebhaber der Politik. Ich fand letzthin zu London von ihm eine Sammlung von Pamphleten, welche die öffentlichen Angelegenheiten vom Jahr 1641 an bis 1717 betrafen. Soviel sich aus der Numerierung entnehmen läßt, fehlen mehrere Bände, wiewohl noch acht Bände in Folio und vierundzwanzig in Quart und Oktav übrig sind. Diese Sammlung war in die Hände eines Antiquars gefallen, welcher mir sie brachte, weil er wußte, daß ich gelegentlich Bücher von ihm gekauft hatte. Es scheint, daß mein Oheim sie zurückgelassen hatte, als er ungefähr vor fünfzig Jahren nach Amerika gegangen war. Ich habe darin viele handschriftliche Anmerkungen von ihm auf den Seitenrändern gefunden.

Unsere geringe Familie hatte schon sehr früh die Reformation angenommen. Auch während Marys Regierung blieben unsere Väter derselben mit Treue zugetan, und sie gerieten damals wegen ihres Eifers gegen das Papsttum manchmal in Gefahr. Sie besaßen eine englische Bibel. Diese zu verbergen und in Sicherheit zu bringen, hatten sie den Einfall, selbige ganz aufgeschlagen unter und innerhalb des Rahmens eines geschreinerten Stuhls mit Schnüren zu befestigen. Wenn nun mein Ur-Urgroßvater seiner Familie etwas daraus vorlesen wollte, so wendete er den Stuhl auf seinen Knien um und schlug die Blätter auf, welche durch die Schnüre zusammengehalten wurden. Eines seiner Kinder stand Wache an der Tür, um Nachricht zu geben, wenn ein Diener des geistlichen Gerichts sich sehen ließ. In diesem Falle wurde der Stuhl sogleich wieder gehörig auf seine Beine gestülpt, und die Bibel blieb darunter wie vorher verborgen. Ich habe diese Anekdote von meinem Oheim Benjamin. Bis gegen das Ende der Regierung Charles' II. blieb die ganze Familie der anglikanischen Kirche zugetan. Als aber um diese Zeit einige Prediger als Nonkonformisten abgesetzt wurden und heimliche Zusammenkünfte in Northamptonshire hielten, so gesellten sich Benjamin und Josiah bis an ihr Lebensende zu ihnen. Die übrigen Mitglieder der Familie blieben Anhänger der Episkopalkirche.

Mein Vater Josiah hatte sich sehr jung verheiratet. Um das Jahr 1682 führte er seine Gattin samt drei Kindern nach Neu-England. Denn als damals die heimlichen Zusammenkünfte durch das Gesetz verboten und öfters gestört wurden, so beschlossen verschiedene angesehene Personen aus seiner Bekanntschaft, nach Amerika überzugehen, woselbst sie sich eine freiere Religionsübung versprachen, und bewegten ihn, sie zu begleiten. Meinem

Vater wurden in Amerika von derselben Frau noch vier Kinder, von einer zweiten aber noch zehn andere, mithin in allem siebzehn geboren. Ich erinnere mich deren dreizehn rund um den Tisch gesehen zu haben, die alle zu Männern und Frauen heranwuchsen und sich verheirateten. Ich war der letzte Sohn und, zwei andere ausgenommen, das jüngste Kind. Ich wurde zu Boston in Neu-England geboren.

Meine Mutter, die zweite Gattin, war Abiah Folger, eine Tochter Peter Folgers, eines der ersten Siedler von Neu-England, den Cotton Mather in seiner Kirchengeschichte dieser Provinz (unter dem Titel *Magnalia Christi Americana*) ehrenvoll erwähnt, indem er ihn, wenn ich mich seiner Ausdrücke recht erinnere, einen *frommen und gelehrten Engländer* nennt. Vom Hörensagen weiß ich, daß er verschiedene kleine Werke geschrieben hat, wovon aber nur ein einziges gedruckt worden ist. Ich habe es vor mehreren Jahren einmal gesehen. Er schrieb es im Jahre 1675, und zwar in schlichten Versen nach dem Geschmacke seines Zeitalters und seines Landes. Er redet darin diejenigen an, welche damals am Ruder saßen, und spricht sowohl überhaupt für die Freiheit des Gewissens als besonders zugunsten der Baptisten, Quäker und anderer Sektenanhänger, welche verfolgt worden waren. Diesen Verfolgungen schreibt er die Kriege mit den Indianern und andere Drangsale zu, welche das Land drückten, indem er sie als Strafgerichte Gottes über so verhaßte Beleidigungen ansieht, und ermahnt die Regierung, diese der christlichen Nächstenliebe so sehr widersprechenden Gesetze abzuschaffen. Dieses Stück schien mir mit einer männlichen Freimütigkeit und bescheidenen Einfalt abgefaßt zu sein. Ich erinnere mich noch der sechs letzten Verse der Strophe. Die zwei ersten habe ich zwar vergessen, allein der Sinn derselben war, daß sein Tadel aus *Wohlwollen* entsprungen sei und daß er also als Verfasser hat bekannt sein wollen,

weil ich es von ganzem Herzen hasse,
Ein Verleumder zu sein.
Zu Sherburne* wohn' ich jetzt und schreibe,
Daß ich stets euer wahrer Freund,
Der's ganz und gar nicht böse meint,
Mit Namen Peter Folger bleibe.

Meine älteren Brüder wurden alle zu verschiedenen Handwerkern in die Lehre getan; ich aber kam im Alter von acht Jahren in eine Lateinschule. Mein Vater beabsichtigte, mich als den zehnten seiner Söhne dem Kirchendienst zu bestimmen. Die Fertigkeit, mit welcher ich in meiner frühesten Kindheit lesen gelernt hatte (denn ich erinnere mich wirklich nicht mehr der Zeit, da ich noch nicht hätte lesen können), und die Beistimmung aller seiner Freunde, die ihm versicherten, daß ich ganz gewiß ein wackerer Gelehrter werden würde, bestärkten ihn in diesem Vorhaben. Mein Oheim Benjamin billigte dieses ebenfalls und versprach, mir als Grundvorrat für den Anfang alle seine Predigtbücher zu schenken, welche in den oben erwähnten, von ihm erfundenen Schriftzeichen geschrieben waren, wenn ich mir nur die Mühe geben wollte, selbige zu erlernen. Ich blieb indessen noch nicht völlig ein Jahr in dieser Anstalt, obwohl ich in dieser kurzen Zeit nach und nach aus der Mitte einer Jahresklasse bis an die Spitze derselben und von da in die Klasse unmittelbar über derselben rückte, aus welcher ich am Schluß des Jahres in die dritte übergehen sollte. Allein, mein Vater, belastet mit einer zahlreichen Familie, sah sich nicht imstande, die Kosten der Erziehung an einem College ohne Beschwerde zu bestreiten. Da er zudem erwog, und dies auch gegen seine Freunde in meiner Gegenwart äußerte, wie geringe Einkünfte sich einem auf solche Art erzogenen Kinde in dieser Laufbahn darböten, so gab er seinen ersten Vorsatz auf, nahm mich aus der Lateinschule

* Eine Stadt auf der Insel Nantucket.

zurück und schickte mich in eine Schreib- und Rechen-
schule, welche der zu jener Zeit berühmte Herr George
Brownell hielt. Dieser war ein geschickter Lehrer, dem
der Unterricht in seinem Fache meistenteils überaus wohl
gelang, indem er immer die angenehmsten und schicklich-
sten Mittel anwandte, seine Schüler zu ermuntern. Unter
ihm lernte ich bald gar schön schreiben; scheiterte aber an
der Rechenkunst und machte darin nicht den mindesten
Fortschritt.

Als ich zehn Jahre alt war, wurde ich wieder nach
Hause geholt, um meinem Vater in seinem Gewerbe zu
helfen. Dieses bestand im Lichterziehen und Seifensieden.
Obgleich er diese Handwerke nicht förmlich gelernt
hatte, so ergriff er sie doch nach seiner Ankunft in Neu-
England, weil er fand, daß die Färberei zu wenig gefragt
war, um den Lebensunterhalt für seine Familie abzuwer-
fen. Ich wurde daher nun angestellt, Dochte für die Kerzen zu schneiden, die Tauch- und Gießformen anzufüllen,
den Laden zu hüten, als Bote zu laufen und was dergleichen mehr war. Dieses Geschäft mißfiel mir, und ich hatte
eine starke Neigung zur Seefahrt, wowider sich aber mein
Vater erklärte. Gleichwohl gab mir die Nachbarschaft des
Wassers Gelegenheit, mich sehr oft sowohl hinein als
darauf zu wagen. Ich lernte sehr früh schwimmen und ein
Boot führen. Wenn ich mich mit anderen Kindern einge-
schifft hatte, so vertraute man mir gemeiniglich und besonders in schwierigen Fällen das Steuerruder an. Bei
jeder anderen Gelegenheit war ich fast immer derjenige,
der den Haufen anführte und ihn auch bisweilen in Verlegenheiten verwickelte. Ich will Dir davon ein Beispiel
erzählen, das eine frühe Anlage zu öffentlichen Unternehmungen verrät, obgleich diese eben nicht rechtschaffen
durchgeführt wurden. Ein Mühlenteich stieß auf einer
Seite an einen Salzsumpf, an dessen Strand wir zur Zeit
der Flut Ellritzen zu fangen pflegten. Durch unsere häufigen Fußtritte war es darauf sehr morastig geworden.

Mein Vorschlag war daher, hier ein Pier anzulegen, auf dem wir trockenen und festen Fußes einhertreten könnten. Ich zeigte meinen Spielgesellen einen großen Haufen Steine, die zwar zu einem neuen Hause unweit des Salzsumpfes bestimmt, aber auch zu unserm Zwecke sehr brauchbar waren. Eines Abends, als die Arbeitsleute sich entfernt hatten, brachte ich eine Anzahl meiner Gesellen zusammen, und indem wir so fleißig wie die Ameisen arbeiteten und an manchem Steine zu dreien schleppten, trugen wir sie alle von dannen und brachten unsern kleinen Steindamm zustande. Am nächsten Morgen wußten die Arbeitsleute nicht, wie ihnen geschah, da sie ihre Steine nicht mehr fanden, die alle in unseren Steindamm gewandert waren. Man forschte nach den Urhebern; wir wurden entdeckt; man beklagte sich über uns; mehrere von uns erfuhren eine Züchtigung von ihren Eltern; und obgleich ich mich auf den Nutzen dieses Werkes berief, so bewies mir doch mein Vater, daß dasjenige, was nicht rechtschaffen sei, auch nicht wahrhaftig nützlich sein könne.

Vielleicht interessiert es Dich zu wissen, was für ein Mann mein Vater war. Er war von vortrefflicher Leibesbeschaffenheit, von mittlerer Größe, aber wohlgebildet und außerordentlich stark und gewandt in allem, was er unternahm. Er zeichnete ganz artig, verstand ein wenig Musik, und seine Stimme war tönend und angenehm, so daß, wenn er die Psalmen sang und dazu die Violine strich, welches er bisweilen nach vollbrachtem Tagewerke des Abends tat, es eine wahre Lust war, ihm zuzuhören. Auch war er in mechanischen Dingen bewandert und wußte sich im Falle der Not auch der Werkzeuge anderer Handwerker geschickt zu bedienen. Das Vorzüglichste aber an ihm war ein gesunder Verstand und eine richtige Urteilskraft in Fragen der Weltklugheit in öffentlichen sowohl als privaten Angelegenheiten des Lebens. Mit jenen gab er sich zwar eigentlich nicht ab, weil die zahlreiche Familie, die er zu erziehen hatte, und sein geringes Vermögen ihn unablässig an sein Gewerbe fesselten; allein, ich erinnere mich doch sehr wohl, daß nicht selten maßgebliche Personen bei ihm vorsprachen, ihn um seine Meinung in Angelegenheiten sowohl der Stadt als auch der Kirche, welcher er zugetan war, befragten und daß sein Urteil und sein Rat ungemein viel bei ihnen galten. Privatleute beratschlagten sich ebenfalls sehr viel mit ihm in schwierigen Fällen über ihre Angelegenheiten und nicht selten wählten ihn streitende Parteien zu ihrem Schiedsrichter. Sooft es anging, hatte er gern einige vernünftige Freunde oder Nachbarn, mit welchen er sich unterhalten konnte, bei sich zu Tische. Er suchte dabei immer die Unterredung auf sinnreiche und nützliche Gegenstände zu lenken, die zur Bildung des Geistes seiner Kinder etwas beitragen konnten. Solchergestalt lenkte er unsere Aufmerksamkeit auf das, was gut, gerecht, klug und nützlich im Lebenswandel ist. Selten oder niemals war die Rede von den Gerichten, die auf dem Tische erschienen; nie setzte man auseinander, ob sie wohl oder übel zubereitet, ob sie der Jahreszeit angemessen seien oder nicht, ob sie von gutem oder schlechtem Geschmacke, ob sie diesem oder jenem Dinge von derselben Art vorzuziehen oder nachzusetzen wären. Auf diese Weise von meiner Kindheit an zur vollkommensten Unachtsamkeit in Ansehung dieser Gegenstände gewöhnt, ist es mir von jeher völlig gleichgültig gewesen, was für Gerichte vor mir stehen, und noch gegenwärtig gebe ich so wenig darauf acht, daß es mir wenige Stunden nach der Mahlzeit sehr schwer sein würde zu sagen, aus was für Gerichten sie bestanden habe. Die Vorteile dieser Angewohnheit habe ich besonders auf Reisen erfahren. Denn nicht selten habe ich mich mit Personen zusammen gefunden, die mit ihrem mehr an Leckereien gewöhnten Geschmack in gar manchen Fällen sich sehr übel befanden, wo mir nicht das mindeste zu wünschen übrig blieb.

Auch meine Mutter war am Leibe vollkommen wohlbe-schaffen. Sie hat alle ihre zehn Kinder gesäugt und niemals habe ich an ihr oder an meinem Vater eine andere Krank-heit wahrgenommen als diejenige, woran beide, jene 85 und dieser 89 Jahre alt, verstarben. Sie liegen beisammen in Boston begraben, wo ich ihnen vor einigen Jahren einen Marmorstein mit dieser Inschrift errichtet habe:

Hier ruhen
Josiah Franklin und Abiah, sein Weib.
Liebend lebten sie 59 Jahre in ehelicher
Gemeinschaft beisammen und ohne Güter,
ohne ein gewinnreiches Gewerbe,
nur durch rastlose Arbeit und rühmliche
Betriebsamkeit, gesegnet vom Himmel,
unterhielten sie sorgenfrei
eine zahlreiche Familie
und erzogen ehrbar dreizehn Kinder
und sieben Enkel.
Leser, dieses Beispiel ermuntere dich,
die Pflichten deines Berufes
fleißig zu erfüllen und auf die Unter-stützung der Vorsehung zu rechnen.
Er war fromm und klug;
Sie bescheiden und tugendhaft.
Ihr jüngster Sohn erfüllte seine kindliche Pflicht,
indem er ihrem Andenken diesen Stein weihte.
J. F., geboren 1655 – gestorben 1744
im Alter von 89 Jahren
A. F., geboren 1667 – gestorben 1752
im Alter von 85 Jahren.

Ich ersehe aus meinen weiten Abschweifungen, daß ich alt werde. Ehemals schrieb ich mit mehr Methode. Aber man kleidet sich auch nicht für eine Privatzusammenkunft wie für einen Prachtball. Dies ist jedoch vielleicht nur Nach-lässigkeit.

Um wieder auf mich selbst zurückzukommen, so blieb ich bei dem Gewerbe meines Vaters zwei Jahre hindurch, bis ich zwölf Jahre alt war. Um diese Zeit verließ mein Bruder John, der eben dieses Handwerk erlernt hatte, meinen Vater, heiratete und machte sich auf Rhode Island selbständig. Allem Ansehn nach war ich nunmehr bestimmt, seine Stelle zu ersetzen und lebenslang ein Lichtzieher zu bleiben. Aber mein Widerwille gegen dieses Geschäft hielt an und ließ meinen Vater, wenn er mir nicht ein angenehmeres fände, befürchten, daß ich ihm entwischen und auf See gehen möchte, wie es schon zu seinem großen Mißvergnügen mein Bruder Josiah gemacht hatte. Daher führte er mich bisweilen zu den Werkstätten der Maurer, der Tischler, der Faßbinder, der Kupferschmiede usw., um meinen Geschmack auszuforschen und mich zur Wahl irgendeines Handwerkes zu bestimmen, welches mich auf dem Lande zurückhielte. Es hat mir seitdem immer viel Vergnügen gemacht, gute Handwerksleute ihre Werkzeuge handhaben zu sehen, und es ist mir ungemein nützlich gewesen, dadurch soviel gelernt zu haben, allerlei Kleinigkeiten im Haus selbst richten zu können, wenn nicht gleich ein Handwerker bei der Hand war, und kleine Maschinen für meine Versuche zusammensetzen zu können, wenn meine Aufmerksamkeit noch gespannt war und der Zweck, den ich mir vorgesetzt hatte, noch recht lebhaft meinem Geiste vorschwebte. Endlich wurde mein Vater mit sich eins, daß ich ein Messerschmied werden sollte. Zur Probe schickte er mich auf einige Zeit zu Samuel, dem Sohn meines Oheims Benjamin, der dieses Handwerk in London erlernt und sich soeben zu Boston niedergelassen hatte. Da aber das Lehrgeld, welches er forderte, meinem Vater nicht behagte, so wurde ich wieder nach Hause gerufen.

Schon von Kindesbeinen an war ich auf das Bücherlesen versessen gewesen und hatte das wenige Geld, dessen ich habhaft werden konnte, immer auf Bücher verwendet.

Vorzüglich liebte ich *The Pilgrim's Progress,* und eine Sammlung der Werke von Bunyan in kleinen einzelnen Bänden war das erste, zu dessen Besitz ich gelangte. Ich verkaufte sie hernach wieder, um mir die historischen Sammlungen des R. Burton anschaffen zu können. Diese bestanden aus kleinen Bänden, die nicht viel kosteten und insgesamt vierzig oder fünfzig sein mochten. Die kleine Bibliothek meines Vaters bestand vornehmlich aus theologisch-polemischen Schriften. Ich las sie größtenteils durch. Nicht selten habe ich es in der Folge bedauert, daß in einer Zeit, da ich eine so große Lernbegierde hatte, nicht zweckmäßigere Schriften in meine Hände gefallen waren, weil es damals schon entschieden war, daß ich kein Geistlicher werden sollte. Indessen befanden sich doch die Lebensbeschreibungen des Plutarch darunter, die ich sehr fleißig las. Die Zeit, welche ich ihnen widmete, halte ich noch jetzt für nützlich angewendet. Außerdem fand ich ein Werk von Defoe mit dem Titel *Versuch über Projekte* und ein anderes mit dem Titel *Versuch über rechtes Handeln* von Dr. Mather, welche wahrscheinlich Eindrücke bei mir hinterließen, die in der Folge auf einige der vornehmsten Ereignisse meines Lebens Einfluß gehabt haben.

Meine Neigung zu den Büchern bestimmte endlich meinen Vater, einen Buchdrucker aus mir zu machen, obgleich schon ein anderer Sohn (James) einer war. Mein Bruder James war 1717 aus England zurückgekommen und hatte eine Presse nebst Typen mitgebracht, um seine Druckerei zu Boston einzurichten. Dieses Gewerbe gefiel mir ungleich mehr als das meines Vaters; dennoch behielt ich immer noch meine Vorliebe für das Meer. Um nun der Wirkung eines solchen Hanges zuvorzukommen, so verlangte meinen Vater mit wahrer Ungeduld, mich bei meinem Bruder in der Lehre zu sehen. Nachdem ich mich einige Zeit geweigert hatte, ließ ich mich endlich dennoch bereden und unterzeichnete meinen Lehrvertrag, als ich erst zwölf Jahr alt war. Man war übereingekommen, daß ich bis in mein einundzwanzigstes Jahr Lehrling bleiben, jedoch im letzten Jahre Gesellenlohn bekommen sollte. In kurzer Zeit machte ich große Fortschritte in dieser Kunst, und ich wurde meinem Bruder ein sehr brauchbarer Gehilfe. Jetzt hatte ich Gelegenheit, bessere Bücher zu bekommen. Die Bekanntschaft mit Lehrlingen von Buchhändlern erlaubte es mir sogar von Zeit zu Zeit, ein kleineres Buch von ihnen zu erborgen, welches ich denn immer sehr pünktlich und ohne Beschädigung wieder zurückgab. Wie oft habe ich nicht den größten Teil der Nacht mit Lesen in meiner Kammer zugebracht, wenn das mir abends geliehene Buch am nächsten Morgen in aller Frühe wieder an Ort und Stelle sein mußte, weil man entweder befürchtete, daß der Mangel entdeckt oder daß es verlangt werden möchte. Nach Verlauf einiger Zeit wurde ein Kaufmann, Herr Matthew Adams, ein Mann von Geist, der eine artige Büchersammlung besaß und öfters in unsere Druckerei kam, aufmerksam auf mich. Dieser lud mich ein, seine Bibliothek zu besehen, und war so gefällig, mir diejenigen Bücher zu leihen, die ich lesen wollte. Ich gewann nun der Poesie Geschmack ab und verfertigte selbst einige kleine Stücke. Mein Bruder, der dabei auf seine Kosten zu kommen glaubte, munterte mich auf und veranlaßte mich, zwei Balladen auf besondere Ereignisse zu verfertigen. Die eine, unter dem Titel *Tragödie des Leuchtturms,* enthielt eine umständliche Erzählung des Schiffbruchs des Kapitän Worthilake mit seinen zwei Töchtern; die andere war ein Matrosenlied auf die Aufbringung des berüchtigten Seeräubers *Teach,* auch Schwarzbart genannt. Sie waren erbärmliche Machwerke im Stil der Grub Street Balladen. Als sie gedruckt waren, schickte er mich damit durch die Stadt zum Verkauf. Das erste fand einen ganz erstaunlichen Abgang, weil die Begebenheit noch neu war und großes Aufsehen gemacht hatte. Dieser Erfolg schmeichelte meiner Eitelkeit; allein, mein Vater schlug gar bald meinen Mut nieder, indem er meine Produkte lächerlich machte und behauptete, daß die Versemacher immer arme Teufel wären. Auf diese Art entging ich dem Unglück, ein Poet, und wahrscheinlich noch dazu ein schlechter, zu werden. Weil aber die Fähigkeit, in Prosa zu schreiben, mir im Verfolg meines Lebens von großem Nutzen gewesen ist und das meiste zu meiner Beförderung beigetragen hat, so will ich Dir erzählen, durch was für Mittel ich in meiner damaligen Lage die geringe Fertigkeit erlangte, die ich hierin etwa besitzen mag.

Es befand sich ein junger Bursche in der Stadt, ebenfalls ein großer Bücherfreund, mit Namen John Collins, mit welchem ich auf das engste verbunden war. Wir disputierten oft zusammen, hielten dabei sehr auf Beweisführung und strebten nach nichts so sehr, als wie einer den anderen in den Sack stecken möchte. Diese Neigung des Geistes zum Streit, um dieses im Vorbeigehn zu sagen, kann sehr leicht zu einer höchst üblen Gewohnheit ausschlagen, die Menschen nicht selten ganz unerträglich in Gesellschaft macht, weil sie sich nicht anders als durch Widerspruch äußern läßt. Abgerechnet den Ärger und den Tumult, den sie in der Gesellschaft erregt, bringt sie auch Widerwillen, ja vielleicht Feindschaft gerade da hervor, wo man Anlaß zur Freundschaft gehabt hätte. Ich hatte mir diese Sucht aus den religiösen Disputierbüchern meines Vaters an den Hals gelesen. Seither habe ich bemerkt, daß vernünftige Leute selten in diesen Fehler verfallen, außer etwa Juristen, Universitäts-Angehörige und Leute aller Art, die in Edinborough erzogen worden sind. Einst, ich weiß selbst nicht wie, erhob sich zwischen Collins und mir ein Streit über die Erziehung der Weiber, nämlich, ob es gut oder nicht gut wäre, sie für die Wissenschaften zu erziehen, und ob sie zum Studieren etwas taugten. Er war für das Nein und behauptete, daß diese Laufbahn weit über ihre natürlichen Kräfte hinausreichte. Ich, vielleicht bloß aus Disputierlust, verfocht die gegenseitige Meinung. Er war

von Natur weit beredter als ich; die Worte flossen strom-
weise von seinen Lippen und zuweilen, wie mir's vorkam,
hielt mich mehr die Geläufigkeit seiner Zunge als die
Stärke seiner Gründe nieder. Wir schieden von einander,
ohne eins geworden zu sein, und weil wir so geschwind
nicht wieder zusammenkommen konnten, so brachte ich
meine Gründe zu Papier und schickte ihm davon eine
zierliche Abschrift zu. Er antwortete, und ich erwiderte;
und so waren schon drei oder vier Briefe hin und her
gewechselt, als mein Vater über diese Papiere geriet und
sie las. Ohne sich auf den Gegenstand des Streites einzulassen, nahm er nur Gelegenheit, mir etwas über meine
Schreibart zu sagen. Er bemerkte, daß, obgleich ich es in
der Rechtschreibung und Interpunktion, welche ich der
Druckerei verdankte, meinem Gegner zuvortäte, ich dennoch demselben in der Zierlichkeit des Ausdrucks sowie
in Ordnung und Klarheit weit nachstände. Er überzeugte
mich davon durch mehrere Beispiele. Ich fühlte die Richtigkeit seiner Bemerkungen, wurde von nun an weit auf-
merksamer auf den schriftlichen Ausdruck und beschloß
mein möglichstes zu tun, um mich im Stil vollkommener
zu machen.

Ungefähr zu dieser Zeit fiel mir ein einzelner Band des
Spectator in die Hände. Es war der dritte. Ich hatte sonst
noch keinen von ihnen gesehen. Ich kaufte, las und las ihn
wieder; ich war davon bezaubert; ich fand die Schreibart
darin vortrefflich und wünschte sie nachahmen zu können. Um dahin zu gelangen, nahm ich einige Aufsätze,
brachte den Inhalt jeder Periode in einen kurzen Auszug
und legte dann alles auf ein paar Tage zur Seite. Hierauf
versuchte ich, ohne das Buch zu öffnen, den ganzen Aufsatz wiederherzustellen und jeden Gedanken, so wie er im
Buche stand, in seiner ganzen Fülle einzukleiden, indem
ich mich der eigenen Worte bediente, die meinem Geiste
sich darboten.

Alsdann verglich ich meinen *Spectator* mit dem Original, nahm einige meiner Fehler wahr und verbesserte sie. Aber ich fand, daß es mir an Wortvorrat oder an der gehörigen Leichtigkeit fehlte, die Wörter herbeizuholen und anzuwenden, wozu ich es, wie mir schien, vor diesem Zeitraume gebracht haben würde, wenn ich fortgefahren hätte, Verse zu machen. Der beständige Bedarf an Wörtern mit gleicher Bedeutung aber unterschiedlicher Länge zur Füllung des Versmaßes oder, wegen des Reimes, von unterschiedlichem Klang, würde mich genötigt haben, beständig mancherlei Synonyme aufzusuchen. Diese würden sich meinem Gedächtnis eingeprägt haben, und ich würde mich zu ihrem Meister gemacht haben. Daher nahm ich einige Erzählungen des *Spectator* und brachte sie in Verse. Nach Verlauf einer gewissen Zeit, wenn ich das Original völlig vergessen hatte, brachte ich sie wieder in Prosa. Bisweilen mischte ich auch alle meine Auszüge bunt durcheinander; und einige Wochen darnach suchte ich sie erst wieder in eine bessere Ordnung zu bringen, ehe ich anfing, die Perioden auszubilden und die ganze Abhandlung vollständig zu machen. Dieses sollte zur Erwerbung einer Methode in der Anordnung der Gedanken dienen. Wenn ich hernach mein Machwerk mit der Urschrift verglich, so entdeckte ich viele Fehler, die ich verbesserte. Aber bisweilen hatte ich doch auch das Vergnügen, mir einbilden zu dürfen, daß ich in manchen Kleinigkeiten glücklich genug gewesen wäre, entweder die Methode oder die Sprache zu verbessern, und dies belebte in mir die Hoffnung, daß ich es mit der Zeit vielleicht dahin bringen würde, ganz erträglich Englisch zu schreiben, welches einer der vorzüglichsten Gegenstände meines Ehrgeizes war.

Die Zeiten, welche ich auf diese Übungen und auf mein Lesen verwandte, waren der Abend nach vollbrachter Arbeit des Tages oder der Morgen vor dem Anfang der Geschäfte oder der Sonntag, wenn es mir gelang, allein in der Druckerei zu bleiben, indem ich mich sooft wie möglich vom Kirchengehen losmachte. Auf letzteres pflegte mein Vater sehr zu halten, so lange ich noch bei ihm im Hause war; und in der Tat hielt ich es zwar auch noch für eine Pflicht, nur schien mir, ich hätte jetzt nicht mehr Zeit genug, sie auszuüben.

Als ich ungefähr sechzehn Jahr alt war, las ich ein Werk von Tryon, in welchem er eine vegetarische Ernährungsweise empfiehlt. Ich beschloß, sie anzunehmen. Mein Bruder, welcher noch unverheiratet war, hatte keine eigene Haushaltung und ließ sich daher nebst seinen Lehrlingen bei einer anderen Familie beköstigen. Meine Weigerung, Fleisch zu essen, fiel zur Last, und man zankte nicht selten mit mir über meine Sonderbarkeit. Ich unterrichtete mich über die Art, nach welcher Tryon einige seiner Gerichte zubereitete, wie z. B. Kartoffeln und Reis zu kochen, Mehlbrei zu bereiten und einige andere Gerichte mehr. Ich sagte darauf zu meinem Bruder, wenn er mir wöchentlich nur halb soviel auszahlen wollte, als ihn mein Essen kostete, so wollte ich mich selbst beköstigen. Er nahm diesen Vorschlag auf der Stelle an, und ich fand sehr bald, daß ich auch mit der Hälfte desjenigen, was er mir gab, fertig werden konnte. Dieses wurde ein neues Mittel zum Bücherankauf; aber ich fand auch dabei noch andere Vorteile. Wenn mein Bruder und die Gesellen die Druckerei verließen, um zu Tische zu gehen, so blieb ich daselbst allein zurück, und indem ich mit meiner kleinen Mahlzeit, die oft aus nicht mehr als einem Zwieback oder einer Scheibe Brot nebst einer Handvoll Rosinen oder einem Stück Kuchen vom Pastetenbäcker und einem Glase Wasser bestand, schnell fertig war, so konnte ich die ganze übrige Zeit bis zu ihrer Rückkehr studieren. Meine Fortschritte standen mit derjenigen Klarheit der Vorstellungen und mit derjenigen Schnelligkeit des Begreifens im Verhältnis, welche die Frucht der Mäßigkeit im Essen und Trinken sind. Um diese Zeit fügte es sich, daß ich mich einmal über meine Unwissenheit in der Rechenkunst, die ich in der Schule zu lernen schon zweimal verfehlt hatte, schämen mußte. Ich nahm daher ein Rechenbuch von Cocker zur Hand und arbeitete es ganz allein mit der größten Leichtigkeit durch. Ich las auch das Buch über die Schiffahrtskunde von Seller und Sturmy, unterrichtete mich über das wenige, das sie von der Geometrie enthielten, brachte es aber niemals weit in dieser Wissenschaft. Ungefähr um eben die Zeit las ich auch den *Versuch über den menschlichen Verstand* von Locke und die *Kunst zu denken* der Herren von Port-Royal.

Während ich mich bemühte, meinen Stil vollkommener zu machen, stieß ich auf eine englische Sprachlehre. Ich glaube, es war die von Greenwood, welcher am Ende zwei kleine Studien über die Rhetorik und Logik angehängt sind. In der letzten fand ich ein Muster der Sokratischen Disputierart. Bald hernach verschaffte ich mir Xenophons *Denkwürdigkeiten des Sokrates,* worin er mehrere Beispiele eben dieser Methode aufstellt. Ich wurde davon bezaubert, machte mir sie zu eigen, entsagte meiner trotzigen Art zu widersprechen und geradehin zu behaupten und übernahm dagegen die Rolle des demütigen Fragers und Zweiflers. Die Lektüre des Shaftesbury und des Collins hatte mich zum echten Zweifler in vielen Punkten unserer Religionslehre gemacht, und ich fand, daß die sokratische Methode nicht nur mich selbst am besten in Sicherheit, sondern auch diejenigen am meisten in Verlegenheit setzte, wider welche ich sie anwandte. Sie wurde mir bald ganz besonders lieb; ich säumte nicht, sie in Ausübung zu bringen und gelangte darin zu einer solchen Kunst und Fertigkeit, daß ich Personen, die ungleich mehr wußten als ich, Zugeständnisse entlockte, deren Folgen sie nicht vorhersahen. Auf diese Weise verwickelte ich sie in Schwierigkeiten, aus denen sie sich nicht wieder loszumachen wußten, und trug Siege davon, die bisweilen weder meine Sache noch meine Gründe verdienten.

Ich fuhr verschiedene Jahre hindurch fort, diese Methode in Anwendung zu bringen, verließ sie aber nach und nach wieder und behielt weiter nichts als die Gewohnheit, mich mit einer bescheidenen Schüchternheit auszudrücken; und wenn ich jemals etwas behaupte, das dem Widerspruche ausgesetzt sein könnte, so bediene ich mich niemals der Wörter *gewiß, unstreitig,* usw. oder irgendeines anderen Ausdruckes, der einer Meinung das Ansehen von Bestimmtheit gibt. Vielmehr sage ich: ich stelle mir vor, ich denke mir, daß eine Sache so und so ist; mir scheint es; aus diesen oder jenen Gründen würde ich so oder so darüber urteilen; ich bilde mir ein, daß dieses sich so und jenes sich so verhält, wenn ich nicht irre. Diese Gewohnheit ist, wie ich glaube, mir sehr vorteilhaft gewesen, wenn es darauf ankam, meine Meinung den Menschen einzuprägen und sie zu Ergreifung derjenigen Maßregeln zu bereden, die ich ihnen von Zeit zu Zeit vorzulegen hatte. Da nun die Hauptzwecke des Gespräches darauf hinauslaufen, daß man *unterrichtet* oder sich *unterrichten läßt,* daß man *gefällt* oder *überredet,* so wünsche ich mir von jedem aufgeklärten und verständigen Manne, daß er sein Vermögen, Gutes zu wirken, nicht durch jene geradezu behauptende und anmaßende Art des Ausdrucks schwäche. Denn sie empört fast immer den Zuhörer, dient zu nichts, als Widerspruch zu erwecken und jeden der Zwecke zunichte zu machen, zu denen uns Sprache gegeben wurde, nämlich Information oder Vergnügen zu bereiten oder zu empfangen. In der Tat, wenn Du *unterrichten* willst und so geradezu und dogmatisch Deine Meinungen behauptest, so reizt Du zum Widerspruch und verhinderst, daß man Dir ein geneigtes Ohr leiht. Willst Du hingegen unterrichtet werden und aus den Kenntnissen anderer Nutzen ziehen und drückst Dich dabei immer aus wie einer, der unablöslich an seiner augenblicklichen Meinung hängt, so werden bescheidene und empfindsame Menschen, welche Streitigkeiten nicht lieben, Dich wahrscheinlich ruhig im Besitze Deines Irrtums lassen. So darfst Du auch bei dieser Methode kaum hoffen, Deinen Zuhörern zu *gefallen* und sie soweit für Dich einzunehmen, daß sie sich überreden lassen, zu Deinen Absichten beizutragen. Pope sagt sehr weise:

> *Man muß die Menschen unterrichten,*
> *als ob man sie nicht unterrichtete,*
> *und das Neue sollte wie etwas Vergessenes mitgeteilt*
> *werden.*

Hernach gibt er den Rat,

> *immer, ob man gleich seiner Sache gewiß ist,*
> *mit dem Scheine der Bescheidenheit zu reden.*

Er hätte hiermit einen Vers verbinden können, den er anderwärts, und meiner Meinung nach weniger passend, angebracht hat. Er lautet:

> *Denn unbescheiden heißt auch unverständig sein.*

Wenn Du mich fragst, warum ich *weniger passend* sage, so muß ich die beiden Verse zusammen hersetzen:

> *Das unbescheidne Wort läßt sich durch nichts*
> *verzeihn:*
> *Denn unbescheiden heißt auch unverständig sein.*

Nun, ist denn der Mangel an Verstand, wenn ein Mensch sich in diesem traurigen Falle befindet, nicht gewissermaßen eine Entschuldigung für seinen Mangel an Bescheidenheit? Würden also diese Verse nicht richtiger so lauten:

> *Das unbescheidne Wort mag nur der Satz verzeihn:*
> *Nicht recht bescheiden heißt auch nicht verständig*
> *sein.*

Indessen lasse ich mich gern von bessern Richtern hierüber zurechtweisen.

Mein Bruder hatte im Jahr 1720 oder 1721 angefangen,

ein neues öffentliches Blatt, das zweite, welches in Amerika erschien, zu drucken. Es führte den Titel *New-England Courant* – Kurier von Neu-England. Vorher hatte man weiter nichts als die *Boston-News Letters* – Neuigkeitszirkular von Boston. Ich erinnere mich, daß einige seiner Freunde ihm von diesem Unternehmen abraten wollten, weil es wahrscheinlich nicht gelingen würde, da nach ihrer Meinung eine einzige Zeitung für ganz Amerika hinreichend wäre. Nunmehr aber, 1771, gibt es deren nicht weniger als fünfundzwanzig. Er führte nichtsdestoweniger sein Projekt aus, und ich mußte die Exemplare zu seinen Kunden umhertragen, nachdem ich die Blätter sowohl gesetzt als gedruckt hatte. Unter seinen Freunden befanden sich einige Männer von Kopf, die sich ein angenehmes Geschäft daraus machten, kleine Aufsätze für dieses Blatt zu schreiben, welche sein Ansehn und seinen Absatz ungemein vermehrten. Diese Herren besuchten uns oft; ich vernahm aus ihren Gesprächen die gute Aufnahme, welche ihre Schriften im Publikum fanden und bekam Lust, mein Heil auch einmal zu versuchen. Da ich aber noch ein wahres Kind war und befürchtete, daß mein Bruder wohl nichts in sein Blatt rücken lassen würde, von dem er wußte, daß ich es verfaßt hatte, so kam ich auf den Einfall, meine Handschrift zu verstellen und so einen von mir verfertigten namenlosen Aufsatz des Abends unter die Tür der Druckerei zu schieben. Man fand ihn des Morgens. Mein Bruder teilte ihn seinen schriftstellernden Freunden mit, die sich wie gewöhnlich einfanden. Sie lasen ihn, kommentierten ihn vor meinen Ohren, und ich hatte das ausnehmende Vergnügen zu hören, daß er ihren Beifall hatte und daß sie bei ihren mancherlei Mutmaßungen über den Verfasser keinen einzigen nannten, der nicht wegen seiner Talente und Kenntnisse einen großen Ruf im Lande gehabt hätte.

Ich vermute heute, daß ich mit meinen Richtern ziemliches Glück hatte und daß sie vielleicht nicht so vortrefflich waren, als ich damals glaubte. Ich schrieb indessen doch, aufgemuntert durch diesen kleinen Vorfall, noch verschiedene andere Stücke, beförderte sie auf die vorige Weise zur Presse, und sie erhielten alle gleichen Beifall. Mein Geheimnis bewahrte ich so lange, bis mein geringes Maß von Kenntnissen und Gedanken für Werke dieser Art ziemlich bis auf den Boden erschöpft war, und hierauf entdeckte ich mich. Danach wurde ich von den Freunden meines Bruders etwas mehr geachtet; dies geschah jedoch in einer Weise, die ihm nicht recht gefiel, denn er glaubte – wahrscheinlich zu Recht –, daß mich dies zu eitel machen werde. Und dies ist vielleicht ein Grund für die vielen Streitigkeiten, die wir zu jener Zeit hatten. Obwohl er mein Bruder war, sah er sich als meinen Meister an und behandelte mich als Lehrling. Er forderte von mir die gleichen Dienste wie von jedem anderen; ja ich fand, daß er in vielen Fällen allzuviel verlangte, da ich doch als Bruder mehr Ansprüche auf Nachsicht zu haben glaubte. Unsere Streitigkeiten gelangten oft vor meinen Vater, und ich bilde mir ein, daß mein Bruder gewöhnlich unrecht hatte oder daß ich doch der bessere Sachwalter von uns beiden war, indem das Urteil im allgemeinen günstig für mich ausfiel. Allein, mein Bruder war hitzig und oft kam es zu Schlägen, welche ich sehr übel aufnahm. Meine Lehrjahre wurden mir so unerträglich, daß ich beständig nach einer Gelegenheit seufzte, sie abzukürzen. Diese kam denn auch ganz unerwartet.*

Ein in unserem Blatt abgedruckter Aufsatz über irgendeinen politischen Gegenstand, dessen ich mich nicht mehr erinnere, beleidigte die Assembly. Auf Betreiben des Sprechers wurde mein Bruder in Verhaft genommen, verurteilt und für einen Monat eingekerkert, weil er, wie

* Wahrscheinlich hat diese harte und tyrannische Behandlung nicht wenig dazu beigetragen, den Widerwillen gegen willkürliche Gewalt in mein Gemüt zu prägen, den ich mein ganzes Leben hindurch nicht verloren habe.

ich vermute, den Verfasser des Stückes nicht entdecken wollte. Ich wurde gleichfalls mit eingezogen und vor dem Rat verhört. Obgleich ich aber den Mitgliedern desselben schlecht Genüge leistete, so begnügten sie sich mit einem bloßen Verweis und ließen mich frei, da sie mich vielleicht als Lehrling für verpflichtet hielten, die Geheimnisse meines Lehrmeisters zu bewahren. Die Verhaftung meines Bruders erbitterte mich ungeachtet unserer Privathändel nicht wenig. Solange sie anhielt, mußte ich das Blatt besorgen, und ich hatte sogar die Dreistigkeit, einige Pfeile auf unsere Regierenden darin abzudrücken. Dieses machte meinem Bruder nicht wenig Vergnügen; indessen fingen andere an, mich in einem nachteiligen Lichte als einen zum Pasquill und zur Satire geneigten jungen Kopf zu betrachten. Die Freilassung meines Bruders wurde von dem höchst seltsamen Verbot der Assembly begleitet, *daß James Franklin das Blatt mit dem Titel Der Kurier von Neu-England nicht mehr drucken sollte.* Es wurde hierauf eine Versammlung von Freunden in unserer Druckerei gehalten, welche sich beratschlagten, was er in diesen Umständen tun sollte. Einige schlugen vor, dem Verbote durch Umänderung des Titels auszuweichen. Da aber mein Bruder diesen Vorschlag nicht zuträglich für sich fand, so wurde endlich ausgemacht, daß es am besten wäre, das Blatt künftig unter *Benjamin Franklins* Namen zu drucken. Um aber der Ahndung der Assembly zu entgehen, die ihn deshalb hätte erreichen können, weil er das Blatt ja immer noch, wenn auch unter dem Namen seines Lehrburschen, drucken ließ, so wurde beschlossen, daß mir mein bisheriger Lehrkontrakt mit einer gänzlichen und vollständigen Aufhebung desselben auf seiner Rückseite zurückgegeben werden sollte, damit ich die Urkunde im Fall der Not vorzeigen konnte. Um aber meinem Bruder den Vorteil meiner Dienste weiter zu sichern, sollte ich einen neuen, bis zum Ablauf der Lehrzeit geheimzuhaltenden Kontrakt unterzeichnen. So fadenscheinig auch dieses

Komplott war, so wurde es doch sogleich in Ausübung gebracht und das Blatt fuhr fort, einige Monate hindurch unter meinem Namen zu erscheinen. Als aber endlich neue Mißhelligkeiten zwischen meinem Bruder und mir entstanden, so wagte ich es, auf meine Freiheit zu pochen, da ich darauf rechnen konnte, daß er sich mit dem neuen Kontrakt nicht hervorwagen würde. Es war nicht anständig von mir, mich dieses Vorteils zu bedienen, und ich rechne daher diese Handlung unter die ersten Fehltritte, die ich in meinem Leben begangen habe. Allein, diese Unrechtmäßigkeit machte wenig Eindruck auf mein Gemüt, welches durch die Schläge erbittert war, die ich von seiner Hitze erduldet hatte, obgleich er sonst nicht von schlimmer Gemütsart war. Vielleicht war ich auch zu frech und herausfordernd.

Sobald er erfuhr, daß ich fest entschlossen wäre, ihn zu verlassen, suchte er mein Unterkommen anderwärts zu verhindern. Zu dem Zweck durchstrich er alle Druckereien der ganzen Stadt und nahm alle Druckerherren gegen mich ein, die mir folglich ihre Arbeit versagten. Ich gedachte mich daher nach New York, die nächste Stadt, wo es einen Buchdrucker gab, zu begeben. Alle meine Betrachtungen bestärkten mich in dem Vorhaben, Boston zu verlassen, wo ich mich ohnehin schon bei der herrschenden Partei unbeliebt gemacht hatte. Es war sehr wahrscheinlich, daß, wenn ich nach dem willkürlichen Verfahren der Assembly in der Angelegenheit meines Bruders daselbst verbliebe, ich mich selbst gar bald Verdrießlichkeiten aussetzen würde. Ich hatte dabei um so mehr für mich zu fürchten, je mehr die andächtigen Seelen wegen meiner unbesonnenen Religionsdispute anfingen, mich mit Abscheu als einen Abtrünnigen oder Gottesleugner zu betrachten. Ich faßte daher meinen Entschluß; da aber mein Vater dieses Mal auf der Seite meines Bruders war, so durfte ich drauf rechnen, daß man, sollte ich offen versuchen wegzugehen, Mittel anwenden würde, dieses zu verhindern. Mein Freund Collins nahm es daher auf sich, meine Flucht zu befördern. Er dingte meine Überfahrt bei dem Kapitän einer Schaluppe aus New York und spiegelte demselben vor, ich wäre ein junger Mensch aus seiner Bekanntschaft, der ein übel berüchtigtes Mädchen schwanger gemacht hätte. Die Verwandten derselben wollten ihn nunmehr zwingen, sie zu heiraten, und er könnte daher öffentlich weder erscheinen noch abreisen. Ich verkaufte einen Teil meiner Bücher, um mir ein kleines Kapital zu verschaffen, und begab mich in aller Stille an Bord der Schaluppe. Mit Hilfe eines günstigen Windes befand ich mich nach drei Tagen in New York, an die dreihundert Meilen von meiner Heimat entfernt, in einem Alter von siebzehn Jahren, ohne die mindeste Empfehlung, ja ohne nur irgendeinen Menschen daselbst zu kennen und mit sehr wenig Geld in meiner Tasche.

Die Neigung, die ich für das Seewesen gehabt hatte, war gänzlich verschwunden, sonst hätte ich ihr damals Genüge leisten können. Da ich indes im Besitz eines Handwerks war und mich für einen ziemlich geschickten Arbeiter hielt, so nahm ich keinen Anstand, dem dortigen Drucker meine Dienste anzubieten. Dieses war der alte Herr William Bradford, der der erste Buchdrucker in ganz Pennsylvania gewesen war, aber diese Provinz auf Veranlassung seiner Händel mit George Keith verlassen mußte. Er konnte mir keine Arbeit geben, da er wenig zu tun und schon Leute genug hatte. Er sagte jedoch: Mein Sohn, Buchdrucker zu Philadelphia, hat vor kurzem seinen besten Gesellen, Aquila Rose, durch den Tod verloren. Er wird, wenn du dort hingehen willst, dich wahrscheinlich beschäftigen können. Philadelphia war noch hundert Meilen weiter entfernt. Ich machte mich jedoch auf dem Wasser nach Amboy auf und ließ mein Felleisen nebst meinen Sachen zurück, um selbige auf dem Seewege mir nachkommen zu lassen. Bei der Überfahrt über den Meerbusen ergriff uns ein plötzlicher Sturmwind, zerriß unsere schon mürben Segel in Stücke, hinderte uns daran, in den Kill einzulaufen und verschlug uns nach Long Island. Während des Sturmes fiel ein betrunkener Holländer, Reisender wie ich, in das Meer. Im Augenblicke des Untersinkens ergriff ich ihn noch unter Wasser beim Schopf, zog ihn empor, und wir bekamen ihn wieder an Bord. Diese Taufe hatte ihn ein wenig ernüchtert, so daß er einschlief, nachdem er ein Buch aus seiner Tasche gezogen hatte, welches er mich zu trocknen bat. Siehe da, dieses Buch war mein altes Lieblingsbuch, Bunyans *Pilgrim's Progress* auf holländisch, schön gedruckt, auf schönem Papier, mit Kupferstichen, besser ausgeschmückt, als ich es je in seiner Ursprache gesehen hatte. Ich habe nachher erfahren, daß es in die meisten europäischen Sprachen übersetzt worden ist, und ich bin überzeugt, daß außer der Bibel wohl nicht leicht ein Buch in größern Umlauf. gekommen ist. Der ehrliche John ist, soviel ich weiß, der erste, welcher Erzählung und Gespräch miteinander verbunden hat. Diese Art des Vortrages ist überaus anziehend für den Leser, der bei den wichtigsten Vorfällen sich gleichsam mit in der Gesellschaft und bei ihren Unterredungen gegenwärtig befindet. Defoe hat ihn glücklich in seinem *Robinson Crusoe,* in seiner *Moll Flanders,* in *Religious Courtship* und in *The Family Instructor* und in andern Werken nachgeahmt. Eben das hat auch Richardson in seiner *Pamela* usw. getan.

Als wir uns der Insel näherten, befanden wir uns an einer Stelle, wo es wegen der heftigen Brandungen, welche das schroffe Felsenufer verursachte, zu landen unmöglich war. Wir warfen Anker und drehten uns gegen das Ufer. Einige Leute kamen bis an den Rand des Wassers und schrieen uns zu, so wie wir ihnen; aber das Geräusch des Windes und der Wogen war so stark, daß keiner den andern verstehen konnte. Es waren Kanus am Ufer; wir riefen ihnen zu und machten Zeichen, sich ihrer zu unserer Abholung zu bedienen; aber sie verstanden uns entweder nicht oder hielten die Sache für untunlich und fuhren davon. Die Nacht brach ein; und es blieb uns nichts weiter übrig, als uns zu gedulden, bis der Wind sich legte. Indessen beschlossen der Steuermann und ich, wo möglich zu schlafen. Wir krochen daher durch die Luke zu dem Holländer, der noch ganz naß war, hinab. Das schäumende Wasser, welches über Bord schlug, floß auf uns herab und durchnäßte uns bald so sehr wie ihn. Wir hatten die ganze Nacht hindurch nur wenig Ruhe. Da sich aber tags darauf der Wind gelegt hatte, so erreichten wir doch vor Nacht noch Amboy, nachdem wir dreißig Stunden lang auf dem Wasser gewesen waren und weder etwas zu essen noch etwas anderes zu trinken gehabt hatten als eine Flasche schlechten Rums. Das Wasser, welches wir befuhren, war salzig.

Abends legte ich mich mit einem heftigen Fieber zu Bett. Ich hatte irgendwo gelesen, kaltes Wasser, in großen Mengen getrunken, sei gut gegen das Fieber. Diese Verordnung befolgte ich und schwitzte den größten Teil der Nacht durch so reichlich, daß mich das Fieber verließ. Tags darauf bestieg ich die Fähre und setzte danach meine Reise zu Fuß fort. Ich hatte fünfzig Meilen bis nach Burlington zu machen, und man hatte mir gesagt, daß ich dort Boote antreffen würde, um vollends nach Philadelphia zu gelangen.

Den ganzen Tag lang regnete es sehr heftig, und ich wurde bis auf die Haut naß. Da ich mich mittags sehr ermüdet fühlte, so hielt ich in einem elenden Wirtshaus an, wo ich den Überrest des Tages und die ganze Nacht zubrachte und es zu bereuen anfing, daß ich meine Heimat verlassen hatte. Ich machte übrigens eine so elende Figur, daß man mich für einen entlaufenen Diener hielt. Dieses konnte ich den Fragen entnehmen, die man mir stellte, und ich fürchtete, daß man mich als einen solchen festhalten würde. Tags drauf setzte ich indessen meine Reise fort und langte abends in einem Wirtshause an, welches sich ungefähr acht oder zehn Meilen von Burlington befand und welches von einem gewissen Doktor Brown betrieben wurde.

Dieser Mann ließ sich während meiner Mahlzeit in ein Gespräch mit mir ein; und da er einige Belesenheit an mir gewahr wurde, so bezeigte er mir viel Teilnahme und Freundschaft. Unsere Bekanntschaft hat nachher bis an das Ende seines Lebens fortgedauert. Ich glaube, er war eine Art von herumwanderndem Doktor gewesen, denn es gab keine Stadt in ganz England oder in einem andern Land Europas, von welcher er nicht ganz besondere Umstände anzugeben gewußt hätte. Er war ein Mann von Geist und literarischen Kenntnissen, aber dabei ein Ungläubiger, der einige Jahre nachher mutwillig genug war, die Bibel, gerade wie Cotton den Virgil, in Knittelversen zu travestieren. Auf diese Weise stellte er viele Dinge äußerst lächerlich dar. Dieses Werk hätte unter den Schwachen großen Schaden anrichten können, wenn es herausgekommen wäre, welches jedoch niemals geschah. Ich übernachtete bei ihm und gelangte tags drauf in aller Frühe nach Burlington. Bei meiner Ankunft hatte ich den Verdruß zu erfahren, daß die regulären Boote kurz vorher schon abgegangen waren. Es war Sonnabend, und vor dem nächsten Dienstag sollte keins wieder abgehen. Ich kehrte in die Stadt zurück und zwar zu einer alten Frau, von welcher ich Ingwerkuchen gekauft hatte, um ihn auf dem Wasser zu essen, und fragte sie um Rat. Sie lud mich ein, bei ihr zu herbergen, bis sich mir eine Gelegenheit darböte, an Bord zu gehen. Da ich von meiner Fußreise sehr ermüdet war, so nahm ich das Anerbieten an. Als sie vernahm, daß ich ein Buchdrucker wäre, so wollte sie mich bereden, in dieser Stadt zu bleiben und daselbst meine Kunst zu treiben. Sie wußte nicht, was für Auslagen und welch ein Kapital zum Anfang erforderlich sind. Ich fand bei ihr die wahre Gastfreundschaft. Mit der besten Art von der Welt bewirtete sie mich mittags mit einem Gericht Ochsenmaul und wollte sich von mir keine andere Erwiderung gefallen lassen als einen Krug Bier. Schon glaubte ich, bis nächsten Dienstag hier gut untergebracht zu sein. Als ich aber abends am Ufer des Flusses spazierenging, sah ich ein Boot herannahen, welches nach Philadelphia ging und mehrere Personen an Bord hatte. Man nahm mich auf, und da kein Wind wehte, so mußten wir den ganzen Weg rudern. Als wir gegen Mitternacht noch keine Stadt erblickten, so behaupteten einige von der Gesellschaft, daß wir schon vorbei sein müßten, und wollten nicht weiterrudern. Da auch die anderen nicht wußten, wo wir uns befanden, so wurde beschlossen, haltzumachen. Wir zogen uns gegen das Ufer in eine Bucht und stiegen bei einem alten Zaun aus, dessen Pfähle uns dienten, ein Feuer anzuzünden. Denn es war eine sehr kalte Oktobernacht. Wir blieben daselbst bis zu Tagesanbruch. Nun erkannte einer von der Gesellschaft, wo wir uns befanden, nämlich in der Bucht von Cooper, ein wenig oberhalb von Philadelphia, welches wir auch in der Tat entdeckten, sobald wir aus der Bucht heraus waren. Wir langten daselbst sonntags gegen acht oder neun Uhr des Morgens an und stiegen auf dem Kai an der Market Street aus.

Ich habe in dieser Erzählung meiner Reise auch die größten Kleinigkeiten berührt, und so werde ich auch meinen Eintritt in diese Stadt beschreiben, damit Du imstande sein mögest, diesen so scheinlosen Anfang mit der Figur zu vergleichen, die ich nachher daselbst gespielt habe. Bei meiner Ankunft zu Philadelphia ging ich in meiner Handwerksgesellentracht, da meine besseren Kleidungsstücke den Umweg zu Wasser machen mußten. Ich war beschmutzt von der Reise; meine Taschen strotzten von Hemden und Strümpfen; ich kannte keine lebendige Seele und wußte nicht, wo ich einkehren sollte. Ermüdet von meinem Marsch, vom Rudern und von der schlaflos hingebrachten Nacht, war ich überaus hungrig, und meine ganze Barschaft bestand in einem holländischen

Taler und ungefähr einem Schilling in Kupfermünzen, welchen ich den Schiffern für meine Überfahrt bezahlte. Sie schlugen ihn anfangs aus, weil ich mitgerudert hatte; allein, ich bestand darauf, daß sie ihn annehmen sollten. Der Mensch ist bisweilen bei wenigem Gelde weit freigebiger als bei vielem; vielleicht, weil er nicht für arm gehalten werden will.

Ich ging die Gasse hinauf, indem ich bald nach dieser, bald nach jener Seite sah, bis nahe an die Markthalle, wo mir ein Kind mit Brot begegnete. Meine Mahlzeit hatte schon öfters nur aus trockenem Brot bestanden. Ich fragte das Kind, wo es sein Brot gekauft hätte, und es wies mich sogleich zum Bäcker in der Second Street. Ich forderte Zwieback, wobei ich ebensolchen, wie wir ihn in Boston hatten, zu finden glaubte; allein, es schien nicht, daß man dergleichen zu Philadelphia verfertigte. Ich forderte hierauf ein Brot für drei Pennies. Aber man machte keine zu diesem Preise. Da mir nun weder die Verschiedenheit des Preises noch die Namen der Brotarten des Landes bekannt waren, so verlangte ich nur für drei Pennies Brot, von welcher Art auch immer. Er gab mir darauf drei große Blätterteigsemmeln. Ich erstaunte, so viel zu bekommen. Ich nahm sie indessen an, und da ich keinen Platz in meinen Taschen hatte, so nahm ich unter jeden Arm eine und an der dritten aß ich, während ich vorwärtsmarschierte. Auf diese Weise durchwanderte ich die ganze Market Street bis an die Fourth Street und ging an dem Hause des Herrn Read, des Vaters derjenigen Person vorüber, die dereinst meine Gattin sein sollte. Sie stand vor der Tür, sah mich und fand mit Recht, daß ich eine höchst lächerliche und erbärmliche Figur machte. Ich drehte mich um und ging die Chestnut Street hinab, wobei ich immerfort meine Semmel aß. Nachdem ich solchergestalt die Runde gemacht hatte, so befand ich mich wieder auf dem Kai an der Market Street bei dem Boot, mit welchem ich angekommen war. Ich stieg hinab, um Flußwasser zu trinken; und da ich von meiner ersten Semmel schon satt war, so gab ich die beiden anderen einer Frau und ihrem Kinde, die mit uns in dem Boot den Fluß herabgekommen war und jetzt wartete, bis es weiterging. Erquickt auf diese Weise ging ich die Straße wieder hinauf. Diese war jetzt voll wohlgekleideter Personen, die alle in die gleiche Richtung gingen. Ich gesellte mich zu ihnen und wurde auf diese Weise in das große Versammlungshaus der Quäker nahe am Markt geführt. Ich setzte mich mit den andern nieder. Nachdem ich eine Zeitlang mit Umhergaffen zugebracht hatte und kein lautes Wort vernahm, überdies von Arbeit und Schlaflosigkeit der verwichenen Nacht ermüdet war, so versank ich in tiefen Schlaf. Mein Schlaf dauerte, bis die Versammlung auseinanderging, da denn ein Nachbar so gefällig war, mich aufzuwecken. Dieses war also das erste Haus in Philadelphia, welches ich betrat und in welchem ich schlief.

Ich ging nun wieder zum Fluß hinab; und da ich jedem, der mir begegnete, aufmerksam ins Angesicht sah, so kam mir ein junger Quäker vor, dessen Gesichtszüge mir gefielen. Ich sprach ihn an und bat ihn, mir zu sagen, wo ein Fremdling hier wohl unterkommen könnte. Wir befanden uns gerade bei der Herberge »Zu den drei Matrosen«. »Man nimmt hier zwar Fremde auf«, sagte er mir, »allein das Haus ist nicht in gutem Ruf. Wenn du mit mir gehen willst, so will ich dir ein besseres Wirtshaus zeigen.« Er führte mich zum »Crooked Billet« in der Water Street. Hier ließ ich mir Mittagessen geben, und während meiner Mahlzeit ergingen einige verfängliche Fragen an mich. Meine Jugend und mein Aufzug schienen den Argwohn zu rechtfertigen, daß ich wohl ein Flüchtling sein möchte. Nach der Mahlzeit bekam ich wieder Lust zu schlafen. Man wies mir ein Bett an; ich warf mich darauf, ohne mich auszukleiden, und schlief bis um sechs Uhr des Abends, da man mich zum Essen weckte. Ich legte mich darauf wiederum sehr früh nieder und schlief ununterbrochen fort bis zum nächsten Morgen. Sobald ich aufgestanden war, machte ich mich so gut wie möglich zurecht und begab mich zum Buchdrucker, Andrew Bradford. In seinem Laden fand ich seinen Vater, den ich zu New York gesehen hatte und welcher vor mir zu Pferd in Philadelphia eingetroffen war. Er stellte mich seinem Sohn vor, der mich höflich empfing und mir ein Frühstück gab. Allein, er sagte mir auch zugleich, wie er gegenwärtig keines Gesellen bedürfe, indem er sich schon vor kurzem damit versehen hätte. Er fügte aber hinzu, daß es noch einen anderen Drucker in der Stadt gäbe, der sich erst neulich daselbst niedergelassen hätte, namens Keimer, der mich vielleicht gebrauchen könnte. Im Fall aber, daß dieses nicht wäre, so wollte er mir sehr gern so lange Wohnung und von Zeit zu Zeit ein Stück Arbeit geben, bis sich Gelegenheit zu voller Beschäftigung böte.

Der alte Mann erbot sich, mich zu dem neuen Buchdrucker hinzuführen; und als wir zu ihm kamen, sagte er: »Nachbar, ich bringe Euch hier einen jungen Menschen Eures Gewerbes. Vielleicht könnt Ihr ihn gebrauchen.« Keimer stellte mir einige Fragen, gab mir einen Setzhaken in die Hand, um zu sehen, wie ich arbeitete, und sagte hierauf, daß er mich bald anstellen wollte, obgleich er mir augenblicklich keine Arbeit geben könnte. Da er den alten Bradford für einen gut gegen ihn gesinnten Bürger der Stadt hielt, so unterhielt er sich mit ihm über seine gegenwärtige Unternehmung und die Aussichten, welche selbige ihm darböte. Bradford hütete sich wohlweislich, sich als Vater des andern Buchdruckers zu entdecken; und wie Keimer verlauten ließ, daß er bald die meiste Arbeit an sich gezogen zu haben hoffte, so führte ihn der Alte durch allerlei geschickte Fragen und aufgeworfene Zweifel so lange herum, bis Keimer ihm seinen ganzen Plan mitteilte und entdeckte, auf was für Begünstigungen er rechnete und wie er seine Dinge anzugreifen gedächte. Ich war dabei gegenwärtig, hörte alles mit an und bemerkte sofort, daß der eine ein alter listiger Fuchs, der andere aber ein wahrer Neuling war. Bradford ließ mich bei Keimer, der ausnehmend betreten war, als ich ihm sagte, wer der alte Mann wäre.

Ich fand, daß Keimers Druckerei aus einer alten schadhaften Presse und einem kleinen Satz abgenutzter englischer Schriftzeichen bestand. Der letzten bediente er sich gerade selbst, um eine Elegie auf Aquila Rose, dessen ich oben erwähnt habe, zu setzen. Dieser war ein junger Mensch von Kopf und vortrefflichem Charakter, ungemein geschätzt in der Stadt, Sekretär der Assembly und ein gar nicht übler Dichter gewesen. Keimer machte auch Verse, aber sie waren sehr mittelmäßig. Man konnte eigentlich nicht sagen, daß er in Versen schriebe, denn seine Art war, sie sogleich aus dem Kopf in Typen zu setzen. Da er nun ohne Handschrift arbeitete, nur einen Setzkasten hatte und zu seiner Elegie wahrscheinlich alle Typen gebrauchte, so konnte er sich freilich von niemand helfen lassen. Ich bemühte mich, seine Presse in Ordnung zu bringen, derer er sich noch gar nicht bedient hatte, da er nicht so viel davon verstand, um selbst damit umgehen zu können. Nachdem ich ihm nun versprochen hatte, seine Elegie zu drucken, sobald sie gesetzt sein würde, so kehrte ich zu Bradford zurück, der mir fürs erste eine Kleinigkeit zu arbeiten und dafür sowohl Kost als Wohnung gab. Einige Tage nachher ließ mich Keimer rufen, um seine Elegie zu drucken. Er hatte sich inzwischen noch einen Setzkasten und ein Pamphlet zum Wiederabdruck verschafft, wofür er mich zur Arbeit anstellte.

Beiden Buchdruckern zu Philadelphia schien es mir an allen notwendigen Eigenschaften für ihr Gewerbe gänzlich zu mangeln. Bradford, gar nicht dazu ausgebildet, war sehr ungebildet. Keimer, obwohl nicht ganz unwissend, war doch nur ein bloßer Setzer und verstand sich schlechterdings nicht auf das Drucken. Er war einer von den französischen Propheten gewesen und wußte ihre übernatürlichen Verzückungen nachzumachen. Zu der Zeit, da wir miteinander bekannt wurden, bekannte er sich zu gar keiner besonderen Religion, sondern hielt es nach Gelegenheit mit allen. Die Welt kannte er sehr wenig und im Herzen hegte er nicht geringe Falschheit, wie ich in der Folge wahrzunehmen Gelegenheit hatte. Keimer war es nicht angenehm, daß ich, als sein Arbeiter, gleichwohl bei Bradford wohnen sollte. Er hatte zwar ein Haus, allein es war ohne Möbel; mithin konnte er mich gar nicht aufnehmen. Er verschaffte mir daher eine Wohnung beim Herrn Read, dem Eigentümer seines Hauses, dessen ich schon oben erwähnt habe. Um diese Zeit war mein Felleisen nebst meinen Sachen angekommen; ich putzte mich also soweit heraus, daß ich vor Miss Read mit etwas mehr Anstand erscheinen konnte als damals, da sie mich zum erstenmal sah, als ich meine Semmel auf der Straße aß.

Nunmehr gelangte ich zuerst zu einigen Bekanntschaften mit jungen Leuten aus der Stadt, welche Lektüre liebten, und ich brachte manchen vergnügten Abend mit ihnen hin, während ich durch meine Tätigkeit Geld verdiente und dank meiner Mäßigkeit sehr zufrieden lebte. Ich vergaß daher Boston soviel mir möglich war; und da ich nicht wollte, daß dort, außer meinem Freunde Collins, irgend jemand den Ort meines Aufenthaltes wüßte, so schrieb ich nur an diesen, und er verschwieg mein Geheimnis. Gleichwohl ereignete sich ein Vorfall, der mich in meine Vaterstadt eher zurückbrachte, als ich mir vorgesetzt hatte.

Ich hatte nämlich einen Schwager, Robert Homes, Kapitän einer Schaluppe, welche die Küsten zwischen Boston und dem Delaware befuhr. Als dieser sich einst zu Newcastle, vierzig Meilen unterhalb von Philadelphia, befand, hörte er von mir reden und schrieb mir, um mich von der Besorgnis zu benachrichtigen, die meine plötzliche Abreise von Boston meinen Freunden verursacht hatte. Er fügte hinzu, daß diese nichtsdestoweniger die besten Gesinnungen für mich hegten und alles sich nach meinem Wunsche wieder beilegen lassen würde, wenn ich nur zurückkehrte, wozu er mich sehr dringend ermahnte. Ich beantwortete seinen Brief und dankte ihm für seinen Rat; zugleich aber setzte ich auch meine Gründe auseinander, warum ich Boston verlassen hätte und dies mit soviel Stärke und Klarheit, daß er überzeugt werden sollte, ich hätte wohl nicht so sehr unrecht, wie er sich vorgestellt hatte.

Nun befand sich gerade damals Sir William Keith, Statthalter der Provinz, zu Newcastle. Es traf sich, daß Kapitän Homes mit ihm in Gesellschaft war, als er meinen Brief erhielt, welches denn Gelegenheit gab, nicht nur von mir zu reden, sondern ihm auch meinen Brief zu zeigen. Der Statthalter las ihn und schien verwundert, als er mein Alter erfuhr. Er sagte, ich schiene ihm ein junger Mensch, der überaus viel verspräche und den man daher unterstützen müßte. Es gäbe nur schlechte Buchdrucker zu Philadelphia, und wenn ich mich daselbst ansässig machen wollte, so zweifelte er gar nicht an meinem Erfolg. Von seiner Seite wollte er mir alle öffentliche Arbeit verschaffen und auch sonst alle Dienste leisten, die in seiner Macht wären. Mein Schwager erzählte mir alles dieses in der Folge zu Boston wieder. Damals aber wußte ich von allem noch nicht ein Wort, als wir eines Tages, da Keimer und ich neben dem Fenster bei der Arbeit waren, den Statthalter und noch einen anderen Herrn, den Obersten French von Newcastle, beide stattlich gekleidet, quer über die Straße gerade auf unser Haus zukommen sahen und unten an unserer Haustür vernahmen. Keimer, welcher glaubte, daß der Besuch ihm gälte, stieg sogleich hinunter. Aber der Statthalter fragte nach mir, stieg herauf, sagte mir mit einer Leutseligkeit und Höflichkeit, woran ich durchaus nicht gewöhnt war, überaus viel Schmeichelhaftes, wollte Bekanntschaft mit mir machen, machte mir milde Vorwürfe darüber, daß ich mich ihm nicht gleich bei meiner Ankunft in der Stadt bekannt gemacht hätte, und wollte mich in eine Weinschenke mitnehmen, wohin er, wie er sagte, eben mit dem Obersten French ginge, um einen vortrefflichen Madeira zu versuchen. Ich bekenne gern, daß mich dieses ein wenig überraschte; Keimer aber starrte wie ein vergiftetes Schwein. Indessen ging ich mit dem Statthalter und dem Obersten in eine Weinschenke an der Ecke der Third Street, wo er mir bei einem Glas Madeira den Vorschlag machte, eine Druckerei anzulegen. Er malte mir die Wahrscheinlichkeit des guten Erfolges aus, und er sowohl als der Oberst French versicherten mich ihrer Anteilnahme und ihrer Verwendung, um mir den Druck der öffentlichen Schriften aus beiden Regierungen zu verschaffen. Da ich zu zweifeln schien, daß mein Vater mir zu diesem Unternehmen behilflich sein würde, so sagte Sir William, er wolle mir einen Brief an denselben mitgeben und darin die Vorteile seines Vorschlages auseinandersetzen, denn er zweifle nicht daran, daß er ihn überzeugen werde. Es wurde daher ausgemacht, daß ich mit einem solchen Empfehlungsschreiben des Statthalters an meinen Vater mit dem ersten Schiff nach Boston zurückkehren sollte. Vorderhand aber sollte dieses Projekt geheimgehalten werden, und ich fuhr wie bisher fort, bei Keimer zu arbeiten. Der Statthalter ließ mich von Zeit zu Zeit zum Mittagessen einladen. Ich hielt das für eine überaus große Ehre, und man kann sich nichts so leutselig, so vertraulich und freundschaftlich denken, als seinen Umgang mit mir.

Gegen Ende April 1724 sollte ein kleines Schiff nach Boston abgehen. Unter dem Vorwand, meine Verwandten zu besuchen, nahm ich von Keimer Urlaub. Der Statthalter gab mir einen langen Brief mit, worin er meinem Vater sehr viel Schmeichelhaftes über mich sagte und ihm meine Niederlassung zu Philadelphia als etwas, das dereinst mein Glück machen würde, sehr dringend empfahl. Als wir die Bay hinabfuhren, gerieten wir auf eine Untiefe und bekamen ein Leck. Auf dem Meer war es stürmisch, und wir mußten fast unaufhörlich pumpen, wobei ich das meinige gleichfalls tat. Nichtsdestoweniger langten wir ungefähr nach vierzehn Tagen gesund und wohlbehalten zu Boston an. Ich war sieben volle Monate abwesend gewesen, und meine Eltern hatten während dieser ganzen Zeit keine Nachricht von mir gehabt. Denn mein Schwager Homes war noch nicht wieder zurückgekommen und hatte meinetwegen auch nichts geschrieben. Meine unerwartete Erscheinung überraschte meine Familie. Indessen war doch alles froh, mich wiederzusehen, und hieß mich herzlich willkommen, ausgenommen mein Bruder. Ich besuchte ihn in seiner Druckerei. Ich war weit besser gekleidet, als ich es jemals in seinen Diensten gewesen war. Denn ich hatte einen vollständig neuen und sauberen Anzug, eine Uhr, und mein Beutel war mit beinahe fünf Pfund Sterling in Silber gespickt. Mein Bruder empfing mich eben nicht gar artig, sah mich vom Kopf bis zu den Füßen an und machte sich wieder an seine Arbeit. Die Gesellen fragten mich neugierig, wo ich gewesen wäre, was für eine Art Land es wäre und wie es mir gefallen hätte. Ich rühmte Philadelphia und das glückliche Leben, welches ich daselbst führte, nicht wenig und drückte dabei meinen Vorsatz, wieder dorthin zu gehen, sehr kräftig aus. Als mich einer von ihnen fragte, was für eine Art Geld man dort verdiente, so zog ich eine Handvoll Silbermünzen aus der Tasche und warf sie vor ihnen auf den Tisch. Das war für sie eine Art von Seltenheit, woran sie gar nicht gewöhnt waren, indem zu Boston Papier im Umlaufe war. Ich unterließ hierauf auch nicht, ihnen meine Uhr zu zeigen. Endlich, da mein Bruder immer noch mürrisch und bei widerwärtiger Laune blieb, gab ich ihnen einen spanischen Dollar zum Vertrinken und empfahl mich. Dieser mein Besuch verdroß ihn auf das äußerste. Denn als meine Mutter einige Zeit darnach von Wiederversöhnung mit ihm sprach und ihren Wunsch zu erkennen gab, daß wir doch hinfort wieder brüderlich zusammenleben möchten, so sagte er, daß ich ihn dermaßen vor seinen Leuten beschimpft hätte, daß er mir dies nimmermehr vergessen noch vergeben würde, worin er sich doch gleichwohl irrte.

Der Brief des Statthalters schien zwar meinen Vater in einige Verwunderung zu setzen; indessen ließ er sich doch einige Tage nicht viel darüber aus. Als der Kapitän Homes zurückkehrte, so zeigte er ihn diesem und fragte ihn, ob er diesen Keith kennte und was für eine Art Mann derselbe wäre. Dabei fügte er hinzu, daß es seiner Meinung nach wenig Urteilskraft verriete, ein Kind etablieren zu wollen, dem noch drei volle Jahre abgingen, ehe es in die Klasse der Männer aufgenommen werden könnte. Homes sagte zum Besten des Projekts, was er wußte und konnte; allein, mein Vater behauptete fest die Untunlichkeit der Sache und schlug endlich seine Einwilligung geradezu ab. Er schrieb hierauf an Sir William einen höflichen Brief, worin er ihm zwar für die so gütig angebotene Gönnerschaft dankte, aber es auch zugleich abschlug, mich für jetzt etablieren zu helfen. Denn seiner Meinung nach wäre ich noch allzu jung, als daß man mir eine so wichtige Unternehmung anvertrauen könnte, wofür schon die bloßen Vorbereitungen eine beträchtliche Geldanlage erforderten.

Mein alter Kamerad Collins, welcher als Schreiber bei der Post stand, war ganz entzückt über das, was ich ihm von meinem neuen Land erzählte, und faßte den Entschluß, sich gleichfalls dorthin zu begeben. Während ich noch auf den Entschluß meines Vaters wartete, reiste er schon vor mir zu Lande nach Rhode Island ab und ließ seine ganz artige Sammlung von mathematischen und physikalischen Büchern zurück, die mit mir und den meinigen nach New York transportiert werden sollten, woselbst er mich erwarten wollte. Obgleich nun mein Vater den Vorschlag des Sir William nicht billigte, so behagte es ihm doch ungemein, daß ich mir eine so günstige Empfehlung von einer so vornehmen Person an dem Orte meines Aufenthaltes hatte erwirken können und daß mein Fleiß und meine Umsicht mich in den Stand gesetzt hätten, mich in so kurzer Zeit so artig herauszuputzen. Da es nicht schien, daß das gute Vernehmen zwischen meinem Bruder und mir wiederhergestellt werden würde, so willigte mein Vater in meine Rückkehr nach Philadelphia ein und gab mir den Rat, daselbst gegen jedermann meine Pflicht zu beobachten, mich um allgemeine Wertschätzung zu bewerben und Satire und Spötterei zu vermeiden, wozu ich, nach seiner Meinung, einen allzu großen Hang hätte. Durch Beharrlichkeit und kluge Wirtschaft, fügte er hinzu, könnte ich mir bis zu meinem einundzwanzigsten Jahre genug ersparen, um mich damit einzurichten; und wenn mir alsdann noch eine Kleinigkeit fehlte, so wollte er schon dafür sorgen. Dieses war alles, was ich erhalten konnte, ausgenommen einige kleine Geschenke zum Zeichen des Wohlwollens sowohl von seiner als meiner Mutter Seite. Ich schiffte mich von neuem nach New York ein, diesmal aber mit ihrer Einwilligung und ihrem Segen.

Da die Schaluppe zu Newport in Rhode Island anlegte, so besuchte ich meinen Bruder John, der seit einigen Jahren daselbst ansässig und verheiratet war. Dieser hatte mich immer sehr geliebt und nahm mich daher ungemein herzlich auf. Einer seiner Freunde namens Vernon, welcher in Pennsylvania eine Geldforderung von ungefähr 36 £ Sterling hatte, bat mich, dieses Geld für ihn in Empfang zu nehmen und es so lange bei mir zu behalten, bis er mir das Weitere auftrüge. Er stellte mir daher eine Anweisung aus. Diese Sache verursachte mir in der Folge viel Unbehagen. Zu Newport nahmen wir eine Anzahl Passagiere für New York auf, worunter sich auch zwei junge Frauenzimmer, die zusammen reisten, und eine Quäkerin, eine gesetzte und gescheite Dame, nebst ihren Leuten befanden. Ich hatte mich sehr höflich und emsig gezeigt, ihr einige kleine Dienste zu leisten, und vermute, daß sie aus Erkenntlichkeit dafür Anteil an mir nahm. Denn in der Tat, als sie wahrnahm, daß sich zwischen den beiden Reisegefährtinnen und mir eine Vertraulichkeit entspann, die von Tag zu Tage zunahm, und daß diese mir Aufmunterungen zu geben schienen, so zog sie mich beiseite und sagte: »Junger Mensch, ich bin deinetwegen in Sorge. Du hast keine Freunde bei dir und scheinst mir weder die Welt noch die Fallstricke zu kennen, denen die Jugend ausgesetzt ist. Verlaß dich auf das, was ich dir hiermit sage. Dieses sind Frauenzimmer von höchst schlechter Lebensart; ich erkenne das an allen ihren Handlungen. Wenn du nicht auf deiner Hut bist, so werden sie dich in irgendeine Gefahr locken. Sie sind dir fremd; wegen des freundschaftlichen Anteils, den ich an dir nehme, rate ich dir, dich in keinerlei Verbindung mit ihnen einzulassen.« Als ich hierauf nicht so übel von ihnen zu denken schien wie sie, so erzählte sie mir einige Dinge, die sie von ihnen gesehen und gehört hatte, die gleichwohl meiner Aufmerksamkeit entgangen waren, mich aber überzeugten, daß sie recht hatte. Ich dankte ihr für ihren gütigen Rat und versprach, ihn genau zu befolgen. Als wir zu New York ankamen, sagten sie mir, wo sie wohnten, und baten mich, sie daselbst zu besuchen. Dieses ließ ich bleiben und tat sehr wohl daran. Denn tags darauf vermißte der Kapitän einen silbernen Löffel und einige andere Sachen, die aus seiner Kajüte entwendet worden waren. Da er nun wußte, daß dieses liederliche Weibsbilder waren, so erwirkte er einen Untersuchungsbefehl, fand die gestohlenen Sachen und ließ die Diebinnen bestrafen. Und obwohl wir einem unter dem Wasser verborgenen Felsen, auf welchen das Schiff während seiner Fahrt gestoßen war, entgangen waren, so erschien mir dieses Entkommen ungleich bedeutsamer.

Zu New York fand ich meinen Freund Collins, der einige Zeit vor mir daselbst angekommen war. Wir waren seit unserer Kindheit miteinander vertraut; wir hatten zusammen die gleichen Bücher gelesen, allein, er hatte den Vorteil, mehr Zeit auf das Lesen und Studieren verwenden zu können, und hatte eine erstaunliche Anlage zur Mathematik, worin er mich sehr weit hinter sich zurückließ. Als ich noch in Boston lebte, brachte ich meine meisten Erholungsstunden in Gesprächen mit ihm zu. Er war ein ernsthafter und fleißiger Bursche. Seine Kenntnisse hatten ihm die allgemeine Achtung einiger Geistlicher sowie sonstiger Mitbürger erworben, und es schien, daß er sich einst zu seinem Vorteil in der Gesellschaft zeigen würde. Allein, während meiner Abwesenheit hatte er sich unglücklicherweise dem Branntwein ergeben, und ich erfuhr sowohl von ihm selbst als von anderen, daß er seit seiner Ankunft zu New York alle Tage betrunken gewesen wäre und sich dabei sehr ausgelassen betragen hätte. Auch hatte er gespielt und all sein Geld verloren, so daß ich genötigt war, nicht nur sein Logis im Wirtshaus zu bezahlen, sondern ihn auch auf der ganzen Reise freizuhalten, welches mir ungemein zur Last fiel. Der damalige Statthalter von New York, Burnet, Sohn des Bischofs Burnet, hatte von dem Kapitän vernommen, daß er einen jungen Reisenden an Bord hätte, der viele Bücher besäße, und bat ihn daher, mich zu ihm zu führen. Ich ging hin und würde Collins mit mir genommen haben, wenn er nur nüchtern gewesen wäre. Der Statthalter begegnete mir überaus artig, zeigte mir seine sehr ansehnliche Bibliothek, und wir unterhielten uns sehr lange sowohl über Bücher als auch ihre Verfasser. Dieses war der zweite Statthalter, der mich mit seiner Aufmerksamkeit beehrte, und einem armen Burschen, wie ich es damals war, waren dergleichen Begebenheiten nicht wenig schmeichelhaft.

Wir gingen hierauf nach Philadelphia ab. Unterwegs erhob ich Vernons Geld, ohne welches es hart gehalten haben würde, unsere Reise zu vollenden. Collins wünschte bei irgendeinem Warenkontor angestellt zu werden;

allein, obgleich er gute Empfehlungsbriefe hatte, so verrieten doch sein Atem und sein ganzes Äußeres allzusehr seine Trunksucht. Es glückte ihm daher nirgends, und er fuhr fort, auf meine Unkosten bei mir zu wohnen und zu zehren. Da er wußte, daß ich Vernons Geld hatte, so wollte er beständig davon geliehen haben, indem er immer versprach, es sogleich wieder zu erstatten, wenn er eine Anstellung haben würde. Er lockte mir endlich soviel ab, daß ich in die größte Unruhe darüber geriet, was aus mir werden würde, wenn ich das Geld abliefern sollte. Seine Neigung zum Trunk ließ nicht nach und brachte Zwiespalt zwischen uns; denn wenn er ein wenig zuviel getrunken hatte, so war er sehr heftig. Als wir uns eines Tages nebst mehreren jungen Leuten in einem Nachen auf dem Delaware befanden, wollte er nicht rudern, als die Reihe an ihn kam. »Ihr sollt mich«, sagte er, »bis nach Hause rudern.« »Das werden wir wohl bleiben lassen«, sagte ich. »Wenn ihr es nicht tut«, erwiderte er, »so müßt ihr die ganze Nacht auf dem Wasser bleiben; ganz wie es euch beliebt.« Die anderen sagten: »Laßt uns fortrudern! Was liegt denn daran, ob er rudert oder nicht!« Aber ich, schon wegen seiner übrigen Aufführung gegen ihn erbittert, fuhr fort, mich zu widersetzen. Da schwur er, er würde mich rudern lehren oder mich zum Nachen hinauswerfen. Und in der Tat kam er über die Ruderbank auf mich zugeschritten und schlug nach mir aus. Sobald ich ihn aber erreichen konnte, schwang ich meinen Arm unter seine Beine, erhob mich ungestüm und warf ihn Kopf voran in den Strom. Ich wußte, daß er ein guter Schwimmer war, und fürchtete daher nicht für sein Leben. Ehe er sich nun umwenden und den Nachen wieder ergreifen konnte, gewannen wir Zeit, den Nachen durch einige Ruderschläge soweit von ihm zu entfernen, daß er ihn nicht mehr erreichen konnte. Sooft er sich näherte, fragten wir ihn, ob er rudern wollte, und machten zur gleichen Zeit einige Ruderschläge, daß er den Nachen fahren lassen mußte. Er wollte beinahe vor Zorn ersticken und gleichwohl nicht versprechen zu rudern. Als wir indessen sahen, daß ihm die Kräfte ausgingen, so zogen wir ihn wieder in den Nachen und brachten ihn abends durch und durch naß nach Hause. Nach diesem Vorfall lebten wir äußerst kaltsinnig miteinander. Endlich geriet er an den Kapitän eines Schiffes von den Westindischen Inseln, der den Auftrag hatte, sich nach einem Erzieher für die Söhne eines reichen Herren zu Barbados umzusehen. Dieser schlug ihm die Stelle vor und versprach, ihn dorthin zu führen. Er nahm sie an und verließ mich mit dem Versprechen, daß ich zur Berichtigung meiner Forderung das erste Geld haben sollte, was er verdienen würde. Allein, ich habe nie wieder etwas von ihm vernommen.

Das Vergreifen an dem mir anvertrauten Gelde Vernons gehört zu den ersten großen Fehlern meines Lebens; dieser Vorfall beweist, daß mein Vater sich eben nicht in seinem Urteil irrte, als er mich noch für zu jung hielt, um wichtige Geschäfte zu führen. Allein, Sir William, nachdem er seinen Brief gelesen hatte, sagte, daß er allzu vorsichtig wäre. Die Menschen seien sehr verschieden; und so wie Weisheit nicht immer die Begleiterin des reiferen Alters wäre, so fehlte sie auch nicht immer der Jugend. »Weil er Sie denn also nicht etablieren will«, fügte er hinzu, »so will ich es selbst tun. Geben Sie mir ein Verzeichnis von denjenigen Artikeln, die wir aus England haben müssen, und ich werde sie kommen lassen. Sie können mich bezahlen, wenn Sie im Stande dazu sind. Ich will nun einmal einen guten Drucker hier haben, und ich bin mir Ihres Erfolges sicher.« Er sagte mir das mit einem solchen Anschein von Herzlichkeit, daß ich keinen Augenblick an der Aufrichtigkeit seines Anerbietens zweifelte. Bisher hatte ich das Projekt meiner Niederlassung keinem Menschen zu Philadelphia entdeckt und ich fuhr fort, es zu verschweigen. Wenn man gewußt hätte, daß ich auf den Statthalter rechnete, so würde wahrscheinlich irgendein Freund, der ihn genauer kannte, mich gewarnt haben, nicht auf ihn zu bauen. Denn ich erfuhr in der Folge, daß er allgemein für einen Mann galt, der zwar freigebig mit Versprechungen, aber nie willens wäre, sie zu erfüllen. Indessen, da ich ja gar nichts bei ihm gesucht hatte, wie hätte ich glauben können, daß seine Anerbietungen nicht aufrichtig wären? Ich hielt ihn für den besten Mann von der Welt.

Ich überreichte ihm das Verzeichnis der Erfordernisse zu einer kleinen Buchdruckerei, wobei sich die Kosten nach meiner Rechnung ungefähr auf hundert Pfund Sterling beliefen. Er war damit zufrieden, fragte mich aber auch zugleich, ob es nicht gut sein würde, daß ich selbst nach England ginge, um die Typen an Ort und Stelle auszusuchen und dafür zu sorgen, daß jeder Artikel in seiner Art von hinlänglicher Güte wäre. »Sie könnten«, sagte er, »dort auch Bekanntschaften machen und einen Briefwechsel mit Buch- und Papierhandlungen anlegen.« Ich gab zu, daß dieses allerdings vorteilhaft sein würde. »Wenn das so ist«, fuhr er fort, »so halten Sie sich bereit, mit Annis nach England zu segeln.« Dieses war das jährliche und damals einzige Schiff, welches regelmäßig zwischen London und Philadelphia ging; allein, es waren noch einige Monate hin, ehe Annis absegelte. Also fuhr ich fort, bei Keimer zu arbeiten, war aber sehr unruhig über das Geld, welches Collins von mir entliehen hatte, und in beständiger Angst vor Vernon, welcher doch aber sein Geld erst nach einigen Jahren zurückforderte.

Ich glaube, in der Erzählung von meiner ersten Reise von Boston nach Philadelphia einen kleinen Vorfall ausgelassen zu haben. Während der Windstille, welche uns jenseits von Block Island aufhielt, beschäftigten sich unsere Leute mit dem Stockfischfang und fingen eine große Menge. Bis dahin war ich meinem Vorsatz treu geblieben, nicht zu essen, was lebendig gewesen wäre; und bei dieser

Gelegenheit betrachtete ich, meinem Lehrer Tryon zufolge, den Fang jedes Fisches als einen Mord ohne jede Veranlassung, indem doch kein Fisch irgend jemandem etwas zuleide getan hätte oder auch nur tun könnte, um dieses Abschlachten zu rechtfertigen. Diese Art, über die Sache zu urteilen, schien mir ganz unwiderleglich. Aber ich war ehemals ein großer Liebhaber von Fisch gewesen, und als hier einer frisch aus der Bratpfanne genommen ward, so roch er gar vortrefflich. Ich schwankte eine Zeitlang zwischen dem Grundsatz und der Neigung, bis mir einfiel, daß ich beim Ausnehmen der Stockfische andere kleine Fische in ihren Mägen gesehen hatte. Sogleich sprach ich bei mir selbst: Wenn ihr einer den anderen speist, so sehe ich nicht ein, warum wir euch nicht auch speisen sollten. Demzufolge hielt ich ein höchst vergnügtes Mittagsmahl von Stockfisch und fuhr hernach fort, wie alle Welt zu essen, außer daß ich von Zeit zu Zeit und bei gewissen Gelegenheiten zur vegetarischen Nahrungsweise zurückkehrte. So bequem ist es also, ein *vernünftiges Tier* zu sein, das immer Gründe findet oder erfindet, um alles zu rechtfertigen, was es nur irgend zu tun Lust hat.

Keimer und ich lebten in einem ganz freundschaftlichen Verhältnis, und wir vertrugen uns ziemlich gut, weil er sich von dem Projekt meiner Niederlassung nichts träumen ließ. Sein alter Enthusiasmus hielt größtenteils an und er liebte Debatten. Wir disputierten daher oft miteinander. Ich pflegte ihn mit meiner sokratischen Methode so zu bearbeiten und hatte ihn durch meine Fragen, die anfänglich von dem Streitpunkte sehr weit entfernt zu liegen schienen, dennoch aber nach und nach sich demselben näherten und ihn in Schwierigkeiten und Widersprüche verwickelten, aus welchen er sich nicht zu retten wußte, so oft erwischt, daß er zuletzt seine Vorsicht bis ins Lächerliche trieb und kaum auf die einfachste Frage anders antwortete, als zuerst zu fragen: *Was soll daraus folgen?*

Indessen bekam er doch eine so hohe Meinung von meiner Widerlegungskunst, daß er mir in ganzem Ernste den Vorschlag machte, zur Ausführung seines Projektes, eine neue Sekte zu stiften, sein Gehilfe zu werden. Er wollte alsdann die Lehre predigen, und ich sollte alle Widersacher bekämpfen. Als er sich über seine Lehrsätze ausließ, so fand ich darunter viele problematische Einfälle, die ich nicht akzeptieren wollte, wenn ich nicht wenigstens auch etwas von dem meinigen dazutun dürfte und er nicht auch einige meiner Grundsätze annähme. Keimer trug einen langen Bart, weil es irgendwo bei Moses heißt »Ihr sollt euren Bart nicht gar abscheren«. Er feierte auch den Sabbat am siebenten Tag, und diese beiden Punkte waren seiner Meinung nach wesentlich. Mir mißfielen beide; allein, ich ließ sie doch unter der Bedingung zu, daß er sich dem Verbot der Nahrungsmittel aus dem Tierreiche unterwürfe. »Ich fürchte«, sagte er, »dies wird meine Natur nicht aushalten.« Ich versicherte ihm dagegen, daß er sich dabei sehr wohl befinden würde. Er war von Natur gefräßig, und ich wollte mir das Vergnügen machen, ihn ein wenig auszuhungern. Er verstand sich endlich zu einem Versuch dieser Lebensordnung, wenn ich ihm Gesellschaft leisten wollte. Wir unterwarfen uns derselben in der Tat drei Monate lang. Eine Frau in der Nachbarschaft bereitete und brachte uns unser Essen. Ich gab ihr ein Verzeichnis von vierzig Gerichten, die sie uns von Zeit zu Zeit abwechselnd zubereiten sollte, zu welchen allen weder Fleisch noch Fisch noch Vögel kam. Diese Grille bekam mir damals desto besser, als sie so wohlfeil war. Denn unsere ganze Nahrung kostete einen jeden von uns nicht über achtzehn Pence Sterling wöchentlich. Ich habe seitdem mehrere der strengsten Fasten beobachtet und diese Lebensordnung fast immer plötzlich auf die gewöhnliche folgen lassen und umgekehrt, ohne den mindesten Nachteil zu erfahren. Daher scheint mir auch der Rat sehr unerheblich, sich nach und nach an eine veränderte Lebensordnung zu gewöhnen. Ich beobachtete sie guten Mutes; allein, der arme Keimer litt dabei nicht wenig. Verdrießlich über sein Unternehmen seufzte er nach den Fleischtöpfen Ägyptens. Endlich ließ er sich ein Spanferkel braten und lud mich, nebst zwei Frauenzimmern aus unserer Bekanntschaft, zum Mittagessen ein. Da aber das Spanferkel zu früh gar geworden war, so konnte er der Versuchung nicht widerstehen und aß es rein auf, ehe wir noch ankamen.

Während dieser Begebenheiten bezeigte ich der Miss Read einige Aufmerksamkcit. Ich empfand nicht wenig Neigung und Hochachtung für dieselbe und hatte Ursache zu glauben, daß sie nicht gleichgültig gegen mich wäre. Da wir aber beide noch sehr jung und nicht über achtzehn Jahre alt waren und ich überdies im Begriff stand, eine lange Reise anzutreten, so hielt ihre Mutter es der Klugheit gemäß, uns für jetzt nicht zu weit gehen zu lassen; da es, wenn eine Heirat unter uns stattfinden sollte, besser sein würde, damit zu warten, bis ich zurückgekehrt und in meinem künftigen Gewerbe so eingerichtet sein würde, wie ich es vorhatte. Vielleicht dachte sie auch, daß meine Hoffnungen wohl nicht auf so festen Füßen stünden, wie ich mir einbildete.

Meine hauptsächlichen Kameraden waren damals Charles Osborne, Joseph Watson und James Ralph, lauter Freunde der Lektüre. Die beiden ersten waren Schreiber beim Herrn Charles Brockden, einem der bedeutendsten Notare der Stadt; der dritte war Schreiber bei einem Kaufmann. Watson war ein junger, rechtschaffener, sehr frommer und empfindsamer Mensch; die anderen waren ein wenig schlaffer in ihren Religionsgrundsätzen; besonders Ralph, den ich so wie den Collins wankend gemacht hatte. Sie haben mich aber auch beide tüchtig dafür bestraft. Osborne war empfindsam, offenherzig und aufrichtig gegen seine Freunde, aber über Gegenstände der Literatur allzusehr zur Krittelei geneigt. Ralph war geistreich, artig in seinem Wesen und ausnehmend beredt. Ein angenehmerer Sprecher ist mir in meinem Leben, wie ich glaube, nicht vorgekommen. Beide waren leidenschaftlich für die Dichtkunst eingenommen, und sie fingen an, sich in kleinen poetischen Stücken zu versuchen. Wir vier machten des Sonntags in den Wäldern, die an den Skuylkill stoßen, sehr angenehme Spaziergänge. Wir lasen einander vor und unterhielten uns über das Gelesene.

Ralph war geneigt, sich ganz der Poesie zu ergeben. Er schmeichelte sich, eine Vorrangstellung in dieser Laufbahn erzielen, ja sogar sein Glück in derselben machen zu können. Er behauptete, daß die größten Dichter im Anfange ebenso viele Fehler begangen hätten, wie er selbst noch beging. Osborne suchte ihn eines anderen zu belehren, versicherte ihm, daß er gar kein poetisches Genie hätte, und gab ihm den Rat, bei dem Gewerbe zu bleiben, wozu er erzogen worden wäre. Im Handelsgewerbe könne er sich auch ohne eigene Mittel durch Fleiß und Unverdrossenheit seinem Dienstherren als Kommissionär empfehlen und sich dabei mit der Zeit soviel erwerben, daß er auf eigene Rechnung Handel betreiben könne. Ich meines Teils hatte nichts dagegen, daß man sich von Zeit zu Zeit mit der Poesie abgäbe, allein, das müßte nur dazu dienen, um sich in der Sprache vollkommener zu machen. Es wurde daher vorgeschlagen, daß bei der nächsten Zusammenkunft jeder von uns ein eigenes Machwerk mitbringen sollte. Unsere Absicht hierbei war, uns durch unsere wechselsweisen Bemerkungen, Kritiken und Verbesserungen vollkommener zu machen; und da wir uns allein Sprache und Ausdruck zum Ziel setzten, so schlossen wir jede Rücksicht auf Erfindung aus und wurden eins, daß die Aufgabe eine Übersetzung des achtzehnten Psalms sein sollte, worin das Herabsteigen der Gottheit geschildert ist. Der Tag unserer Zusammenkunft stand vor der Tür, als Ralph mich als erster besuchte und mir meldete, daß sein Stück fertig wäre. Ich gestand ihm, ich sei beschäftigt gewesen, und da mir auch die Neigung zu dergleichen Arbeit fehlte, so hätte ich nichts gemacht. Er zeigte mir darauf sein Stück und fragte mich, was ich davon hielte. Ich lobte es ungemein, weil es mir in der Tat großes Verdienst zu haben schien. Er sagte hierauf zu mir: »Osborne wird einem Werke von mir niemals das mindeste Verdienst einräumen. Schon der Neid wird ihm tausend Kritteleien eingeben. Auf dich ist er nicht so eifersüchtig; ich möchte daher wohl, daß du das Ding zu dir nähmest und es für das deinige ausgäbest. Ich will alsdann vorgeben, ich hätte keine Zeit gehabt, und werde nichts vorweisen. Wir werden dann hören, was er dazu sagen wird.« Ich war dazu bereit und schrieb Ralphs Stück sogleich ab, um jeden Argwohn zu entfernen. Wir versammelten uns wieder. Watsons Werk wurde zuerst vorgelesen. Es hatte einige Schönheiten, aber auch viele Fehler. Wir lasen hierauf das von Osborne, welches weit besser war. Ralph ließ ihm Gerechtigkeit widerfahren, bemerkte darin zwar einige Fehler, lobte jedoch auch seine Schönheiten. Da er nichts aufzuweisen hatte, so kam ich nun an die Reihe. Ich machte erst Umstände, schien um Entschuldigung zu bitten, ich hätte nicht Zeit genug zum Ausfeilen gehabt usw. Aber das half alles nichts; das Stück mußte vorgezeigt werden. Es wurde gelesen und wieder gelesen. Watson und Osborne entsagten sogleich aller Mitbewerbung um den Preis und vereinigten sich zu übermäßigem Lob des Stückes. Ralph allein machte einige Einwände und schlug ein paar Verbesserungen vor; allein, ich verteidigte meine Lesart. Osborne war gegen Ralph und sagte, daß er sich ebensowenig auf das Urteilen wie auf das Hervorbringen verstände; er ließ also ab davon. Als die anderen mich verlassen und sich nach Hause begeben hatten, drückte sich Osborne zu Gunsten meines vermeinten Werkes noch stärker aus. Er behauptete, daß er sich vorhin nicht recht ausgelassen hätte aus Furcht, ich möchte ihn im Verdacht der Schmeichelei gegen mich haben. »Aber wer hätte denken sollen, daß Franklin fähig wäre, ein solches Werk zustande zu bringen! Welche Malerei! Welche Kraft! Welch ein Feuer! Er hat das Original noch übertroffen. Sein Ausdruck im gewöhnlichen mündlichen Vortrage scheint wenig beredt zu sein. Er stockt, er verspricht sich, und gleichwohl, o Himmel, wie schreibt er!« Bei unserer nächsten Zusammenkunft entdeckte Ralph den Streich, den wir dem Osborne gespielt hatten, und er wurde darüber ein wenig ausgespottet. Dieser Vorfall bestärkte Ralph in seinem Entschluß, ein Dichter zu werden. Ich unterließ nun zwar nichts, ihn davon abzubringen; allein, er fuhr dennoch fort, Verse zu machen, bis er den Pope las, da er denn von seiner Krankheit genas. Indessen wurde er doch ein ziemlich guter Prosaist. Ich werde später noch mehr von ihm sagen.

Allein, da ich schwerlich Gelegenheit haben werde, der beiden anderen wieder zu erwähnen, so muß ich hier melden, daß Watson einige Jahre nachher in meinen Armen verschied. Er wurde ausnehmend bedauert, denn er war der Beste von uns allen. Osborne ging nach den Westindischen Inseln, wurde ein berühmter Advokat und wurde reich; aber er starb jung. Wir hatten einander im ganzen Ernste versprochen, daß derjenige, welcher von uns beiden zuerst sterben würde, wo nur immer möglich wiederkommen, bei dem anderen einen freundschaftlichen Besuch ablegen und ihm über die Angelegenheiten des künftigen Lebens Auskunft geben sollte. Allein, er hat sein Versprechen niemals erfüllt.

Der Statthalter schien an meiner Gesellschaft Geschmack zu finden und lud mich daher öfters zu sich ein. Er sprach dabei immer von seinem Vorsatz, mich zu etablieren, als einer ausgemachten Sache. Ich sollte Empfehlungsbriefe an verschiedene seiner Freunde mitnehmen, vornehmlich aber einen Kreditbrief, um das nötige Geld zum Ankauf der Presse, der Typen, des Papiers usw.

erheben zu können. Er bestellte mich verschiedene Male zu sich, diese Briefe in Empfang zu nehmen, die dann immer fertig sein sollten; allein, immer hieß er mich einen anderen Tag wiederkommen. Dieser Aufschub währte so lange, bis das Schiff, dessen Abreise mehrmals verschoben worden war, endlich im Begriff stand, unter Segel zu gehen. Ich begab mich also zu Sir William, um Abschied von ihm zu nehmen und seine Briefe abzuholen. Allein, sein Sekretär, der Doktor Baird, kam und sagte zu mir, der Statthalter hätte jetzt äußerst viel zu schreiben. Da er indessen noch vor dem Schiffe nach Newcastle hinabgehen würde, so sollte ich daselbst seine Briefe in Empfang nehmen.

Ralph hatte sich entschlossen, mich auf dieser Reise zu begleiten, obgleich er verheiratet war und ein Kind hatte. Man glaubte, seine Absicht wäre, einen Handelsverkehr mit England anzulegen und sich Waren anzuschaffen, um selbige in Kommission zu verkaufen. Allein, ich erfuhr in der Folge, daß er einige Ursache hatte, mit den Verwandten seiner Frau unzufrieden zu sein, und daher seine Frau in ihren Händen lassen und nie wieder nach Amerika zurückkehren wollte. Nachdem ich von meinen Freunden Abschied genommen und mich noch mit Miss Read versprochen hatte, verließ ich Philadelphia. Das Schiff ging zu Newcastle vor Anker. Der Statthalter befand sich daselbst, und ich begab mich in seine Wohnung. Sein Sekretär empfing mich sehr höflich und richtete mir von ihm aus, daß er mich jetzt unmöglich sehen könnte, weil Geschäfte von der äußersten Wichtigkeit ihn abhielten. Indessen würde er mir die Briefe an Bord senden; er wünschte mir von ganzem Herzen eine glückliche Reise, eine baldige Wiederkehr usw. Ich begab mich also an Bord des Schiffes zurück, zwar ziemlich verwundert, aber doch bis jetzt noch ohne den mindesten Argwohn.

Auf diesem Schiffe befand sich Herr Andrew Hamilton, ein berühmter Advokat aus Philadelphia, nebst seinem Sohn; diese hatten, zusammen mit Herrn Denham, einem Quäker-Kaufmann, und den Herren Onion und Russel, Besitzer eines Eisenhammerwerkes zu Maryland, die große Kajüte eingenommen; so mußten Ralph und ich uns auf dem Zwischendeck aufhalten, und weil uns keine Seele auf dem Schiffe kannte, so hielt man uns für ganz gemeine Leute. Aber Herr Hamilton und sein Sohn (es war James, der nachmalige Statthalter) mußten von Newcastle nach Philadelphia zurückkehren, weil der Vater mit großem Honorar dahin zurückberufen wurde, um einen Prozeß wegen eines beschlagnahmten Schiffes zu führen. Nun kam gerade, da wir unter Segel gehen wollten, der Oberst French an Bord und begegnete mir überaus höflich. Von Stund an bezeigte man mir mehr Aufmerksamkeit, und die übrigen Reisenden luden mich und meinen Freund Ralph ein, die von den Herren Hamilton verlassenen Plätze in der Kajüte einzunehmen; welches wir dann entsprechend taten.

Da ich erfuhr, daß der Oberst French die Briefschaften des Statthalters an Bord gebracht hatte, so bat ich den Kapitän um die Briefe, die mich angingen. Er sagte mir, daß sie insgesamt in den Sack getan wären, wo er sie jetzt nicht heraussuchen könnte, daß sich aber vor unserer Landung in England schon noch Gelegenheit bieten würde, sie herauszunehmen. Ich ließ es für diesmal mit dieser Antwort gut sein, und wir setzten unsere Reise fort. Unsere Kajütengesellschaft bestand aus lauter umgänglichen Personen, und wir ließen es uns ausnehmend wohlgehen, denn wir machten uns die Vorräte des Herrn Hamilton zunutze, der sich damit reichlich versehen hatte. Auf dieser Reise schloß Herr Denham mit mir eine Freundschaft, die bis an das Ende seines Lebens dauerte. Übrigens war die Fahrt nicht eben angenehm, denn wir hatten öfters sehr schlimmes Wetter.

Als wir in den Kanal eingelaufen waren, hielt der Kapitän sein Wort und gab mir die Möglichkeit, die Briefe des Statthalters in dem Sacke zu durchsuchen. Ich fand keinen einzigen mit meinem Namen oder einer sonstigen Anweisung, daß ich ihn bestellen sollte. Ich wählte indessen sechs oder sieben aus, die mir, der Aufschrift nach zu urteilen, für mich bestimmt zu sein schienen, da einer an Basket, den Buchdrucker des Königs, und noch ein anderer an einen Papierhändler darunter waren. Wir kamen am 24. Dezember 1724 in London an. Ich suchte zuerst den Papierwarenhändler auf, da dieser mir zunächst am Wege lag, und ich überreichte ihm den Brief als einen, der von dem Statthalter Keith käme. »Diesen Mann kenne ich nicht«, war seine Antwort. Als er ihn aber geöffnet hatte, rief er: »Oh, der ist von Riddlesden. Den habe ich vor kurzem als einen ausgemachten Schurken kennengelernt, und ich will weder mit ihm noch mit seinen Briefen weiter etwas zu tun haben.« Damit reichte er sogleich den Brief in meine Hände zurück, drehte sich auf dem Absatz herum und ließ mich stehen, um einige Kunden zu bedienen. Ich erstaunte, daß diese Briefe nicht von dem Statthalter waren. Als ich mich aber nunmehr besann und alle Umstände erwog, so fing ich an, an seiner Aufrichtigkeit zu zweifeln. Ich suchte meinen Freund Denham auf und trug ihm den ganzen Handel vor. Dieser machte mich denn nun völlig mit Keiths Charakter bekannt und sagte, daß auch nicht die mindeste Wahrscheinlichkeit vorhanden wäre, daß er auch nur einen einzigen Brief für mich geschrieben hätte. Keiner, der ihn nur irgend kenne, rechne auf ihn. Denham lachte über meinen Glauben, daß der Statthalter, der selbst keinen Kredit hätte, mir einen Kreditbrief geben würde. Als ich einige Unruhe darüber verriet, was für Maßregeln ich nun ergreifen sollte, so riet er mir, daß ich auf meine erlernte Kunst bei irgendeinem Buchdrucker anzukommen suchen sollte. »Bei diesen«, sagte er, »haben Sie die beste Gelegenheit, sich so vollkommen zu machen, daß Sie sich hernach weit vorteilhafter in Amerika etablieren können.«

Wir wußten beide längst ebensogut wie der Papier-händler, daß der Notarius Riddlesden ein großer Spitz-bube war. Er hatte den Vater der Miss Read durch Er-schleichung einer Bürgschaft von ihm beinahe zugrunde-gerichtet. Wir ersahen aus seinem Brief, daß sich eine geheime Intrige zum Nachteil des Herrn Hamilton, von welchem man glaubte, daß er mit uns nach Europa gegan-gen wäre, entspann, in welche sich der Statthalter in Verbindung mit Riddlesden eingelassen hatte. Denham war als Hamiltons Freund der Meinung, daß man diesen davon benachrichtigen müßte. Und in der Tat, nachdem dieser bald nach uns in England angekommen war, suchte ich ihn auf und gab ihm, teils aus guter Gesinnung für ihn, teils aus Rache gegen Keith und Riddlesden, den Brief. Er dankte mir dafür sehr herzlich, denn die Nachrichten, die er enthielt, waren für ihn wichtig. Seit dieser Zeit schenkte er mir seine Freundschaft, die mir in der Folge bei mehr als einer Gelegenheit zu großem Vorteil ge-reichte.

Aber was soll man von einem Statthalter denken, der so elende Streiche spielt und einen armen jungen Menschen ohne Erfahrung so gröblich hintergeht? Es war ihm dieses zur Gewohnheit geworden. Er wollte aller Welt gefallen, und da er wenig zu geben hatte, so machte er Verspre-chungen. Sonst war er ein gescheiter, geistreicher Mann, ein ziemlich fertiger Schriftsteller und guter Statthalter für das Volk, allein, nicht für seine Auftraggeber, die Eigentümer, deren Vorschriften er oft hintansetzte. Meh-rere unserer besten Gesetze waren sein Werk und wurden unter seiner Verwaltung eingeführt.

Ralph und ich waren unzertrennliche Gefährten. Wir mieteten uns zusammen für dreieinhalb Schillinge wö-chentlich in Little Britain Street ein. Denn dieses war das höchste, das wir darauf verwenden konnten. Er fand zwar einige Verwandte zu London; allein, sie waren arm und nicht imstande, ihm zu helfen. Jetzt entdeckte er mir, daß es seine Absicht wäre, in England zu bleiben, und daß er niemals nur dran gedacht hätte, nach Philadelphia zurückzukehren. Von Geld war er ganz entblößt, weil das wenige, das er hatte anschaffen können, kaum für die Reise hingereicht hatte. Ich hatte noch fünfzehn Pistolen übrig, von denen er von Zeit zu Zeit borgte, während er irgendwo unterzukommen suchte. Anfänglich, da er sich die nötigen Talente zum Schauspieler zutraute, wollte er zum Theater gehen. Allein, Wilkes, an welchen er sich deshalb wendete, riet ihm offenherzig, diesen Gedanken fahren zu lassen, weil es ihm nimmermehr damit glücken würde. Hierauf bot er dem Buchhändler Roberts in der Paternoster Row ein Wochenblatt im Geschmack des *Spectator* an. Allein, seine Bedingungen sagten Roberts nicht zu. Weiter machte er verschiedene Versuche, als Lohnschreiber angestellt zu werden, um für Schreibwarenhändler und Rechtsgelehrte im Temple abzuschreiben; allein, es fand sich keine Stelle offen.

Was hingegen mich betrifft, so kam ich sogleich bei dem damals berühmten Buchdrucker Palmer in St. Bartholomew Close an, bei welchem ich beinahe ein Jahr lang blieb. Ich arbeitete sehr fleißig; verzehrte aber auch mit Ralph einen guten Teil von dem, was ich verdiente, indem wir Theater und andere Lustörter besuchten. Wir hatten gemeinsam alle meine Pistolen aufgezehrt und lebten hernach Tag für Tag aus der Hand in den Mund. Weib und Kind schien Ralph gänzlich vergessen zu haben, so wie auch ich meine Verbindung mit Miss Read nach und nach vergaß, denn ich schrieb nur einen einzigen Brief an sie und der enthielt weiter nichts, als daß ich wahrscheinlich so bald nicht zurückkehren würde. Dieses war abermals einer von meinen großen Lebensirrtümern, die ich wohl verbessern möchte, wenn ich wieder von vorn anfangen dürfte. Das lockere Leben, welches wir führten, machte es immer wieder unmöglich, die Kosten für meine Rückkehr zu erübrigen.

Ich mußte bei Palmer die zweite Auflage von Wollastons *Natürliche Religion* setzen. Einige seiner Behauptungen schienen mir nicht gegründet zu sein; daher schrieb
ich eine kleine metaphysische Abhandlung, in welcher ich
zu diesen Stellen Anmerkungen machte. Sie führt den
Titel *Abhandlung über Freiheit und Notwendigkeit, Vergnügen
und Schmerz.* Ich widmete sie meinem Freund Ralph, setzte
sie und druckte eine kleine Anzahl Exemplare. Diese
kleine Schrift brachte mir noch mehr Achtung beim
Herrn Palmer zuwege. Er hielt mich für einen jungen
Menschen von Kopf; jedoch machte er mir sehr ernsthafte
Vorwürfe über meine Grundsätze, die ihm verabscheu-
ungswürdig schienen. Der Druck dieses kleines Werkes
war ein weiterer Fehler meines Lebens.

Während der Zeit, da ich in Little Britain wohnte,
machte ich mit einem Buchhändler namens Wilcox Bekanntschaft, dessen Geschäft nebenan war. Er hatte eine
unermeßliche Sammlung von Büchern aus zweiter Hand.
Leihbuchhandlungen waren damals noch nicht gebräuch-
lich. Wir wurden aber einig, daß ich gegen ein billiges
Entgelt, dessen Betrag ich jetzt nicht mehr weiß, die
Erlaubnis haben sollte, jedes beliebige Buch bei ihm auszuleihen, zu lesen und dann wieder zurückzugeben. Ich
hielt diesen Handel für überaus vorteilhaft und benutzte
ihn so gut ich nur immer konnte.

Mein Schriftchen fiel in die Hände eines Wundarztes
namens Lyons, Verfasser eines Buches mit dem Titel *Die
Untrüglichkeit der menschlichen Urteilskraft,* und veranlaßte
unter uns beiden eine enge Verbindung. Er bezeigte mir
sehr viel Hochachtung, besuchte mich oft, um sich über
dergleichen Gegenstände mit mir zu unterhalten, lud
mich in die Bierschenke »Zum Horn« in der . . .-Straße in
Cheapside ein und stellte mich dem Doktor Mandeville,
dem Verfasser der *Fabel von den Bienen,* vor, der dort einen
Klub hielt, wovon er die Seele war. Dieser war ein scherz-
hafter, äußerst unterhaltender Mann. Er stellte mich auch

in Batsons Kaffeehaus dem Doktor Pemberton vor, welcher mir versprach, es einmal zu vermitteln, daß ich Sir Isaac Newton zu sehen bekäme, wonach ich ein brennendes Verlangen trug. Allein, er hat sein Versprechen niemals erfüllt.

Ich hatte aus Amerika einige Kuriositäten mitgebracht, wovon die vorzüglichste ein Beutel von Asbest war, der sich im Feuer reinigt. Sir Hans Sloane hörte davon, kam zu mir und lud mich in sein Haus am Bloomsbury Square ein. Hier zeigte er mir alles, was er Seltenes und Merkwürdiges hatte, und bat mich, mein Stück hinzuzufügen, welches er mir sehr ansehnlich bezahlte.

In unserem Haus wohnte noch eine junge Modenhändlerin, welche, wenn ich nicht irre, ihren Laden in den Arkaden hatte. Diese Person war lebhaft und gefühlvoll, von guter Erziehung und sehr angenehm im Umgange. Ralph las ihr alle Abende Theaterstücke vor. Sie wurden zusammen vertraut. Sie bezog eine andere Wohnung, und er folgte ihr dahin. Sie lebten eine Zeitlang zusammen; allein, da er immer noch ohne allen Erwerb war, sie ein Kind hatte, und ihr Einkommen für alle drei nicht hinreichte, so entschloß er sich, London zu verlassen und zu versuchen, ob er nicht eine Landschule anlegen könnte. Er hoffte, dieses sollte ihm gelingen, weil er nicht nur eine sehr schöne Hand schrieb, sondern sich auch sehr gut auf Rechnen und Buchhalten verstand. Weil er jedoch diese Tätigkeit für unter seiner Würde hielt und für die Zukunft auf bessere Glücksumstände rechnete, in welchen niemand wissen sollte, daß er einst ein so wenig ehrendes Geschäft getrieben hätte, so veränderte er seinen Namen und erwies mir die Ehre, den meinigen anzunehmen. Und wirklich schrieb er mir bald hierauf, wie er sich in einem kleinen Dorfe in Berkshire, wenn ich nicht irre, niedergelassen hätte und daselbst zehn oder zwölf Kinder, jedes für sechs Pence Sterling wöchentlich, lesen und schreiben lehrte. Er empfahl die Mrs. T. meiner Fürsorge und bat mich, ihm unter der Aufschrift »An Herrn Franklin, Schulmeister zu . . .« zu antworten. Er schrieb mir weiterhin sehr oft und schickte mir große Bruchstücke eines epischen Gedichtes, welches er damals verfertigte, wozu er sich meine Bemerkungen und Verbesserungen ausbat. Ich teilte ihm dergleichen zwar von Zeit zu Zeit mit, bemühte mich aber auch zugleich, ihn von dieser Arbeit abzubringen. Young gab damals eine seiner Satiren heraus. Ich schrieb davon einen großen Teil ab und schickte ihm die Stellen, worin der Verfasser dartut, welche Torheit es sei, sich den Musen zu opfern, damit man durch ihre Vermittelung in der Welt fortkomme. Aber das half alles nichts, mit jeder Post kamen neue Blätter voller Verse aus seinem Gedicht an. Während dieser Begebenheiten hatte Mrs. T. seinetwegen ihre Freunde und Kunden verloren und befand sich oft in großer Not. Sie nahm ihre Zuflucht zu mir und lieh sich, um sich daraus zu befreien, alles Geld, was ich erübrigen konnte. Ich gewann ihrer Gesellschaft ein wenig zuviel Geschmack ab. Weil mich damals keine Religion zügelte, so mißbrauchte ich die Not, die sie von mir abhängig machte, und nahm mir Freiheiten (noch ein Fehltritt meines Lebens) bei ihr heraus, die sie mit gerechtem Unwillen zurückstieß. Sie berichtete meine Aufführung an Ralph, und dieser Vorfall entzweite mich mit ihm. Als er nach London zurückkam, ließ er mich wissen, daß er durch mein Betragen alle Verbindlichkeiten, die er bei mir haben könnte, für getilgt ansähe. Hieraus schloß ich, daß ich wohl nicht hoffen dürfte, jemals das Geld wiederzuerhalten, das ich ihm geliehen oder für ihn ausgelegt hatte. Indessen bekümmerte mich dies wenig, da er nicht im Stande war, mich zu bezahlen. Auch wurde ich durch den Verlust seiner Freundschaft von einer sehr drückenden Last erleichtert. Jetzt fing ich an, darauf zu denken, wie ich etwas Geld für die Zukunft zusammenbringen möchte. Da Watts Buchdruckerei bei Lincoln's Inn Fields noch beträchtlicher war als die, in welcher ich arbeitete, so schien es, daß ich daselbst bessere Arbeit finden würde. Ich verblieb dort, solange ich mich noch in London aufhielt.

Beim Eintritt in diese Druckerei arbeitete ich zunächst an der Presse, weil ich Leibesübung nötig zu haben glaubte, woran ich in Amerika gewöhnt war, wo die Arbeiter abwechselnd bald Setzer- bald Druckerdienste verrichten. Ich trank nichts als Wasser. Die übrigen Arbeiter, beinahe fünfzig an der Zahl, waren gewaltige Biertrinker. Falls nötig, trug ich eine große Schriftform in jeder Hand sowohl treppauf wie treppab, indes die anderen kaum eine mit beiden Händen trugen. Aus diesem wie auch aus vielen anderen Beispielen ersahen sie, daß der amerikanische Wassermann, wie sie mich nannten, weit *stärker* war als sie, die *starkes* Bier tranken. Der Bursche von der Bierstube hatte den ganzen Tag vollauf bei uns zu tun, um die Arbeiter zu versehen. Mein Mitgeselle an der Presse trank täglich einen Schoppen Bier vor dem Frühstück, einen zu demselben bei Brot und Käse, noch einen zwischen dem Frühstück und dem Mittagessen, einen über der Mahlzeit, einen nach dem Mittagessen gegen 6 Uhr und endlich noch einen, wenn er sein Tagewerk vollendet hatte. Mir kam diese Gewohnheit abscheulich vor; allein, er mußte, wie er meinte, *starkes* Bier trinken, um *stark* bei der Arbeit zu sein. Ich bemühte mich, ihn zu überzeugen, daß die körperliche Stärke, welche das Bier gewährte, nicht über das Verhältnis des in dem Wasser aufgelöseten Korns oder Gerstenmehles, woraus das Bier bestand, hinausgehen könnte; nun aber enthielte ja ein Kreuzerbrot weit mehr Mehl als ein Schoppen Bier: wenn er also dieses Brot zu einem Schoppen Wasser äße, so müßte ihm dies mehr Stärke geben als eine Kanne Bier. Dies hinderte ihn nicht, sein Biertrinken fortzusetzen und wöchentlich jeden Sonnabend abends vier oder fünf Schillinge für dieses berauschende Getränk bezahlen zu müssen. Von dieser Ausgabe war ich völlig frei. Auf solche Weise blieben diese armen Teufel immer in ihrer Dürftigkeit.

Als Watts nach einigen Wochen meiner in der Setzer-kammer bedurfte, so verließ ich die Presse. Die Setzer forderten einen neuen *Willkommen,* d. h. eine Summe Geldes für Getränke, von mir. Ich hielt dieses für eine Zumutung, weil ich schon unten bezahlt hatte. Der Mei-ster war auch meiner Meinung und verbot mir zu bezah-len. Solchergestalt hielt ich es zwei oder drei Wochen aus. Sie betrachteten mich als einen Verstoßenen, und sobald ich mich nur ein wenig entfernt hatte, so übten sie alle nur erdenklichen kleinen Schelmenstreiche gegen mich aus. Ich fand meine Lettern durcheinandergeworfen, meine Seiten versetzt, mein Manuskript zerrissen usw., und das, hieß es dann, habe der Kobold der Kapelle getan, der alle diejenigen neckte, die nicht regulär aufgenommen wären. Ich mußte mich also wohl oder übel, ungeachtet des Schutzes meines Herrn, zur Zahlung verstehen, indem ich mich überzeugte, daß es Torheit wäre, nicht mit denjeni-gen sich gut stehen zu wollen, mit welchen man gleich-wohl zusammen leben muß. Ich stand mich danach auf das allerbeste mit ihnen und gewann sehr bald unter ihnen einen beträchtlichen Einfluß. Ich schlug einige Verände-rungen in den Gesetzen der Kapelle* vor und setzte sie trotz allen Widerspruchs durch. Mein Beispiel veranlaßte mehrere von ihnen, ihrem benebelnden Frühstück aus Bier, Brot und Käse zu entsagen, und sich wie ich aus einem benachbarten Hause eine große Schale voll warmer Grütze mit einem Stück Butter darin und mit Brotkrumen und Pfeffer bestreut kommen zu lassen und dies alles zum Preis eines Schoppen Bier, das ist, dreieinhalb Pence. Dieses war ein weit besseres und billigeres Frühstück, das ihnen den Kopf leichter und heller erhielt. Diejenigen, welche fortfuhren, sich täglich mit Bier zu überfüllen, verloren oft bei ausbleibender Zahlung beim Bierhändler

* Eine Druckerei wird von den Arbeitern stets als Kapelle bezeichnet.

ihren Kredit. Sie nahmen alsdann gemeiniglich ihre Zuflucht zu mir, daß ich für sie gut sagen mußte, weil ihnen, nach einer unter ihnen hergebrachten Redensart, *das Licht ausgegangen war*. Ich hatte dann aber auch Sonnabends abends beim Zahlbrett aufzupassen, um die kleinen Auslagen wiederzubekommen, die ich hatte machen müssen und die sich bisweilen wöchentlich wohl auf dreißig Schillinge beliefen. Dieser Umstand und der Ruf, in welchem ich stand, daß ich ein ziemlicher Spottvogel wäre, der sich gut auf die burleske Satire verstände, unterstützten mein Ansehn in der Kapelle. Übrigens hatte ich mich auch bei meinem Herrn durch meine Unverdrossenheit und dadurch bebliebt gemacht, daß ich keinen blauen Montag feierte. Meine außerordentliche Geschwindigkeit im Setzen verschaffte mir immer diejenigen Arbeiten, mit denen es Eile hatte und die gemeiniglich am besten bezahlt werden. Auf diese Weise brachte ich meine Zeit sehr angenehm hin.

Da meine bisherige Wohnung in Little Britain zu weit von der Druckerei entfernt war, so suchte ich mir eine andere in der Duke Street, der römischen Kapelle gegenüber, aus. Sie lag zwei Treppen hoch an der Hinterseite eines italienischen Handelsgeschäftes. Die Inhaberin des Hauses war eine Witwe; sie hatte eine Tochter, eine Magd und einen Gesellen, der in dem Geschäft arbeitete, aber auswärts logierte. Nachdem sie sich meinetwegen in dem Hause, wo ich zuletzt gewohnt hatte, erkundigt hatte, so ließ sie es sich gefallen, mich für denselben Preis, nämlich für dreieinhab Schillinge wöchentlich, aufzunehmen. Sie nähme, sagte sie, deshalb mit so wenigem vorlieb, weil es doch für einzelne Frauenzimmer sicherer wäre, noch eine Mannsperson zum Schutz im Hause zu haben. Diese Frau, schon etwas bei Jahren, war die Tochter eines Predigers. Sie war in der protestantischen Religion erzogen; allein, ihr Ehemann, dessen Andenken sie sehr verehrte, hatte sie zur katholischen Religion bekehrt. Sie hatte sehr viel unter Personen von Stande gelebt und wußte tausend Anekdoten, die bis auf die Zeiten Charles' II. zurückreichten. Die Gicht hatte sie in den Knien gelähmt, so daß sie oft das Zimmer nicht verlassen konnte und daher manches Mal Gesellschaft nötig hatte. Die ihrige war für mich so unterhaltend, daß mir nichts willkommener war, als den Abend bei ihr hinzubringen, sooft sie meiner nur begehrte. Unser Abendessen bestand alsdann in einer halben Sardelle auf einem kleinen Butterbrot für jeden und in einem halben Schoppen Bier für uns beide. Den wahren Schmaus aber gewährten ihre Gespräche. Da ich immer darauf bedacht war, bei guter Zeit heimzukommen, und wenig Arbeit im Hause verursachte, so wollte sie nicht gern von mir geschieden sein. Als ich daher von einer mir vorgeschlagenen Wohnung sprach, welche meiner Arbeitsstelle noch näher lag und wöchentlich nur zwei Schillinge kosten sollte, welches freilich meinem damaligen Vorhaben zu sparen noch besser entsprach, so beredete sie mich, dieselbe fahrenzulassen, und ließ mir selbst zwei Schillinge an dem wöchentlichen Mietgelde nach. Also wohnte ich für anderthalb Schillinge wöchentlich bei ihr fort, solange ich mich noch in London aufhielt.

Oben unter dem Dach ihres Hauses lebte eine alte siebzigjährige Jungfer auf die allereingezogenste Weise. Von dieser erzählte mir meine Wirtin folgendes. Sie war römisch-katholisch. In ihrer Jugend hatte man sie ins Ausland geschickt, wo sie in ein Kloster gegangen war, um Nonne zu werden. Allein, das Klima bekam ihr nicht, und so kehrte sie nach England zurück. Weil es nun daselbst keine Nonnenklöster gibt, so tat sie das Gelübde, dennoch ein Klosterleben zu führen, soweit es die Umstände nur gestatten wollten. Demzufolge hatte sie ihr ganzes Vermögen zu christlichen Liebeswerken bestimmt und sich nicht mehr als zwölf £ Sterling jährlich zu ihrem Lebensunterhalt vorbehalten. Und auch hiervon fiel noch ein Teil den Armen zu, indem sie sich mit nichts als

Grütze nährte und sonst kein Feuer anzündete, als um dieselbe zu kochen. Sie lebte seit vielen Jahren auf diesem Dachboden, wo die katholischen Inhaber, die das Haus nacheinander gehabt hatten, sie umsonst wohnen ließen, indem sie ihren Aufenthalt daselbst für einen Segen des Himmels ansahen. Tag für Tag kam ein Priester zu ihr, um ihre Beichte zu hören. »Ich habe sie gefragt«, setzte meine Wirtin hinzu, »wie sie bei ihrer Lebensweise dennoch einem Beichtiger so viel zu schaffen machen könnte. ›Oh‹, antwortete sie mir, ›wer kann alle *bösen Gedanken* vermeiden.‹« Einst bekam ich Erlaubnis, sie zu besuchen. Sie war munter und artig und ihr Gespräch gefiel mir ungemein. Ihr Zimmer war reinlich; allein, es war mit nichts weiter möbliert als mit einer Matratze, einem Tisch, worauf ein Kruzifix und ein Buch lagen, und einem Stuhl, worauf sie mich niedersitzen ließ; über dem Kamin hing ein Gemälde der heiligen Veronika, welche ihr Tuch mit dem wundersamen Abdruck des Angesichtes Christi ausbreitet, und worüber sie mir mit dem andächtigsten Ernste Erklärung gab. Ihr Angesicht war blaß; allein, sie war niemals krank gewesen. Ich kann sie daher als ein neues Beispiel aufstellen, welches beweist, wie wenig man braucht, Leben und Gesundheit zu erhalten.

In der Druckerei wurde ich mit einem jungen Menschen von Kopf namens Wygate bekannt, welcher, da er reiche Eltern hatte, besser als gemeine Buchdrucker erzogen war. Er war ein ziemlich guter Lateiner, sprach gut französisch und liebte die Lektüre. Ich lehrte sowohl ihn als einen seiner Freunde das Schwimmen, indem ich sie nur zweimal zum Flusse führte, worauf sie sehr bald gute Schwimmer wurden. Sie machten mich mit einigen Herren vom Lande bekannt, und einst machten wir zusammen aus, zu Wasser nach Chelsea zu gehen, um daselbst das Kollegium und die Merkwürdigkeiten des Don Saltero zu sehen. Auf der Rückkehr entkleidete ich mich auf

Bitten der Gesellschaft, deren Neugierde Wygate rege gemacht hatte, und sprang in den Fluß. Ich schwamm ungefähr von Chelsea bis nach Blackfriars und machte auf dieser Strecke eine große Menge Kunststücke der Gewandtheit und Behendigkeit sowohl über wie unter dem Wasser. Dieses Schauspiel verursachte denen, welchen es noch neu war, nicht wenig Erstaunen und Vergnügen. Ich hatte diese Übung seit meiner Kindheit ungemein geliebt. Ich konnte und machte alle Wendungen und Stellungen Thevenots, ja ich hatte noch neue dazuerfunden, worin ich mit der Schönheit den Nutzen zu vereinigen gesucht hatte. Ich machte mir ein Vergnügen daraus, sie bei dieser Gelegenheit alle vorzumachen, und die Verwunderung, welche sie erregten, war mir sehr schmeichelhaft. Wygate, der in dieser Kunst Meister werden wollte, hängte sich um so mehr an mich, je mehr auch sonst unser Geschmack und unsere Studien zusammenstimmten. Er schlug mir endlich vor, mit ihm eine Reise durch Europa zu machen, wozu unterwegs die Arbeit in unserer Kunst uns die Kosten liefern würde. Schon war ich im Begriff einzuwilligen, als ich mit meinem Freund Denham darüber sprach, mit welchem ich gern eine Stunde hinbrachte, wenn ich Muße hatte. Er brachte mich von diesem Vorhaben ab und riet mir vielmehr, auf meine Rückkehr nach Philadelphia zu denken, so wie er selbst tat.

Ich muß hier einen Charakterzug dieses würdigen Mannes erzählen. Er hatte vordem zu Bristol Handel getrieben. Er machte bankrott, verglich sich mit seinen Gläubigern und ging nach Amerika, wo er durch anhaltenden Fleiß in seinem Kaufmannsgewerbe in wenigen Jahren ein beträchtliches Vermögen erwarb. Nachdem er nun auf ebendemselben Schiffe, auf welchem ich mich befand, vorerzähltermaßen nach England zurückgekehrt war, so lud er alle seine alten Gläubiger zu einem Schmause ein. Als sie beisammen waren, dankte er ihnen für den milden Vergleich, womit sie ihn begünstigt hätten. Keiner von ihnen erwartete etwas anderes als eine bloße Mahlzeit; allein, jeder fand beim ersten Wechseln des Gedecks unter seinem Teller eine Anweisung auf einen Bankier zur Auszahlung nicht nur der ganzen noch rückständigen Hauptsumme, sondern auch der Zinsen.

Er entdeckte mir, daß er willens wäre, nach Philadelphia zurückzukehren, und daß er eine große Menge Kaufmannsgüter mitnehmen werde, um dort ein Magazin anzulegen. Er machte mir den Vorschlag, daß ich bei ihm als Schreiber in Dienst treten möchte, um seine Bücher zu führen, worin er mich unterrichten wolle, seine Briefe abzuschreiben und das Magazin zu verwalten. Er fügte noch hinzu, sobald ich mit den merkantilischen Geschäften gehörig umzugehen gelernt hätte, wolle er mich weiter befördern und mich mit einer Ladung von Brot, Mehl usw. nach den Westindischen Inseln senden und mir sonst noch allerlei vorteilhafte Aufträge von anderen verschaffen, so daß ich durch gute Aufführung und Wirtschaft endlich dahin gelangen könnte, mich selbst mit Vorteil zu etablieren. Mir gefielen diese Vorschläge. London fing an, mir langweilig zu werden; die angenehmen Stunden, die ich in Pennsylvania verlebt hatte, stiegen in meiner Seele empor, und ich wünschte wieder ähnliche zu genießen. Ich trat daher für fünfzig Pfund Pennsylvanischen Geldes im Jahr bei Herrn Denham in Dienst. Als Setzer konnte ich es nun zwar wohl höher bringen; aber ich hatte doch hier eine schönere Aussicht.

Ich sagte daher der Druckerei, wie ich glaubte, mein ewiges Lebewohl und überließ mich ganz meinem neuen Gewerbe, indem ich teils mit dem Herrn Denham bei den Kaufleuten umherging, um Waren einzukaufen, teils selbige einpacken ließ, teils Botengänge machte, teils bei den Arbeitsleuten umherlief, um ihre Arbeit zu befördern usw. Als endlich alles an Bord war, hatte ich noch einige müßige Tage. Während dieser kurzen Zwischenfrist verlangte mich ein wichtiger Herr zu sprechen, den ich nur dem Namen nach kannte. Es war Sir William Wyndham. Ich begab mich zu ihm. Er hatte, ich weiß nicht wie, etwas von meiner Schwimmerei von Chelsea bis Blackfriars erfahren und wußte, daß ich die Kunst zu schwimmen sowohl dem Wygate als noch einem anderen jungen Menschen in wenigen Stunden beigebracht hatte. Seine beiden Söhne waren eben im Begriff, ihre große Reise anzutreten; er wollte daher, daß sie vorher schwimmen lernen sollten, und bot mir eine ansehnliche Belohnung an, wenn ich es auf mich nehmen wollte, sie zu unterrichten. Allein, noch waren sie nicht in der Stadt angekommen und die Dauer meines eigenen Aufenthaltes daselbst war ungewiß. Ich konnte daher den Vorschlag nicht annehmen. Aus diesem Vorfall ließ sich urteilen, daß ich, wenn ich in England bleiben und eine Schwimmschule hätte errichten wollen, viel Geld damit verdient haben würde. Diese Vorstellung ergriff mich dermaßen, daß ich sobald noch nicht an meine Rückkehr nach Amerika gedacht haben würde, wenn mir jener Vorschlag eher geschehen wäre. Viele Jahre später haben wir beide, Du und ich, eine wichtigere Sache mit einem dieser Söhne des Sir William Wyndham, der indessen Graf von Egremont geworden war, abzutun gehabt. Ich will aber jetzt nicht so weit vorausgreifen.

In London brachte ich auf diese Weise ungefähr achtzehn Monate zu, während welcher ich unausgesetzt in meiner Profession arbeitete und mir keinen anderen Aufwand erlaubte, als daß ich bisweilen ins Schauspiel ging und mir einige Bücher anschaffte. Mein Freund Ralph hatte mich in der Armut erhalten. Er war mir ungefähr 27 £ Sterling schuldig, die wahrscheinlich ganz und gar verloren waren. In der Tat eine ansehnliche Summe, die von meinen kleinen Ersparnissen abging. Gleichwohl blieb ich ihm gewogen, weil er in der Tat viele liebenswürdige Eigenschaften besaß. Obgleich ich indessen keine Glücksgüter erworben, so hatte ich doch das Maß meiner Kenntnisse teils durch häufige und gute Lektüre, teils durch den Umgang mit weisen und gelehrten Personen vermehrt.

Wir gingen am 23. Juli 1726 zu Gravesend unter Segel. Was die Vorfälle auf dieser Reise betrifft, so verweise ich Dich auf mein Journal, worin Du alles umständlich aufgezeichnet finden wirst. Der vielleicht wichtigste Teil dieses Journals ist der Plan bezüglich meines zukünftigen Lebenswandels, den ich während der Reise entwarf. Er ist um so bemerkenswerter, als ich ihn in so jungen Jahren entwarf und ihn doch bis ins hohe Alter befolgte. Am 11. Oktober stiegen wir zu Philadelphia an Land, wo ich einige Veränderungen vorfand. Keith war nicht mehr Statthalter zu Philadelphia; der Major Gordon war an seine Stelle gekommen. Ich begegnete ihm auf der Straße, wo er wie ein einfacher Bürger einherging. Er schien sich ein wenig zu schämen, als er mich sah, aber er ging vorüber, ohne mir etwas zu sagen. Ich würde mich wenigstens ebensosehr vor dem Anblick der Miss Read geschämt haben, wenn ihre Familie, die nach Lesung meines Briefes billig an meiner Rückkehr zweifeln mußte, sie nicht beredet hätte, mir zu entsagen und während meiner Abwesenheit einen Töpfer namens Rogers zu heiraten. Mit diesem war sie indessen niemals glücklich, und bald trennte sie sich gänzlich von ihm. Sie wollte weder mit ihm leben noch auch nur seinen Namen führen, weil ein Gerücht umherlief, daß er schon eine Frau hätte. Er war ein nichtswürdiger Kerl, aber ein vortrefflicher Arbeiter, und dies hatte die Eltern der Miss Read verleitet. Er geriet in Schulden, ergriff 1727 oder 1728 die Flucht und ging nach den Westindischen Inseln, wo er auch starb. Während meiner Abwesenheit hatte Keimer ein ansehnliches Haus bezogen, worin er eine mit Papier und anderen dazugehörigen Artikeln wohlversehene Druckwerkstatt hatte. Er hatte sich neue Typen im Überfluß und eine Menge Arbeiter angeschafft, worunter aber kein einziger guter war. An Arbeit schien es ihm nicht zu fehlen.

Herr Denham nahm einen Laden in der Water Street ein, wo wir unsere Waren auslegten. Ich war sehr emsig bei der Arbeit, studierte die Buchhalterei und erwarb mir sehr bald die zum Verkaufen gehörige Kenntnis. Wir wohnten und speisten zusammen. Er war mir von Herzen gewogen und stand mir mit Rat wie ein Vater bei. Ich von meiner Seite verehrte und liebte ihn ebenfalls, und wir hätten in dieser Weise sehr glücklich weiterleben können. Aber Anfang Februar 1727, da ich in mein zweiundzwanzigstes Jahr trat, wurden wir beide krank. Mich befiel eine Rippenfellentzündung, welche mich beinahe weggerafft hätte. Ich litt gewaltig und achtete mich für verloren. Selbst meine Besserung war für mich eine Art von Fehlschlag, indem ich es bedauerte, diesen unangenehmen Gang über kurz oder lang noch einmal machen zu müssen. Ich habe vergessen, worin die Krankheit des Herrn Denham bestand; allein, sie war langwierig und endlich erlag er derselben. Er hinterließ mir im Testament ein kleines Vermächtnis zum Zeichen seiner Gewogenheit und überließ mich von neuem mir selbst in der großen und weiten Welt, denn der Laden geriet in die Hände der Vollstrecker des Testaments, und ich erhielt meinen Abschied. Mein Schwager, Herr Homes, der gerade damals in Philadelphia war, riet mir, meine vorige Profession wieder zu ergreifen, und Keimer lockte mich mit einer hohen jährlichen Besoldung, wenn ich seine Druckerei leiten wollte, damit er seine ganze Sorge nur seinem Laden widmen könnte. Seine Frau und seine Verwandten zu London hatten mir böse Dinge von ihm erzählt; es war mir daher nicht eben sehr daran gelegen, wieder etwas mit ihm zu schaffen zu haben. Ich suchte vielmehr bei Kaufleuten anzukommen; da aber keine Stelle sogleich offen war, so ließ ich mir Keimers Antrag gefallen.

In seiner Druckerei fand ich folgende Arbeiter. Hugh Meredith, ein Pennsylvanier walisischer Herkunft, dreißig Jahr alt. Er war eigentlich für die Landarbeit erzogen, war ehrlich, gefühlvoll, voll gründlicher Ansichten und liebte die Lektüre, aber dabei auch den Trunk. Stephen Potts, ein Bursche vom Lande, soeben volljährig geworden und ebenfalls zur Landarbeit erzogen. Er besaß ganz ungewöhnliche Naturanlagen, viel Geist und Lebhaftigkeit; allein, er tat nicht gern etwas. Keimer hatte diese beiden für einen sehr mäßigen Wochenlohn angenommen, welcher aber nach jedem Vierteljahr um einen Schilling steigen sollte, so wie ihre Fortschritte in der Buchdruckerkunst es verdienen würden. Diese zukünftige Vermehrung des Lohns war die Lockspeise, womit er sie eingefangen hatte. Meredith sollte an der Presse arbeiten und Potts Bücher einbinden, und er hatte sich verpflichtet, beide hierin zu unterrichten, wiewohl er selbst weder das eine noch das andere verstand. John, ein wilder Irländer, war zu gar keinem Gewerbe erzogen, und Keimer hatte seine Dienste von einem Schiffskapitän auf vier Jahre erkauft. Dieser sollte auch ein Drucker werden. George Webb, Student aus Oxford, den er ebenfalls auf vier Jahre erkauft hatte, war zum Setzer bestimmt. Ich werde von diesem unten ein mehreres sagen. Der letzte war David Harry, ein Bauernknabe, den er zum Lehrling angenommen hatte. Ich merkte sehr bald, worauf Keimer hinauswollte, als er mich für eine Besoldung annahm, die weit über dasjenige hinausging, was er sonst zu geben pflegte. Ich sollte nämlich alle seine neuen und wohlfeilen Arbeiter erst anlernen, damit sie, die durch Verträge an ihn gefesselt waren, nach erlangtem Unterricht ihn in den Stand setzen möchten, meiner wieder zu entbehren. Gleichwohl ging ich recht zuversichtlich meinen Gang fort, brachte seine Druckerei, die in der größten Verwirrung war, in Ordnung, gewöhnte nach und nach seine Leute zur Aufmerksamkeit auf ihre Arbeit und machte, daß sie besser damit fortkamen.

Seltsam genug war es, einen Studenten aus Oxford in der Lage eines erkauften Knechtes zu erblicken. Er war noch nicht über achtzehn Jahre alt und teilte mir selbst folgendes von seinen Lebensumständen mit. Er war zu Gloucester geboren und daselbst in einer Lateinschule erzogen. Unter seinen Mitschülern hatte er sich dadurch ausgezeichnet, daß er in den Schauspielen, welche sie aufführten, seine Rollen vorzüglich gut spielte. Er war dort Mitglied des literarischen Klubs gewesen und die öffentlichen Blätter von Gloucester hatten verschiedene seiner poetischen und prosaischen Aufsätze gedruckt. Von da war er nach Oxford geschickt worden, wo er sich ungefähr ein Jahr aufgehalten hatte. Es gefiel ihm dort nicht recht; er wünschte vor allen Dingen, London zu sehen und Schauspieler zu werden. Nachdem er einst seinen Vierteljahrswechsel von fünfzehn Guineen erhalten hatte, verließ er, anstatt seine Schulden zu bezahlen, die Stadt, verbarg seine Studentenkleidung in einem Ginsterbusch und ging zu Fuß nach London. Da er hier keinen Freund hatte, der ihn hätte leiten können, so geriet er in böse Gesellschaft, brachte seine Guineen bald durch, konnte auf keinerlei Weise bei der Schaubühne ankommen, wurde notleidend, versetzte seine Kleider und hatte das liebe Brot nicht mehr. Wie er nun äußerst ausgehungert die Straßen durchlief und nicht mehr wußte, was aus ihm werden sollte, so gab man ihm einen Werbebrief in die Hand, worin denjenigen, die sich zu Diensten in Amerika annehmen lassen wollten, sofort ein Trinkgeld und nachher noch eine Prämie angeboten wurde. Er begab sich sogleich an den bestimmten Ort, unterzeichnete den Vertrag, wurde in das Schiff aufgenommen und ging nach Amerika, ohne seinen Eltern auch nur in einer Zeile Nachricht zu geben, was aus ihm geworden wäre. Sein lebhafter Geist und seine gute Gemütsart machten ihn zum guten Gesellschafter; allein, er war arbeitsscheu, unvorsichtig und äußerst unbesonnen.

John, der Irländer, säumte nicht, die Flucht zu nehmen. Mit den übrigen fing ich an, ein sehr angenehmes Leben zu führen. Sie ehrten mich alle um so mehr, je mehr sie herausfanden, daß Keimer nicht imstande war, sie zu unterrichten, daß sie hingegen von mir alle Tage etwas lernten. Wir arbeiteten niemals am Sonnabend, weil dieses Keimers Sabbat war. Ich hatte daher zwei freie Tage zu meiner Lektüre. In der Stadt vermehrte ich meine Bekanntschaften mit wohlunterrichteten Personen. Selbst Keimer begegnete mir sehr höflich, ja sogar mit einem Anschein von Hochachtung, und mich beunruhigte weiter nichts als meine Schuld bei Vernon, die ich noch nicht imstande war abzutragen, weil ich bisher nur ein sehr schlechter Wirtschafter war. Vernon war indessen so gütig, sein Geld noch nicht einzufordern.

Unserer Druckerei fehlte es bisweilen an Schriftarten (Typen), und es gab keinen Schriftgießer in Amerika. Nun hatte ich zwar bei James in London Typen gießen sehen, allein, auf das Verfahren nicht sonderlich acht gegeben. Indessen fand ich doch Mittel, eine Form zu verfertigen. Der Typen, die wir hatten, bediente ich mich zu Stempeln und schlug die Matrizen in Blei. Auf solche Weise ersetzte ich denn noch erträglich genug das, was uns etwa abging. Ich machte gelegentlich auch Gravuren, machte Druckerschwärze und führte die Aufsicht über das Warenlager; mit einem Worte, ich war ein wahres Faktotum.

Allein, was ich auch Nützliches mir nur immer vornehmen mochte, so bemerkte ich doch, daß der Wert meiner Dienste von Tag zu Tag abnahm, so wie die Geschicklichkeit der übrigen Arbeiter zunahm; und als Keimer mir mein zweites Quartalsgehalt auszahlte, gab er mir zu verstehen, daß es doch gar zu hoch wäre und daß ich seiner Meinung nach wohl etwas ablassen könnte. Er wurde nach und nach minder höflich und nahm mehr den Herrenton an. Er fand öfters etwas einzuwenden, war tadelsüchtig und schien bereit, mit mir offen brechen zu wollen. Ich fuhr indessen fort, Geduld mit ihm zu haben, weil ich mir vorstellte, die Unordnung und Verwirrung in seinen Angelegenheiten möchten zum Teil wohl an seiner üblen Laune mit schuld sein. Endlich zerriß ein gar geringer Vorfall unsere Verbindung. Da in der Nachbarschaft des Gerichtsgebäudes ein großes Geräusch entstanden war, so steckte ich den Kopf zum Fenster hinaus, um zu sehen, was vorging. Keimer war auf der Gasse, hob die Augen auf, sah mich und rief mir laut und mit zorniger Stimme zu, daß ich mich um meine Arbeit bekümmern möchte. Er fügte noch einige Scheltworte hinzu, die mir um so mehr zu Herzen gingen, da das alles so öffentlich geschah und alle Nachbarn, die eben dieses Geräusch an die Fenster gelockt hatte, Zeugen davon waren, wie ich behandelt wurde. Er kam sogleich in die Druckerei herauf und fuhr fort zu streiten. Der Zank wurde auf beiden Seiten hitzig; er kündigte mir meinen Abschied für das nächste Quartal an, wie wir es ausgemacht hatten, wobei er es sehr bereute, sich auf eine so lange Zeit mit mir eingelassen zu haben. Ich sagte ihm, diese Reue wäre überflüssig, denn ich wollte sogleich gehen. Ich nahm in der Tat meinen Hut, ging aus dem Haus und bat Meredith, der mir unten begegnete, für meine zurückgelassenen Sachen Sorge zu tragen und mir selbige nach meiner Wohnung zu bringen.

Meredith kam am Abend und wir sprachen über das, was mir widerfahren war. Er hatte eine ausnehmende Achtung für mich gewonnen, und es tat ihm äußerst leid, daß ich das Haus verließ, solange er noch dort sein müßte. Er widerriet mir, in meine Heimat zurückzugehen, wie ich es mir fast vorgenommen hatte. Er erinnerte mich, daß Keimer alles, was er besäße, noch schuldig wäre; daß seine Gläubiger anfingen, unruhig zu werden; daß er seinen Laden gar elend verwaltete; daß er oft ohne Profit verkaufte, um nur bares Geld zu bekommen; daß er auf Kredit weggäbe, ohne gehörig anzuschreiben, und daß er daher notwendig fallen müßte, wodurch eine für mich vorteilhafte Lücke entstehen würde. Ich wandte meinen Geldmangel ein, und er entdeckte mir, sein Vater hätte eine so hohe Meinung von mir, daß er, gemäß einer diesbezüglichen Unterredung, das zu unserer Einrichtung erforderliche Geld gewiß vorschießen würde, wenn ich mit ihm in Partnerschaft treten wollte. »Meine Zeit bei Keimer«, sagte er, »ist künftiges Frühjahr um. Bis dahin können wir von London unsere Presse und unsere Typen haben. Ich weiß nun wohl, daß ich kein Handwerker bin; aber wenn Sie einwilligen, so lege ich mein Geld gegen Ihre Geschicklichkeit in der Buchdruckerei auf die Waage und wir können in Ansehung des Profits zu gleichen Teilen gehen.« Sein Vorschlag ließ sich hören, und ich nahm ihn an. Sein Vater, der sich gerade in der Stadt befand, billigte ihn ebenfalls. Er wußte, daß ich sehr viel über seinen Sohn vermochte, weil es mir gelungen war, ihn seit geraumer Zeit vom Branntweintrinken abzuhalten, und hoffte daher, daß ich bei einer nähern Verbindung diese unselige Gewohnheit ganz bei ihm tilgen würde. Ich gab dem Vater ein Verzeichnis der Dinge, die wir von London haben müßten. Er ging damit zu einem Kaufmann, und die Bestellung wurde gemacht. Wir waren eins geworden, die Sache so lange geheim zu halten, bis alles angelangt sein würde; indessen sollte ich mir nach Möglichkeit in der anderen Druckerei Arbeit verschaffen; allein, es war kein Platz frei, und ich blieb also müßig. Nach einigen Tagen schickte Keimer eine sehr höfliche Botschaft. Denn er hatte indessen Hoffnung bekommen, zum Druck von neuem Papiergeld in New Jersey gebraucht zu werden, für welchen Klischees und verschiedene Typen nötig sein würden, die ich allein beschaffen konnte. Da er nun fürchtete, daß Bradford mich in Dienste nehmen und ihm diese Arbeit entziehen möchte, so ließ er mir sagen, daß alte Freunde sich nicht um ein paar Worte willen, die der Affekt herausgestoßen hätte, auf immer entzweien müßten und daß er mich daher bat, zu ihm zurückzukehren. Meredith beredete mich, diese Einladung anzunehmen, vornehmlich deswegen, damit er sich durch meinen täglichen Unterricht vollkommener machen möchte. Ich kehrte also zurück, und wir lebten von nun an in einem besseren Einvernehmen als vor unserer Trennung. Keimer erhielt die Arbeit für New Jersey. Ich verfertigte zu diesem Zweck eine Kupferdruckpresse, die erste, die es in Amerika gab. Ich stach mehrere Verzierungen und Vignetten zu den Banknoten. Wir begaben uns zusammen nach Burlington, wo ich alles zur allgemeinen Zufriedenheit ausführte, und Keimer erhielt für diese Arbeit eine so große Summe, daß er in den Stand gesetzt wurde, den Kopf weit länger über Wasser zu halten.

Zu Burlington machte ich mit den angesehensten Personen der Provinz Bekanntschaft. Mehrere von ihnen waren von der Assembly in eine Kommission abgeordnet, um auf die Druckerei acht zu haben und dahin zu sehen, daß nicht mehr Banknoten gedruckt würden, als das Gesetz bestimmt hatte. Sie waren daher, ein jeder nach seiner Reihe, beständig gegenwärtig; und der, welcher kam, brachte gemeiniglich noch einen oder zwei Freunde zu seiner Gesellschaft mit. Mein Geist war mehr durch Lektüre gebildet als Keimers, und daher kam es wahrscheinlich, daß sie sich lieber mit mir als mit ihm unterhielten. Sie nahmen mich mit in ihre Häuser, stellten mich ihren Freunden vor und erwiesen mir alle ersinnlichen Höflichkeiten, indessen Keimer, obgleich Prinzipal, ein wenig vernachlässigt wurde. In der Tat war er ein seltsames Geschöpf, unwissend in den gemeinen Lebensgebräuchen, immer bereit, sich angenommenen Meinungen auf eine grobe Art zu widersetzen, unreinlich bis zum Ekel, Schwärmer in einigen Religionsfragen und bei allem noch ein wenig Spitzbube. Wir hielten uns fast drei Monate dort auf, während welcher der Richter Allen, Samuel Bustill, Provinzial-Sekretär, Isaac Pearson, Joseph Cooper, mehrere der Smith, alles Mitglieder der Assembly, und der General-Inspektor Isaac Decow meine Freunde wurden. Dieser letzte war ein sehr schlauer und gewandter Greis, welcher mir erzählte, wie er in seiner Jugend zuerst Tonkärrner bei den Ziegelbrennern gewesen wäre. Er war schon ziemlich bei Jahren, als er zuerst schreiben lernte. Nachher hatte er von den Landmessern, denen er die Meßkette getragen hatte, diese Wissenschaft erlernt und sich endlich durch seinen Fleiß ein artiges Vermögen erworben. »Ich sehe voraus«, sagte er mir eines Tages, »daß Sie diesen Menschen, nämlich Keimer, bald aus seinem Handwerk verdrängen werden und in dieser Kunst Ihr Glück zu Philadelphia machen werden.« Er wußte damals noch nicht das mindeste von meiner etwaigen Absicht, mich dort oder anderswo niederzulassen. Diese Freunde wurden mir in der Folge überaus nützlich, so wie ich es auch bei Gelegenheit einigen von ihnen wurde, und sie haben mir seitdem solange sie lebten viel Achtung bewiesen.

Ehe ich Dir meinen Eintritt in die Schranken des öffentlichen Gewerbes erzähle, ist es vielleicht nicht undienlich, Dir meinen damaligen moralischen Seelenzustand zu schildern, damit Du ersehen kannst, welchen Einfluß derselbe auf die nachmaligen Ereignisse meines Lebens gehabt hat. Meine Eltern hatten mir schon sehr frühzeitig religiöse Gesinnungen beigebracht, und ich war von Kindesbeinen an in den Grundsätzen des Nonkonformismus sehr fromm erzogen worden. Aber ich war kaum fünfzehn Jahr alt geworden, als ich nach mancherlei Hin- und Herzweifeln über diese und jene Punkte, so wie ich sie in den verschiedenen Büchern, die ich las, angefochten fand, endlich an der ganzen Offenbarung zu zweifeln anfing. Es fielen mir einige Bücher gegen den Deismus in die Hände. Sie enthielten, wie man sagte, den Kern der Predigten, die als Boyles-Lesungen gehalten worden waren. Sie bewirkten aber bei mir gerade das Gegenteil von dem, was die

Verfasser sich vorgesetzt hatten. Denn die Gründe der Deisten, die zum Behuf der Widerlegung angeführt waren, schienen mir weit stärker als die Widerlegungen. Mit einem Wort, ich wurde gar bald ein völliger Deist. Meine Argumente verführten noch einige andere junge Leute, besonders Collins und Ralph. Als ich mich aber in der Folge erinnerte, wieviel Böses mir diese ohne die mindesten Gewissensbisse zugefügt hatten, als ich Keiths, auch eines freidenkerischen Geistes, Verhalten, ja selbst meine eigene Aufführung gegen Vernon und Miss Read erwog: so fing ich an zu argwöhnen, daß diese Lehre, wenn auch gleich wahr, doch eben nicht sonderlich nützlich wäre. Ich verlor also nach und nach die gute Meinung von meinem zu London herausgegebenen Schriftchen, das folgende Zeilen aus *Dryden* zum Motto hatte:

> *Alles was da ist, ist gut.*
> *Obgleich der kurzsichtige Mensch*
> *   nur einen Teil der Kette erblickt,*
> *und von dem nächsten Gliede seine Augen nicht bis zu*
> *   dem waagerechten Balken erheben kann,*
> *der droben alles wägt.*

und welches mit der Behauptung endigte, daß vermöge der Eigenschaften Gottes, nämlich seiner unendlichen Güte, Weisheit und Allmacht, nichts Böses in der Welt sein könnte, daß Tugend und Laster gar keine Wirklichkeit hätten und weiter nichts als leere Distinktionen wären. Ich hielt dieses Werkchen nun nicht mehr für so gescheit wie zuvor und argwöhnte, daß sich meinem Argument wohl unbemerkt ein Irrtum beigemischt haben könnte, der sich über die ganze Schlußfolge verbreitete, wie das bei metaphysischen Spekulationen gewöhnlich der Fall ist. Ich blieb zuletzt überzeugt, daß *Wahrhaftigkeit, Aufrichtigkeit* und *Rechtschaffenheit* in dem Betragen des Menschen gegen den Menschen höchst wichtige Erfordernisse zum Glück des Lebens wären; und ich faßte den Entschluß, der sich heute noch in meinem Tagebuch findet, selbige allezeit meines Lebens zu beachten. Die Offenbarung vermochte als solche nichts auf mein Gemüt; allein, ich war doch der Meinung, daß, obgleich gewisse Handlungen nicht gut oder böse sein könnten, *weil* die Offenbarung sie gebietet oder verbietet, dennoch dieselben von ihr deshalb geboten oder verboten sein könnten, *weil* sie, alle Umstände wohl erwogen, schon ihrer Natur nach uns zuträglich oder schädlich wären. Diese Überzeugung hat mich, mit gütiger Beihilfe der Vorsehung oder irgendeines Schutzengels, vielleicht auch mancher zufällig mir günstiger Umstände und Lagen oder durch all dies zugleich, vor aller grober *vorsätzlicher* Unsittlichkeit oder Ungerechtigkeit bewahrt, welchen mein Mangel an Religion in den gefährlichsten Tagen der Jugend und in den mißlichen Lagen, worin ich mich bisweilen unter fremden Menschen, entfernt von den Augen und den Ratschlägen meines Vaters, befand, mich aussetzte. Ich sage vor *vorsätzlichen*, denn die Fehler, welche ich in der Tat begangen, hatten wegen meiner jugendlichen Unerfahrenheit oder der Niederträchtigkeit anderer Menschen eine gewisse *Notwendigkeit* an sich. Ich hatte daher schon einen festen, ehrlichen Charakter, noch ehe ich in die Welt trat. Ich kannte den Wert desselben und gelobte mir, ihn zu bewahren.

Wir waren noch nicht lange wieder nach Philadelphia zurückgekehrt, als unsere typographischen Gerätschaften aus London ankamen. Wir rechneten mit Keimer ab und verließen ihn, mit seinem guten Willen, noch ehe er etwas davon wußte. Es stand gerade ein Haus am Markt frei; wir mieteten es, und um uns die Kosten zu erleichtern, die damals 24 £ Sterling im Jahr betrugen (in der Folge habe ich es für 70 vermietet gesehen), nahmen wir noch einen Glaser, Thomas Godfrey, nebst seiner Familie auf, der nicht nur einen ansehnlichen Teil der Miete trug, sondern uns auch gegen ein gewisses Kostgeld speiste. Kaum

hatten wir unsere Typen ausgepackt und die Presse gehörig aufgestellt, als einer meiner Bekannten namens George
House uns einen Landmann zuführte, der ihm auf der
Straße begegnet war, als er sich nach einem Buchdrucker
erkundigt hatte. Unsere Kasse war durch die Menge von
Sachen, die wir uns hatten anschaffen müssen, fast gänzlich erschöpft. Die fünf Schillinge dieses Landmanns,
diese Erstlinge unseres Erwerbes, die zu so gelegener Zeit
kamen, machten mir mehr Freude, als irgendeine Krone,
die ich später verdient habe; und das Dankgefühl, welches
sich gegen George House bei dieser Gelegenheit in mir
regte, hat mich in der Folge oft weit eifriger gemacht,
jungen Anfängern fortzuhelfen, als es sonst geschehen
sein würde.

So wie es in jedem Land trübsinnige Leute gibt, die nur
immer seinen Untergang prophezeien, so fehlte es daran
auch zu Philadelphia nicht. Zu diesen gehörte ein gewisser
Samuel Mickle, ein angesehener Mann von Jahren, mit
einem gewissen Aussehn von Weisheit und einer sehr
gesetzten Art, sich auszudrücken. Dieser Mann, den ich
gar nicht kannte, blieb einst vor meiner Tür stehen und
fragte mich, ob ich der junge Mensch wäre, der seit
kurzem eine neue Buchdruckerei angelegt hätte. Als ich
nun dieses bejaht hatte, so sagte er, daß er mich bedauerte,
weil das Unternehmen teuer gewesen und die Auslage so
gut als verloren wäre. Denn Philadelphia wäre im Verfall
begriffen; alle seine Einwohner hätten bereits bankrott
gemacht oder würden es bald tun; er wüßte ganz zuverläs-
sig, daß alles, was etwa auf das Gegenteil schließen lassen
möchte, wie etwa die neuen Bauten und die Erhöhung der
Mietzinsen, trügerische Zeichen wären, die in der Tat nur
unseren Untergang beschleunigen würden. Er erzählte
mir dabei eine so lange Reihe von Unglücksfällen, die sich
entweder schon ereignet hätten oder sich doch in kurzem
ereignen würden, daß er mich fast ganz mutlos zurückließ. Hätte ich diesen Menschen gekannt, bevor ich mich

in den Handel einließ, so würde ich ihn unstreitig nicht gewagt haben. Er fuhr indessen fort, in dieser verfallenden Stadt zu leben und nach wie vor das gleiche Klagelied zu singen. Mehrere Jahre hindurch wollte er durchaus kein Haus kaufen, weil alles sich zum Untergang neigte. Allein, endlich hatte ich denn doch das Vergnügen zu sehen, daß er, um eines zu bekommen, wohl fünfmal mehr bezahlen mußte, als wenn er gleich im Anfange seiner Klagelieder eines gekauft hätte.

Ich hätte bereits anführen sollen, wie ich schon im Herbst des vorhergehenden Jahres den größten Teil meiner gelehrten Bekannten in einen Klub zur gegenseitigen Vervollkommnung vereinigt hatte, den wir Junto nannten. Wir versammelten uns jeden Freitag abends. Die Regeln, welche ich entwarf, verpflichteten reihum ein jedes Mitglied, eine oder mehrere Fragen über irgendeinen Gegenstand der Moral, der Politik oder Naturwissenschaft aufzuwerfen, die von der Gesellschaft erörtert werden sollten, sowie alle drei Monate einmal eine selbstverfaßte Abhandlung über eine beliebige Materie vorzulegen. Unsere Debatten sollten der Leitung eines Vorsitzers unterworfen sein und durch nichts als das aufrichtige Verlangen, die Wahrheit zu entdecken, geleitet werden, ohne Disputierlust und ohne eitles Bestreben nach Siegesruhm; und um der Erhitzung der Gemüter zuvorzukommen, wurden alle Ausdrücke, die eine hartnäckige Behauptung einer Meinung anzeigten, sowie überhaupt jeder gerade Widerspruch unter Androhung kleiner Geldstrafen verboten. Die ersten Mitglieder unseres Klubs waren folgende: Joseph Brientnal, der sich mit Aktenabschreiben für Notare abgab. Dieser war ein Mann von mittlerem Alter, von guter Gemütsart, seinen Freunden äußerst ergeben und ein großer Freund der Dichtkunst. Er las alles, was ihm vorkam, und schrieb auch ganz erträglich. Übrigens war er erfindungsreich in mancherlei kleinen Tändeleien und ein überaus angenehmer Gesellschafter. Thomas Godfrey, ein geschickter Mathematiker, der sich ohne Lehrmeister gebildet hatte und in der Folge den sogenannten Hadleyschen Quadranten erfand. Allein, außer seiner Sphäre war er gar wenig bewandert und in Gesellschaft war er ganz unausstehlich, indem er immer, wie die meisten großen Mathematiker, die mir in meinem Leben vorgekommen sind, auf einer ganz ungewöhnlichen Genauigkeit in allem, was man nur sagen mochte, bestand und unaufhörlich bei den unwichtigsten Kleinigkeiten entweder widersprach oder auf Unterschieden bestand. Nichts kann wohl besser sein als dieses, allen Umgang zu verleiden. Zum Glück verließ er uns bald. Nicholas Scull, ein Feldmesser, der in der Folge General-Landmesser wurde. Er liebte die Bücher und machte gelegentlich Verse. William Parsons, der zwar zum Schusterhandwerk erzogen worden war, allein, als Freund der Lektüre sich tiefe Kenntnisse in der Mathematik erworben hatte. Er studierte sie zuerst zum Behuf der Astrologie, deren er doch hernach spottete. Er wurde ebenfalls General-Landmesser. William Maugridge, ein Tischler, ein vortrefflicher Mechanikus und ein gesetzter und gescheiter Mann. Hugh Meredith, Stephen Potts und George Webb habe ich schon oben charakterisiert. Robert Grace, ein junger Mann von Vermögen, großmütig, lebhaft und geistreich, ein Freund des Wortspiels, aber doch noch mehr seiner Freunde. Endlich William Coleman, damals Schreiber bei einem Kaufmann und ungefähr von meinem Alter. Er hatte den ruhigsten, aber auch den hellsten Kopf, das beste Herz und die gewissenhafteste Moralität, die ich jemals bei einem Menschen angetroffen habe. Er wurde in der Folge ein sehr angesehener Kaufmann und einer von unseren Provinzialrichtern. Unsere Freundschaft dauerte ununterbrochen über mehr als vierzig Jahre bis an seinen Tod.

Der Klub bestand fast ebenso lange. Dieser war damals die beste Schule der Philosophie, der Moral und Politik, die es in der Provinz gab. Denn unsere Fragen, welche acht Tage vor der Erörterung aufgeworfen wurden, nötigten uns, über mancherlei verschiedene Gegenstände aufmerksam nachzulesen, um desto treffender darüber sprechen zu können. Wir erwarben uns auch dadurch eine Fertigkeit im gefälligen Ausdruck, indem wir über jeden Gegenstand nach Maßgabe unserer Regeln so sprachen, daß es keinen verdrießen konnte. Gerade diesem Umstand kann man die lange Fortdauer dieses Klubs zuschreiben, von welchem ich in der Folge noch manches zu melden Gelegenheit haben werde. Hier habe ich seiner als eines Mittels erwähnt, worauf ich nicht wenig in Rücksicht auf Einrichtung und Fortgang meines Gewerbes rechnen konnte, indem jedes Mitglied das seinige tat, uns Arbeit zu verschaffen. Brientnal insbesondere verschaffte uns von seiten der Quäker den Druck von vierzig Bogen ihrer Geschichte. Das übrige sollte Keimer drucken. Wir hatten an diesem Werke sehr saure Arbeit, weil sie sehr schlecht bezahlt wurde. Es war in Folio auf Propatria-Papier, in Cicero, und die Noten waren in Korpusschrift gedruckt. Ich setzte davon einen Bogen pro Tag, und Meredith brachte ihn unter die Presse. Es war oft elf Uhr abends, ja bisweilen noch später, ehe ich mit meiner Anordnung der Arbeit für den folgenden Morgen fertig wurde. Denn die kleinen Aufträge, die uns unsere anderen Freunde von Zeit zu Zeit zuschickten, hielten uns auf. Allein, ich hatte mir es nun einmal so fest vorgenommen, jeden Tag einen Foliobogen zustande zu bringen, daß ich, als eines Abends, nachdem ich meine Formen in Ordnung gebracht hatte und nunmehr glaubte, mein Tagewerk vollbracht zu haben, eine Form durch einen Zufall zersprang und zwei Seiten dadurch in ein Chaos verwandelt wurden, sie sogleich zerlegte und nicht eher zu Bett ging, als bis ich sie von neuem gesetzt hatte. Dieser Fleiß, welchen unsere Nachbarn wahrnahmen, erwarb uns nach und nach Ansehen und Zutrauen. Ich erfuhr unter anderem, daß in dem

Klub der Kaufleute, der sich alle Abende versammelte, als die Rede von der neuen Buchdruckerei gewesen, die allgemeine Meinung dahin gegangen wäre, daß sie zugrunde gehen würde, indem schon zwei Druckereien, Keimers und Bradfords, in der Stadt vorhanden wären. Aber der Doktor Baird, den wir beide, Du und ich, viele Jahre nachher in seinem Vaterland zu St. Andrews in Schottland zu sehen Gelegenheit gehabt haben, hatte das Gegenteil behauptet. »Der Fleiß dieses Franklin«, hatte er gesagt, »übertrifft alles, was ich in dieser Art je gesehen habe. Ich sehe ihn noch des Abends, wenn ich aus dem Klub nach Hause gehe, bei seiner Arbeit, und er ist des Morgens schon wieder dabei, noch ehe seine Nachbarn das Bett verlassen.« Diese Nachricht setzte die übrigen in Verwunderung, und bald danach kam ein Mitglied dieses Klubs und erbot sich, uns mit Papier zu versehen; allein, wir wollten uns noch nicht in eine Ladenhaltung einlassen.

Es geschieht nicht, um mir selbst Weihrauch aufzustreuen, daß ich so unbefangen von meinem Fleiß rede; sondern es geschieht, damit diejenigen von meinen Nachkommen, welche diese Nachrichten lesen, den Nutzen dieser Tugend kennenlernen mögen, wenn sie in der Geschichte meines Lebens die vorteilhaften Wirkungen derselben entdecken.

George Webb, dem eine Freundin das nötige Geld geliehen hatte, um seine Zeit bei Keimer abzukaufen, kam eines Tages und bot sich uns als Geselle an. Wir konnten ihn nicht sogleich anstellen; allein, ich war bei dieser Gelegenheit so unvorsichtig, ihm unter dem Siegel der Verschwiegenheit zu entdecken, wie ich gesonnen wäre, bald eine Zeitung anzufangen, und ich dann Arbeit für ihn haben würde. Meine Hoffnungen eines guten Erfolgs gründeten sich, wie ich ihm nicht verschwieg, auf den Umstand, daß die einzige Zeitung, die wir damals hatten und welche Bradford druckte, ein elendes Ding, erbärmlich ausgeführt, ganz und gar nicht unterhaltend, und gleichwohl einträglich für Bradford war. Ich dachte daher, daß eine gute Zeitung notwendig Erfolg haben müßte. Ich bat Webb, diesen Plan nicht zu erwähnen, doch er verriet ihn an Keimer, der sogleich, um mir zuvorzukommen, den Prospektus zu einem Blatt bekannt machte, welches bei ihm gedruckt werden und bei dem Webb angestellt werden sollte. Mich empörte diese Plauderhaftigkeit. Da unser Blatt noch nicht angefangen werden konnte, so schrieb ich, um ihnen entgegenzuarbeiten, verschiedene unterhaltsame Aufsätze für Bradfords Blatt, unter dem Titel »Der Wichtigtuer«, welche Brientnal einige Monate hindurch fortsetzte. Ich zog auf diese Weise die Aufmerksamkeit des Publikums auf dieses Blatt, und Keimers Prospektus, den wir lächerlich machten, wurde verachtet. Er fing nichtsdestoweniger sein Blatt an; nachdem er es aber neun Monate lang fortgesetzt hatte, ohne mehr als höchstens neunzig Subskribenten zusammenzubringen, so bot er es mir für eine Kleinigkeit an. Ich war seit einiger Zeit bereit, mich damit abzugeben, übernahm es also sogleich, und in wenigen Jahren brachte es mir sehr viel ein.

Ich werde gewahr, daß ich immer geneigt bin, in der Einzahl zu reden, obwohl unsere Partnerschaft noch bestand. Vielleicht kommt das daher, weil in der Tat das ganze Unternehmen auf mir allein beruhte. Meredith war kein Setzer und nur ein armseliger Drucker und selten ganz nüchtern. Meine Freunde beklagten mich wegen meiner Verbindung mit ihm; ich half mir aber so gut wie möglich.

Unsere ersten Ausgaben schon machten einen Eindruck, wie ihn noch nie ein periodisches Blatt in diesem Land gemacht hatte, sowohl in Ansehung der Typen als auch des Druckes. Allein, einige beißende Anmerkungen von meiner Hand über die Händel zwischen dem Statthalter Burnet und der Assembly von Massachusetts fielen auch Personen von höherem Rang auf und waren schuld, daß man sehr viel von diesem Blatt und seinen Herausgebern sprach. In wenigen Wochen meldeten sich alle diese zur Subskription, ihrem Beispiel folgten viele andere nach, und die Zahl unserer Subskribenten wuchs immer höher. Dieses war eine der ersten guten Wirkungen der Mühe, die ich darauf verwendet hatte, meine Gedanken zu Papier bringen zu lernen. Ich zog hiervon auch noch den Vorteil, daß die Häupter der Provinz, die in dem Drucker dieser Blätter einen Mann erkannten, der sich auch gut auf die Feder verstand, es für ratsam hielten, ihm gute Dienste zu leisten und ihn aufzumuntern. Bradford druckte noch die Beschlüsse der Assembly, Gesetze und andere öffentliche Schriften. Er hatte eine Adresse des Parlaments an den Statthalter sehr schlecht und unkorrekt gedruckt. Zierlich und korrekt druckten wir sie noch einmal und schickten jedem Mitglied ein Exemplar davon zu. Sie merkten den Unterschied, und dies verstärkte den Einfluß unserer Freunde im Parlament, welche uns für das folgende Jahr zu ihren Buchdruckern ernannten.

Unter den Freunden, welche wir in dieser Versammlung hatten, darf ich eines ihrer Mitglieder nicht vergessen. Es ist Herr Hamilton, dessen ich oben erwähnt habe und welcher damals aus England zurückgekommen war. Er verwendete sich bei dieser Gelegenheit sehr kräftig für mich*, so wie er dieses auch in der Folge bei vielen anderen tat, und schenkte mir bis an seinen Tod sein Wohlwollen. Um diese Zeit brachte Vernon, jedoch eben nicht dringend, mir das Geld in Erinnerung, das ich ihm schuldete. Ich schrieb ihm einen kunstvollen Dankbrief und bat ihn, noch ein wenig Geduld zu haben, womit er auch zufrieden war; und sobald ich es nur möglich machen konnte, bezahlte ich ihm Kapital und Zinsen mit Äußerungen der lebhaftesten Erkenntlichkeit. So war denn dieser Fehler meines Lebens einigermaßen wieder getilgt.

* Einst beschaffte ich seinem Sohn £ 500.

Aber ich geriet bald in eine Verlegenheit, deren ich mich nimmermehr versehen hätte. Der Vater des Herrn Meredith, der laut seinen Versprechungen die ganze Anlage zu unserer Druckerei hätte vorschießen sollen, hatte nicht mehr als 100 £ Sterling bar bezahlen können. Der Kaufmann, der noch einmal soviel zu fordern hatte und nicht länger warten wollte, verklagte uns alle. Wir stellten nun zwar Sicherheit, allein, mit der traurigen Aussicht, daß, wenn das Geld um die bestimmte Zeit nicht vorhanden wäre, die Klage entschieden, das Urteil vollstreckt und alle unsere schönen Hoffnungen mit uns gänzlich zugrunde gerichtet sein würden. Denn sowohl Presse als Typen liefen Gefahr, vielleicht um die Hälfte ihres Wertes zur Tilgung der Schuld verkauft zu werden. In dieser Bedrängnis kamen zwei wahrhafte Freunde, deren edelmütiges Verfahren ich nie vergessen habe noch jemals vergessen werde, solange nur irgend etwas in meinem Gedächtnis haftet, jeder besonders zu mir, ohne daß einer von dem andern etwas wußte und ohne daß ich mich an den einen oder den anderen gewandt hatte. Jeder von ihnen erbot sich, mir die ganze Summe vorzuschießen, welche ich nötig haben würde, um die Druckerei womöglich ganz allein zu übernehmen, daß es ihnen aber nicht gefiele, daß ich die Verbindung mit Meredith fortsetzte, den man öfter, wie sie sagten, auf der Straße betrunken und in den Wirtshäusern böse Spiele spielen sähe, welches unserem Kredit sehr nachteilig wäre. Diese beiden Freunde waren William Coleman und Robert Grace. Ich antwortete ihnen, solange eine Aussicht bliebe, daß die Merediths den Kontrakt, soweit ihnen obläge, erfüllen würden, könnte ich keine Trennung vorschlagen. Ich glaubte nämlich, ihnen großen Dank für das schuldig zu sein, was sie bereits getan hatten und auch noch tun würden, wenn es ihnen möglich wäre. Sollten sie indessen letztlich ihrer Verbindlichkeit kein Genüge leisten, so daß unsere Partnerschaft aufhören müßte, so würde ich mich alsdann erst für befugt achten, die Unterstützung meiner Freunde anzunehmen.

In dieser Lage blieben die Dinge eine Zeitlang. Eines Tages sagte ich zu meinem Partner: »Ihr Vater ist vielleicht unzufrieden mit Ihrem Anteil an unserem gemeinsamen Unternehmen und will für uns beide nicht tun, was er für Sie allein tun würde. Wenn das so ist, so gestehen Sie es mir aufrichtig. Ich werde Ihnen dann gern alles allein überlassen und mich um meine eigenen Angelegenheiten kümmern.« »Nein«, antwortete er, »mein Vater ist in der Tat in seinen Erwartungen enttäuscht worden; er sieht sich wirklich außerstande zu bezahlen, und ich mag ihn meinetwegen nicht noch mehr in Sorgen setzen. Ich sehe, daß ich ganz und gar nicht zum Buchdrucker tauge; ich bin zum Landwirt erzogen worden, und es war eine Torheit von mir, in die Stadt zu kommen und mich in einem Alter von dreißig Jahren noch in die Lehre zu einem neuen Handwerk zu begeben. Mehrere von uns Walisern wollen sich in North Carolina niederlassen, wo die Ländereien wohlfeil sind. Ich habe Lust, mit ihnen zu ziehen und meinen alten Beruf wieder zu ergreifen. Sie werden unstreitig Freunde finden, die Ihnen helfen. Wenn Sie die gemeinschaftlichen Schulden übernehmen, meinem Vater die vorgeschossenen hundert Pfund Sterling erstatten, meine kleinen Privatschulden begleichen und mir noch dreißig Pfund Sterling nebst einem neuen Sattel geben wollen, so will ich der Partnerschaft entsagen und Ihnen alles ganz allein überlassen.« Ich nahm diesen Vorschlag an. Er wurde sogleich niedergeschrieben, unterzeichnet und besiegelt. Ich gab ihm, was er von mir gefordert hatte, und er reiste bald nach Carolina ab, von wo er mir im folgenden Jahr zwei lange Briefe schrieb, welche die besten Nachrichten über dieses Land in Ansehung seines Klimas, Bodens, Ackerbaues usw. enthielten, die darüber je geschrieben worden sind. Denn in diesen Dingen war er sehr erfahren. Ich druckte sie in meiner Zeitung, und sie wurden überaus wohl aufgenommen.

Sobald er abgereist war, wandte ich mich an meine beiden Freunde, und da ich keinem von beiden einen kränkenden Vorzug geben wollte, so nahm ich von jedem die Hälfte des Angebotenen und mir Unentbehrlichen an. Ich bezahlte die gemeinschaftlichen Schulden, setzte das Gewerbe in meinem eigenen Namen fort und unterrichtete die Öffentlichkeit, daß die Partnerschaft aufgehoben wäre. Ich glaube, dieses geschah im Jahr 1729 oder ungefähr um diese Zeit.

Um diese Zeit verlangte das Volk neues Papiergeld, wovon man bisher nicht mehr als 15 000 £ Sterling gehabt hatte, welche Summe bald abgewertet sein sollte. Die reichen Einwohner, eingenommen gegen alle Papierwährung und aus Furcht, daß sie wie in Neu-England zum Nachteil aller Gläubiger im Preis fallen würde, widersetzten sich dieser Forderung. Wir hatten diesen Gegenstand in unserem Junto bereits erörtert, wo ich mich für den Zuwachs an Papiergeld erklärt hatte. Denn ich war überzeugt, daß die erste kleine, im Jahr 1723 verfertige Summe der Provinz sehr vorteilhaft gewesen war, indem sie den Handel und die Bevölkerung vergrößert hatte, so daß ich gegenwärtig nicht nur alle alten Häuser bewohnt, sondern auch viele neue im Bau sah. Ich erinnerte mich dagegen sehr wohl, daß, als ich das erstemal mit meiner Semmel auf der Faust die Gassen von Philadelphia durchwanderte, die meisten Häuser in der Walnut Street, zwischen der Second Street und der Fourth Street, sowie auch sehr viele in der Chestnut Street und anderwärts zu vermieten waren, welches mich damals auf die Gedanken brachte, daß die Einwohner einer nach dem anderen diese Stadt verließen. Vermittelst unserer Debatten hatte ich mich dieses Gegenstandes dermaßen bemächtigt, daß ich ein anonymes Pamphlet über *Die Beschaffenheit und die Notwendigkeit des Papiergeldes* schrieb und druckte. Dieses wurde von der geringeren Volksklasse überall sehr wohl aufgenommen, dagegen aber mißfiel es den Reichen, weil es das Geschrei nach mehr Papiergeld vermehrte und verstärkte. Als sich indessen kein Schriftsteller unter ihnen fand, der darauf zu antworten imstande gewesen wäre, so erschlaffte ihr Widerstand, und das Projekt wurde mit einer Mehrheit im Parlament verabschiedet. Die Freunde, die ich mir in dieser Versammlung gemacht hatte, waren überzeugt, daß ich bei dieser Gelegenheit gute Dienste geleistet hatte und hielten dafür, daß man zu meiner Belohnung dieses Papiergeld bei mir drucken lassen müßte. Diese Arbeit war für mich einträglich und kam mir ungemein zustatten. Wieder ein Vorteil, den ich der Fertigkeit zu schreiben verdankte. Zeit und Erfahrung bewiesen so offenbar den Nutzen des Papiergeldes, daß es in der Folge niemals mehr sonderlichen Widerspruch erfuhr. Es stieg daher bald bis auf die Summe von £ 55 000 und im Jahr 1739 gar 80 000 £ Sterling. Nach dieser Zeit ist im letzten Krieg die Summe bis zu 350 000 £ erhöht worden, wobei der Handel, die Bautätigkeit und die Zahl der Einwohner beständig zugenommen haben. Gleichwohl bin ich gegenwärtig überzeugt, daß es auch Grenzen gibt, jenseits welcher die Menge des Papiergeldes nachteilig werden kann.

Durch die Vermittlung meines Freundes Hamilton erhielt ich bald nachher auch den Druck des Papiergeldes von Newcastle, welchen ich wieder für ein einträgliches Geschäft ansehen konnte. Denn Leuten von geringem Vermögen erscheinen auch Kleinigkeiten ansehnlich, und in der Tat gereichte mir alles das zu wirklich großem Vorteile, weil ich dadurch beträchtlich ermutigt wurde. Er verschaffte mir auch den Druck der Verordnungen und Beschlüsse in dieser Statthalterschaft, und diese Arbeit blieb in meinen Händen, solange ich die Buchdruckerei betrieb.

Ich eröffnete nun auch einen kleinen Papierwarenladen und führte darin Formulare von allerlei Format, so korrekt gedruckt, wie man sie nie bei uns gesehen hatte. Bei diesem Geschäft half mir mein Freund Brientnal. Ich führte auch Papier, Pergament, Bücher usw. Ein gewisser Whitemash, ein Setzer, den ich als einen vortrefflichen Arbeiter zu London kennengelernt hatte, bot mir seine Dienste an; ich nahm ihn an, und er hielt fleißig bei mir aus. Auch nahm ich einen Lehrling, einen Sohn des Aquila Rose, an. Von jetzt an bezahlte ich nach und nach die Schulden, die ich für die Druckerei hatte machen müssen. Um meinen Kredit und Charakter als Kaufmann zu behaupten, bemühte ich mich nicht nur *in der Tat,* fleißig und sparsam zu sein, sondern auch, allen *Schein* des Gegenteils zu vermeiden. Ich ging ganz einfach gekleidet einher, und nie sah man mich an irgendeinem öffentlichen Lustorte. Ich ging weder auf Fischen noch Jagen aus. Ein Buch war bisweilen meine ganze Ausschweifung; aber dieses doch nur selten, heimlich und ohne Ärgernis. Und um zu zeigen, daß ich mich selbst nicht besser als mein Gewerbe dünkte, so schob ich bisweilen das Papier, welches ich in den Magazinen gekauft hatte, auf einem Schiebekarren über die Straße nach meinem Haus. Auf diese Weise wurde ich überall als ein fleißiger und aufstrebender junger Mann und pünktlicher Bezahler bekannt. Die Kaufleute, welche Papierwaren einführten, suchten meine Kundschaft. Andere erboten sich, mich mit Büchern zu versehen, und mein kleiner Handel ging immer besser. Während dieser Begebenheiten verfielen Keimers Kredit und Handel von Tag zu Tag so sehr, daß er endlich aus Not und zur Befriedigung der Gläubiger seine Druckerei verkaufen mußte und nach Barbados ging, wo er eine Zeitlang in höchst armseligen Umständen lebte.

Sein Lehrling, David Harry, den ich während der Zeit, da ich bei Keimer arbeitete, unterrichtet hatte, kaufte seine Gerätschaften und ließ sich an seiner Stelle nieder. Anfänglich fürchtete ich in Harry einen mächtigen Konkurrenten zu bekommen, weil er zu einer angesehenen und vielgeltenden Familie gehörte. Ich bot ihm daher einen Gesellschaftsvertrag an, den er aber zu meinem Glück mit der größten Verachtung von sich wies. Er war äußerst hoffärtig, kleidete sich wie ein vornehmer Herr, machte Aufwand und lief allen Lustbarkeiten außer Haus nach. Darüber geriet er in Schulden, vernachlässigte sein Geschäft, worauf ihn alles Geschäft verließ. Als sich gar bald nichts mehr für ihn zu tun fand, so folgte er Keimer nach Barbados und nahm die Druckerei mit. Hier nahm dieser Lehrbursche seinen alten Lehrherrn zum Taglöhner an. Sie gerieten oft in Streit. Harry kam immer weiter zurück und sah sich endlich genötigt, seine Typen zu verkaufen und zu seiner Landarbeit in Pennsylvania zurückzukehren. Derjenige, der sie kaufte, beschäftigte Keimer, damit dieser sie benutzte, allein, er starb wenige Jahre darnach. Es blieb mir also zu Philadelphia kein anderer Mitbewerber übrig als Bradford. Allein, dieser war ziemlich reich und bequem, ließ höchstens von Zeit zu Zeit einen Druck von durchreisenden Gesellen herstellen und bekümmerte sich nicht sonderlich um das Geschäft. Da er indessen das Postamt verwaltete, so glaubte man, daß er besser imstande wäre, das Neueste zu liefern. Seine Zeitung galt für eine bessere Verbreiterin von Anzeigen als die meinige, mithin erhielt er deren auch weit mehr zum Druck, und dies brachte ihm ebensoviel Vorteil als mir Schaden. Ich mochte immer meine Blätter mit der Post erhalten und absenden, das Publikum wähnte dennoch das Gegenteil, weil ich das nicht anders bewerkstelligen konnte als durch Bestechung der Postreiter, die sich daher nur heimlich damit befassen konnten, da Bradford unfreundlich genug war, es ihnen zu verbieten. Dieses Verfahren verdroß mich ungemein, und ich mißbilligte ihn so sehr, daß, als ich mich in der Folge an seiner Stelle befand, ich mich gar sehr hütete, ihn nachzuahmen.

Bis dahin war ich bei Godfrey, der nebst Frau und Kindern einen Teil meines Hauses und die Hälfte meines

Ladens zur Ausübung seines Glaserhandwerks innehatte, in die Kost gegangen. Er arbeitete jedoch sehr wenig, da er immer in seine Mathematik vertieft war. Mrs. Godfrey setzte sich in den Kopf, mich mit der Tochter eines ihrer Verwandten zu verheiraten. Sie suchte uns Gelegenheiten zu öfteren Zusammenkünften zu verschaffen, bis sich bei mir ein ernsthaftes Freien ergab, alldieweil das Mädchen wegen seiner persönlichen Eigenschaften dieses gar sehr verdiente. Die Eltern munterten meine Anwerbungen dadurch auf, daß sie mich beständig zum Abendessen einluden und uns so oft zusammen alleinließen, daß es endlich zu Erklärungen kommen mußte. Mrs. Godfrey nahm es auf sich, unseren kleinen Ehevertrag zu vermitteln. Ich kündigte ihr an, daß ich mit dem Mädchen eine Summe Geldes erwartete, wovon ich meine auf die Druckerei noch rückständige Schuld abtragen könnte. Diese betrug, glaube ich, damals nicht mehr über hundert Pfund Sterling. Mrs. Godfrey brachte mir zur Antwort, daß man eine solche Summe nicht erübrigen könne. Ich bemerkte, daß sie ihr Haus wohl beim Leihhaus verpfänden könnten. Nach einigen Tagen lautete die Antwort hierauf, daß man die Heirat nicht für zuträglich hielte; daß man sich bei Bradford erkundigt und erfahren hätte, die Buchdruckerprofession bringe nicht viel ein; die Typen würden sich bald abgenützt haben und dann würden neue nötig sein; S. Keimer und D. Harry wären einer nach dem anderen zugrunde gegangen und mir würde es wahrscheinlich nicht besser ergehen. Man verbot mir daher nunmehr das Haus und sperrte das Mädchen ein. Ich kann nicht sagen, ob man in der Tat die Gesinnungen geändert hatte oder ob dies nur ein Kunststückchen war, indem man vielleicht glaubte, daß wir uns schon allzu tief miteinander eingelassen hätten, um von einander abzustehen, und daß wir uns daher wohl heimlich zu verbinden suchen möchten, wodurch denn die Eltern Freiheit erhalten würden, nach Belieben zu geben oder abzuschlagen. Da ich dieses argwöhnte, so verdroß mich der Handel, und ich ging nicht mehr hin. Einige Zeit darnach brachte mir Mrs. Godfrey einen vorteilhafteren Bericht von ihrer Stimmung und wollte mich daher wieder auf den vorigen Weg bringen. Aber ich erklärte ihr, daß ich schlechterdings mit dieser Familie nichts mehr zu tun haben wollte. Dies wurde mir von den Godfreys verübelt, wir zerstritten uns, und sie zogen aus und überließen mir das ganze Haus allein. Ich beschloß nun, keine Mietsleute mehr aufzunehmen.

Da dieser Vorgang mich nun einmal zur Heirat gestimmt hatte, so schaute ich umher und machte anderwärts meine Anwerbungen. Allein, ich fand gar bald, daß man die Buchdruckerkunst allgemein für ein armseliges Gewerbe hielt und daß ich daher wohl kaum auf eine Frau mit Geld rechnen dürfte, es sei denn bei einer, die sonst keine Annehmlichkeit aufzuweisen hätte. Unterdessen verflocht mich die jugendliche Leidenschaft, die so schwer zu bezähmen ist, nicht selten in Intrigen mit verworfenen Frauenspersonen, die mir hier und da begegneten. Allein, dieses ging nicht ohne Kosten und Unbequemlichkeiten ab, der Gefahr nicht zu gedenken, die ich beständig lief, meine Gesundheit zu schwächen oder gar eine Krankheit aufzulesen, die ich über alles fürchtete. Ich war aber doch glücklich genug, dieser Gefahr zu entgehen.

Als Nachbar und alter Bekannter hatte ich mit der Familie der Miss Read freundschaftlichen Verkehr unterhalten. Ihre Eltern waren mir immer gewogen geblieben, seitdem ich in ihrem Haus gewohnt hatte. Ich wurde öfters zu ihnen eingeladen; sie fragten mich über ihre Angelegenheiten um Rat, und ich war ihnen bisweilen nützlich. Mich rührte die unglückliche Lage ihrer Tochter, die melancholisch und selten munter war und immer die Einsamkeit suchte. Ich sah meine Unbesonnenheit und Unbeständigkeit während meines Aufenthaltes in

London für die Hauptursache ihres Unglücks an, obgleich ihre Mutter redlich genug war, sich selbst weit mehr Schuld beizumessen als mir, weil sie nicht nur vor meiner Abreise die Heirat verhindert, sondern ihre Tochter auch bewegt hatte, während meiner Abwesenheit einen anderen zu heiraten. Unsere gegenseitige Zuneigung erwachte wieder, allein, es setzten sich nun unserer Verbindung mächtige Hindernisse entgegen. Ihre erste Heirat hielt man freilich nicht für gültig, indem, wie die Rede ging, noch eine erste Frau in England am Leben war; allein, es hielt schwer, bei einer so großen Entfernung die Beweise herbeizuschaffen; und obgleich sich auch das Gerücht verbreitete, daß ihr Mann gestorben wäre, so hatten wir doch einesteils davon keine Gewißheit, andernteils hatte er auch viel Schulden hinterlassen, für die vielleicht sein Nachfolger haftbar genommen werden konnte. Wir setzten uns indessen kühnlich über alle diese Bedenklichkeiten hinaus, und ich heiratete sie am 1. September 1730. Nichts von all dem, was wir befürchtet hatten, widerfuhr uns. Sie wurde für mich eine gute und getreue Lebensgefährtin und half mir gar sehr, indem sie meinen Laden führte. Wir kamen gut miteinander fort und bestrebten uns immer, wechselsweise einander glücklich zu machen. Auf diese Weise verbesserte ich denn, so gut ich konnte, diesen großen Fehltritt meiner Jugend.

Unser Klub war damals noch nicht in eine Schenke verlegt. Wir versammelten uns vielmehr beim Herrn Grace, der einen kleinen Raum dafür bereitgestellt hatte. Eines Tages machte ich, da bei unseren Untersuchungen über die vorgelegten Fragen unsere Bücher öfters angeführt wurden, darauf aufmerksam, daß es bequem sein würde, sie alle an unserem Versammlungsort beisammen zu haben, um im Falle der Not sogleich nachschlagen zu können. Wenn wir solchergestalt aus unseren verschiedenen Bibliotheken eine gemeinschaftliche machten, so gewönne jeder von uns, während wir sie doch alle beisammen hätten, den Vorteil, auch von den Büchern der übrigen Mitglieder Gebrauch machen zu können, welches fast ebensoviel wert wäre, als wenn ein jeder sie insgesamt selbst besäße. Dieses fand Beifall und wurde ausgeführt. Wir brachten alle Bücher, die wir entbehren zu können glaubten, in den Versammlungssaal. Die Anzahl war nicht so groß, als wir geglaubt hatten. Obgleich sie aber häufig von uns gebraucht worden waren, so bestimmten uns doch einige Unannehmlichkeiten, die von einem Mangel an Sorgfalt herrührten, die Sammlung nach Jahresfrist wieder zu zerreißen, und jeder nahm seine Bücher wieder zu sich in sein Haus.

Und nun betrieb ich mein erstes öffentliches Projekt, nämlich das einer mittels Subskription anzulegenden Bibliothek. Ich verfertigte einen Prospektus, ließ die Bedingungen dazu von unserem berühmten Notarius Brockden förmlich entwerfen, und trieb mit Hilfe meiner Freunde in der Junto fünfzig Subskribenten auf, mit je vierzig Schillingen zum Anfang und mit einem jährlichen Beitrag von zehn Schillingen auf fünfzig Jahre – den Zeitraum, währenddessen unsere Gesellschaft fortbestehen sollte. Später erhielten wir einen Freibrief, da die Gesellschaft bis auf hundert Mitglieder angewachsen war. Dieselbe war die Mutter aller nordamerikanischen Leihbibliotheks-Gesellschaften, welche nun so zahlreich sind. Sie selbst ist in fortwährender Vergrößerung begriffen und wird täglich eine bedeutendere Anstalt. Diese Bibliotheken haben den allgemeinen Konversationston der Amerikaner gehoben, die gewöhnlichen Handwerker und Landleute so intelligent gemacht wie die meisten gebildeten Leute in anderen Ländern, und sie haben wahrscheinlich wesentlich zu der entschlossenen Haltung beigetragen, welche die Kolonien in Verteidigung ihrer Rechte so allgemein einnahmen.

[Zwei Briefe]

Memo.
Soweit wurde Vorstehendes in der eingangs erwähnten
Absicht geschrieben, und es enthält daher mehrere kleine
Familienanekdoten, welche für andere ziemlich bedeu-
tungslos sind. Das Weitere ward viele Jahre später dem in
diesen [folgenden] Briefen enthaltenen Rate gemäß ge-
schrieben und ist daher für die Öffentlichkeit bestimmt.
Die Ereignisse der Revolution waren die Ursache der
Verzögerung.

Der Brief von Herrn Abel James mit den Notizen über
mein Leben ist hier einzufügen. Ebenso der Brief von
Herrn Vaughan mit dem gleichen Zweck.

Mein lieber und geehrter Freund!
Ich habe schon oft an Dich schreiben wollen, bin aber
stets vor dem Gedanken zurückgescheut, der Brief möchte in die Hände der Engländer fallen, und es könnte dann
irgendein Buchdrucker oder Unberufener einen Teil seines Inhalts veröffentlichen und userm Freunde Verdrießlichkeiten, mir selbst aber Tadel zuziehen.
    Vor einiger Zeit kamen mir zu meiner großen Freude
etwa dreiundzwanzig Blätter in Deiner eigenen Handschrift zu Gesicht, welche eine an Deinen Sohn gerichtete
Schilderung Deiner Herkunft und Deines Lebens bis zum
Jahr 1730 enthalten, wobei noch andere Notizen, ebenfalls in Deiner Handschrift, lagen. Ich lege eine Abschrift
davon bei, in der Hoffnung, sie möge, falls Du sie bis zu
einem spätern Zeitpunkt fortsetzen würdest, dazu dienen,
daß der erste und der spätere Teil aneinander passen;
wenn sie aber noch nicht fortgesetzt worden ist, so hoffe

ich, Du wirst sie nicht aufschieben. Das Leben ist ungewiß, wie der Prediger uns lehrt; und was wird die Welt
sagen, wenn der gütige, menschenfreundliche und wohlwollende Benjamin Franklin seine Freunde und die Welt
eines solch angenehmen und gemeinnützigen Werkes ver-
lustig gehen lassen würde – eines Werkes, das nicht etwa
nur für einige wenige, sondern für Millionen nützlich und
unterhaltend sein würde?

Der Einfluß derartiger Schriften auf die Gemüter der
Jugend ist sehr groß und ist nirgends so augenfällig her-
vorgetreten, als in dem Tagebuch unseres öffentlichen
Freundes. Es flößt der Jugend beinahe unmerklich den
Entschluß ein, sich zu bestreben, daß sie ebenfalls so gut
und bedeutend werde wie der Schreiber. Sollten Deine
Aufzeichnungen z. B., wenn im Druck erschienen, die
Jugend veranlassen (was meines Bedünkens nicht aus-
bleiben wird), Dir an dem Fleiß und der Mäßigkeit Dei-
ner frühen Jugend zu gleichen, welch ein Segen würde
ein solches Werk für jene Klasse sein! Ich kenne keinen
Charakter unter den jetzt Lebenden und nicht viele un-
ter den Menschen überhaupt, welcher in gleichem Maße
wie Du imstande wäre, unter der amerikanischen Jugend einen größern Geist des Fleißes und der frühen
Aufmerksamkeit auf's Geschäft, auf Genügsamkeit und
Mäßigkeit zu fördern. Nicht als ob ich glaubte, das
Werk würde keinen andern Nutzen und Verdienst in der
Welt haben – weit entfernt davon; allein, das Erste ist
von solch ungeheurer Wichtigkeit, daß ich nichts ihm
Gleichkommendes kenne.

Abel James

Als ich den vorstehenden Brief und die dabei liegenden
Notizen einem Freunde zeigte, erhielt ich von ihm das
folgende:

Paris, 31. Januar 1783

Mein liebster Herr!
Als ich Ihre Blätter mit den Aufzeichnungen der Haupt-
begebenheiten Ihres Lebens, welche Ihr Freund, der Quäker, wiedergefunden hat, durchlesen hatte, versprach ich
Ihnen, in einem Briefe die Gründe darzulegen, warum ich
es für nützlich erachten würde, daß dieselben in der Weise
vollendet und veröffentlicht würden, wie er es wünschte.
Verschiedene Geschäfte haben mich geraume Zeit an der
Abfassung dieses Briefes verhindert, und ich weiß nicht,
ob derselbe überhaupt zu Erwartungen berechtigte. Da
ich jedoch gegenwärtig gerade Muße habe, so will ich
wenigstens mich selbst durch das Schreiben betätigen und
belehren. Weil aber die Ausdrücke, deren ich mich zu
bedienen geneigt bin, möglicherweise einen Mann von
Ihren Gewohnheiten verletzen könnten, so werde ich Ihnen nur sagen, wie ich mich an irgendeine andere Person
wenden würde, welche so gut und so groß, aber weniger
zurückhaltend wäre als Sie. Ich würde zu einem solchen
Manne sagen: ›Geehrter Herr! Ich *ersuche* dringend um
Ihre Lebensgeschichte aus den folgenden Beweggründen:
Ihre Geschichte ist so bemerkenswert, daß, wenn Sie
dieselbe nicht geben, gewiß irgendein anderer sie bringen
wird und vielleicht so, daß er beinahe ebensoviel Schaden
anrichtet, als Ihre eigene Behandlung der Sache Gutes
stiften könnte.
Dieselbe wird überdem ein Gemälde der inneren Verhältnisse Ihres Vaterlandes darstellen, welches sehr dazu
beitragen wird, Ansiedler von tugendhaftem und mann-
haftem Geiste dorthin einzuladen. Auch kenne ich in
Anbetracht der Begierde, womit eine derartige Belehrung
von jenen gesucht wird, und der Verbreitung Ihres guten
Rufes keine wirksamere Werbung, als Ihre Lebensgeschichte abgeben würde.
Alles, was Ihnen selbst begegnete, ist gleichzeitig mit
den Einzelheiten der Sitten und Lage eines *emporstreben-*

den Volkes innig verbunden. Nach meiner Ansicht können in dieser Beziehung die Schriften von Cäsar und Tacitus für einen ernsthaften Beurteiler menschlicher Natur und Gesellschaft nicht interessanter sein.

Dies alles aber, geehrter Herr, sind, wie ich glaube, nur unbedeutende Gründe im Vergleich mit der Gelegenheit, welche Ihre Lebensgeschichte in Verbindung mit Ihrer *Kunst der Tugend* (welche Sie herauszugeben beabsichtigen) für die Heranbildung künftiger großer Männer und für die Verbesserung der Züge des Privatcharakters und daher auch für die Förderung allen öffentlichen und häuslichen Glücks abgeben wird.

Die beiden von mir bezeichneten Werke werden ganz besonders eine edle Anleitung und ein Vorbild zur *Selbsterziehung* geben. Schul- und sonstige Erziehung gehen beständig von falschen Grundsätzen aus und zeigen einen schwerfälligen, auf ein falsches Ziel hingerichteten Apparat; allein, Ihr Apparat ist einfach und das Ziel ein richtiges. Während Eltern und junge Leute anderer zweckmäßiger Mittel zur Würdigung eines vernünftigen Lebensweges und zur Vorbereitung auf einen solchen entbehren müssen, wird Ihre Entdeckung, daß dieses Ziel in der eigenen Hand so manches Menschen liegt, eine unschätzbare sein!

Ein in reiferen Jahren geltend gemachter Einfluß auf den Privatcharakter ist nicht allein ein später, sondern auch ein schwacher Einfluß. In der *Jugend* pflanzen wir unsere wichtigsten Gewohnheiten und Vorurteile; in der Jugend fassen wir unsern Entschluß in bezug auf Beruf, Bestrebungen und Ehe. In der Jugend wird daher unserem Leben seine eigentümliche Richtung gegeben; in der Jugend bildet sich auch die Erziehung der nächsten Generation; in der Jugend wird der öffentliche und private Charakter bestimmt. Da nun die Lebensspanne sich nur von der Jugend bis zum Alter erstreckt, so muß das Leben füglich von der Jugend an gut beginnen, und namentlich *bevor* wir unsern Beschluß in betreff unserer hauptsächlichsten Ziele fassen.

Aber Ihre Lebensgeschichte wird nicht bloß die Selbsterziehung, sondern auch die Erziehung zu einem *weisen Manne* lehren; und der weiseste Mann wird Licht empfangen und sich im eigenen Fortschreiten fördern, wenn er das Verfahren eines andern weisen Mannes eingehend geschildert sieht. Und warum sollen schwächere Menschen derartiger Unterstützungen beraubt werden, wenn wir doch sehen, daß unser Geschlecht seit unvordenklichen Zeiten beinahe ohne einen Führer in dieser Richtung im Dunkeln tappte und überall anstieß? Zeigen Sie also *den Söhnen und den Vätern*, mein Herr, wie viel zu tun ist, und laden Sie alle weisen Männer ein, zu werden wie Sie sind, und andere Männer, weise zu werden.

Wenn wir sehen, wie grausam Staatsmänner und Krieger gegen das einfache Volk und wie töricht ausgezeichnete Männer gegen ihre Bekannten sein können, so wird es lehrreich sein zu beobachten, wie die Beispiele von friedlichen, nachgiebigen Sitten sich vermehren, und zu finden, wie trefflich es sich miteinander verträgt, groß und doch *häuslich*, beneidenswert und doch *wohlwollend* zu sein.

Die kleinen eigenen Erlebnisse, welche Sie ebenfalls zu erzählen haben werden, dürften von erheblichem Nutzen sein, da wir vor allen Dingen *Klugheitsregeln in gewöhnlichen Angelegenheiten* nötig haben, und es wird interessant sein zu sehen, wie Sie sich in diesen verhalten haben. Es wird insoweit eine Art Schlüssel zum Leben werden und viele Dinge erklären, welche allen Menschen einmal erläutert werden sollten, um ihnen eine Möglichkeit zu geben, durch Vorsicht weise zu werden.

Das, was der Selbsterfahrung am nächsten kommt, ist, daß wir die Angelegenheiten anderer uns in einer anregenden Gestalt vorgeführt sehen; dies dürfen wir mit Zuversicht aus Ihrer Feder erwarten; Ihre Angelegenheiten und deren Führung werden ein Aussehen von Einfachheit oder Wichtigkeit haben, welches in die Augen fallen muß. Ich bin überzeugt, Sie haben dieselben mit ebensoviel Originalität geführt, als wenn Sie Erörterungen in Politik oder Philosophie geführt hätten; und was verdient, wenn man seine unbestreitbare Wichtigkeit und seine möglichen Fehler in Betracht zieht, mehr durch Versuche erforscht und in ein System gebracht zu werden, als das menschliche Leben?

Manche Menschen sind blindlings tugendhaft, andere phantastisch spekulativ, und wieder andere zu schlechten Zwecken schlau gewesen; von Ihnen aber, mein Herr, bin ich überzeugt, daß Sie aus Ihrer Feder nur das bieten werden, was zu gleicher Zeit weise, praktisch und gut ist.

Ihre Selbstschilderung (denn vermutlich wird die Parallele, welche ich für Dr. Franklin ziehe, sich nicht nur hinsichtlich des Charakters, sondern auch bezüglich der Privatgeschichte bewähren) wird zeigen, daß Sie sich nicht Ihrer geringen Herkunft schämen – ein um so wichtigerer Umstand, als Sie beweisen, wie unwesentlich alle Abkunft für Glück, Tugend und Größe ist.

Da gleicherweise kein Ziel ohne Mittel erreicht wird, so werden wir finden, daß selbst Sie, mein Herr, sich einen Plan machten, mittelst dessen Sie bedeutend wurden; gleichzeitig dürften wir aber auch einsehen, daß, wenn auch der Erfolg schmeichelhaft, doch die Mittel dazu so einfach sind, als nur Weisheit sie machen konnte, nämlich abhängig von Natur, Tugend, Denkungsart und Gewohnheit.

Eine andere hieraus zu ziehende Lehre wird sein, daß jeder Mann seine Zeit abwarten muß, um auf der Bühne der Welt zu erscheinen. Da unsere Eindrücke sehr stark vom Augenblick bestimmt sind, so sind wir geneigt zu vergessen, daß dem ersten Augenblick noch weitere folgen werden und daß jeder Mensch deswegen sein Betragen so einrichten sollte, daß es zu dem *Ganzen* eines

Lebens passe. Was Sie empfehlen, scheint in Ihrem *Leben* praktische Anwendung gefunden zu haben, und die vorübergehenden Momente desselben sind von Befriedigung und Freude belebt und nicht von törichter Ungeduld und Bedauern gepeinigt worden. Eine solche Lebensführung ist leicht für diejenigen, welche die Tugend und sich selbst zum Maßstab nehmen und sich durch Beispiele von anderen großen Männern, deren hervorragendster Charakterzug so oft die Geduld ist, vor Gemütserschütterungen zu bewahren suchen.

Ihr Korrespondent, der Quäker, mein Herr (denn hier will ich abermals annehmen, der Gegenstand meines Briefes gleiche dem Dr. Franklin), lobte Ihre Genügsamkeit, Ihren Fleiß und Ihre Mäßigkeit, die er als Vorbild für alle jungen Leute betrachtete; allein, eigentümlicherweise scheint er Ihre Bescheidenheit und Uneigennützigkeit vergessen zu haben, ohne welche Sie niemals auf Ihr Vorwärtskommen hätten warten oder Ihre Lage zu gleicher Zeit behaglich finden können. Dieses ist eine eindringliche Lehre, um die Armseligkeit des Ruhms und die Wichtigkeit der Gleichmut unseres Geistes zu beweisen.

Wenn dieser Korrespondent die Art Ihres Rufes so genau gekannt hätte wie ich, so würde er gesagt haben: Ihre früheren Schriften und Taten würden Ihrer *Lebensgeschichte* und Ihrer *Kunst der Tugend* Beachtung sichern; und Ihre *Lebensgeschichte* und *Kunst der Tugend* würden wiederum die Aufmerksamkeit auf jene lenken. Dies ist ein Vorzug, welcher einem vielseitigen Charakter eigen ist und alles, was zu ihm gehört, zu höherer Geltung bringt; und es ist um so nützlicher, als wahrscheinlich mehr Personen eher die *Mittel* zur Verbesserung ihres Geistes und Charakters als die Zeit oder die Neigung dafür entbehren.

Allein, noch eine andere abschließende Erwägung, mein Herr, wird den Nutzen Ihrer Lebensgeschichte als einer bloßen Biographie dartun. Diese Art der Schriftstellerei scheint einigermaßen aus der Mode gekommen zu sein, und doch ist sie eine sehr nützliche. Ihr Vorbild darin mag besonders zweckdienlich sein, da es einen Gegenstand der Vergleichung mit den Lebensgeschichten verschiedener öffentlicher Halsabschneider und Ränkeschmiede und mit törichten mönchischen Selbstpeinigern oder eitlen literarischen Tändlern abgeben wird. Wenn Ihre Lebensbeschreibung weitere Schriften von der Art der Ihrigen hervorruft und mehr Männer veranlaßt, ein Leben zu führen, welches beschrieben zu werden geeignet ist, so wird es sämtliche Lebensbeschreibungen Plutarchs aufwiegen.

Da ich es jedoch müde bin, mir einen Charakter zu vergegenwärtigen, wovon jeder Zug nur auf einen einzigen Mann in der Welt paßt, ohne ihm die verdiente Anerkennung hierfür zu zollen, so werde ich, mein lieber Doktor Franklin, meinen Brief mit einer persönlichen Bitte an Sie selbst schließen.

Ich hege also den ernstlichen Wunsch, mein lieber Herr, Sie möchten die Welt mit den Zügen Ihres wahren Charakters bekannt machen, weil sonst bürgerliche Streitigkeiten denselben zu verstellen oder zu verleumden streben könnten. In Anbetracht Ihres hohen Alters, der Vorsicht Ihres Charakters und Ihrer eigentümlichen Denkungsart kann wahrscheinlich kein Mensch außer Ihnen die Tatsachen Ihres Lebens oder die Absichten Ihres Geistes genugsam kennen oder beherrschen.

Außer diesem allem wird die gewaltige Umwälzung des gegenwärtigen Zeitabschnitts notgedrungen unsere Aufmerksamkeit auf den Urheber derselben lenken, und wenn in derselben tugendhafte Grundsätze geltend gemacht worden sind, so wird es hochwichtig sein nachzuweisen, daß dieselben wirklich eingewirkt haben. Da Ihr eigener Charakter der vornehmlichste sein wird, an welchem eine strenge Prüfung geübt werden dürfte, so ist es schicklich (schon wegen seiner Wirkungen auf Ihr eigenes ungeheures und rasch emporstrebendes Vaterland sowie auf England und ganz Europa), daß derselbe achtbar und für immer dastehe. Ich habe immer behauptet, es sei zur Förderung menschlichen Glückes notwendig zu beweisen, daß der Mensch selbst heutzutage kein lasterhaftes und verächtliches Tier sei, und noch weit unerläßlicher zu beweisen, daß gute Führung ihn wesentlich bessern kann, und namentlich aus demselben Grunde wünsche ich dringend die Ansicht festgestellt zu sehen, daß es noch wackere Charaktere unter den Individuen der Rasse gibt, denn von dem Augenblick an, wo alle Menschen ohne Ausnahme als aufgegeben betrachtet werden, werden gute Menschen in ihren für hoffnungslos erachteten Bestrebungen innehalten und vielleicht darauf denken, sich ebenfalls ihren Anteil in der Balgerei des Lebens zu verschaffen, oder zum mindesten vorzugsweise sich selbst das Leben behaglich zu machen.

Nehmen Sie also, mein lieber Herr, dieses Werk baldmöglichst in Angriff: Zeigen Sie sich selbst so gut, so gemäßigt, wie Sie sind, und erweisen Sie sich vor allen Dingen als einen Mann, welcher von Jugend auf Gerechtigkeit, Freiheit und Eintracht in einer Weise geliebt hat, welche es für ihn zur Natur und Konsequenz machte, so gehandelt zu haben, wie wir Sie in den jüngstvergangenen siebzehn Jahren Ihres Lebens handeln sahen. Machen Sie, daß die Engländer Sie nicht allein achten, sondern Sie auch lieben. Wenn diese gut von einzelnen in Ihrer Heimat denken, so werden sie allmählich dazu kommen, auch von Ihrem Vaterland selbst gut zu denken; und wenn Ihre Landsleute sich selbst von den Engländern besser geachtet sehen, so werden sie leichter dazu kommen, wohlwollend von England zu denken. Dehnen sie sogar Ihre Absichten noch weiter aus: Begnügen Sie sich nicht mit denjenigen, welche die englische Sprache reden, sondern denken Sie daran, das ganze Menschengeschlecht zu verbessern, nachdem Sie so viele Punkte in Natur und Politik in Ordnung gebracht haben.

Da ich keinen Teil des in Rede stehenden Lebens gelesen habe, sondern nur den Charakter kenne, der es gelebt hat, so schreibe ich einigermaßen aufs Geratewohl. Ich bin jedoch überzeugt, daß die Lebensbeschreibung und der von mir angedeutete Aufsatz (über die *Kunst der Tugend*) unfehlbar meine Erwartungen in der Hauptsache erfüllen werden, und zwar um so mehr, wenn Sie Vorkehrung treffen, diese Leistungen den oben berührten verschiedenen Gesichtspunkten anzupassen. Selbst wenn sich diese als erfolglos in allem dem erweisen sollten, was einer Ihrer sanguinischen Bewunderer von ihnen hofft, so werden Sie wenigstens Bilder geschaffen haben, welche dem menschlichen Geiste Teilnahme abgewinnen; und wer nur immer dem Menschen das Gefühl eines unschuldigen Vergnügens verschafft, der hat zu der freundlichen Seite eines sonst durch Angst allzusehr verdunkelten und durch Schmerz allzusehr gepeinigten Lebens sehr viel beigetragen. In der Hoffnung also, daß Sie die in diesem Briefe Ihnen vorgetragene Bitte erhören werden, erlaube ich mir, mein teuerster Herr, mich zu nennen u.s.w.

Benjamin Vaughan

II

Dr. Franklin erhält, als Gesandter des
Americanischen FreyStaats, seine
erste Audienz in Frankreich, zu Ver=
failles. am 20ten März 1778.

Fortsetzung der Schilderung meines Lebens.
Begonnen in Passy bei Paris 1784.

*E*s ist schon geraume Zeit her, daß ich die obigen Briefe erhalten habe; ich bin jedoch bisher zu sehr beschäftigt gewesen, um an die Erfüllung der darin ausgesprochenen Bitte zu denken. Auch möchte es besser vonstatten gehen, wenn ich zu Hause unter meinen Papieren wäre, welche mein Gedächtnis unterstützen und mir die Daten genau ermitteln helfen würden. Da aber meine Rückkehr noch ungewiß ist und ich gerade jetzt einige Muße habe, will ich mir Mühe geben, mich auf das zu besinnen, was ich kann, und dasselbe niederzuschreiben. Wenn ich es noch erlebe, meine Heimat wiederzusehen, so mag es dort verbessert und ausgefüllt werden.

Da ich keine Abschrift von dem früher Niedergeschriebenen hier habe, so weiß ich nicht mehr, ob ich schon eine Schilderung von den Mitteln gegeben habe, die ich anwandte, um die öffentliche Bibliothek in Philadelphia zu gründen, welche von kleinen Anfängen aus nun so bedeutend geworden ist, obschon ich mich entsinne, daß ich bis auf die Zeit jenes Unternehmens (1730) gediehen bin. Ich will deshalb hier mit einer Schilderung desselben beginnen, welche ausgestrichen werden kann, wenn es sich ergibt, daß ich sie schon gemacht habe.

Zu der Zeit, wo ich mich in Pennsylvania niederließ, gab es keine gute Buchhandlung in irgendeiner der Kolonien südwärts von Boston. In New York und Philadelphia waren die Buchdrucker und -händler eigentlich mehr Papierhändler; sie verkauften Papier und Schreibmaterialien, Kalender, Balladen und nur einige gebräuchliche Schulbücher. Wer ein Freund des Bücherlesens war, mußte sich seine Bücher aus England kommen lassen; die Mitglieder des Junto besaßen jeder deren einige. Wir hatten das Bierhaus verlassen, wo wir anfangs zusammengekommen waren, und mieteten ein Zimmer, um unsern Klub darin zu halten. Ich machte den Vorschlag, wir sollten alle unsere Bücher in dieses Zimmer schaffen, wo wir sie nicht nur zum Nachschlagen während unsrer Versammlung zur Hand haben, sondern wo dieselben einen allgemeinen Nutzen haben würden, da sie jedem von uns Gelegenheit böten, diejenigen zu entlehnen, welche er zu Hause zu lesen wünschte. Dies geschah denn auch und genügte uns für einige Zeit. Als wir den Vorteil dieser kleinen Sammlung kennenlernten, schlug ich vor, die aus Büchern hervorgehende Wohltat allgemeiner zu machen, indem wir eine öffentliche Leihbibliothek auf Subskription errichteten. Ich setzte die Skizze des Plans und der erforderlichen Statuten auf und bewog einen erfahrenen Gerichtsschreiber, Herrn Charles Brockden, das Ganze in die Gestalt zu unterschreibender Vertragsartikel zu fassen, mittelst deren jeder Unterzeichner sich verpflichtete, eine gewisse Summe als Anzahlung für den ersten Ankauf von Büchern und einen jährlichen Beitrag zur Vermehrung derselben zu erbringen. Der Leselustigen waren damals in Philadelphia so wenige und die Mehrzahl von uns so arm, daß ich trotz aller Mühe nicht imstande war, mehr als fünfzig Personen, meist junge Handwerker, zusammenzubringen, welche geneigt waren, für diesen Zweck je vierzig Schillinge als Anzahlung und einen Jahresbeitrag von zehn Schillingen aufzubringen. Mit diesem kleinen Grundstock begannen wir. Die Bücher wurden aus England eingeführt. Die Bibliothek war einen Tag in der Woche geöffnet, um Bücher an die Subskribenten auszuleihen gegen ihre schriftliche Verpflichtung, den doppelten Wert eines Buches, falls es nicht ordnungsgemäß zurückgegeben würde, zu bezahlen. Dieses Institut bewährte seinen Nutzen bald so sehr, daß es von anderen Städten und in anderen Provinzen nachgeahmt wurde. Die Bibliotheken wurden durch Schenkungen vergrößert, das Bücherlesen kam in Mode, und da unser Volk keine öffentlichen Vergnügungen hatte, welche seine Aufmerksamkeit vom Studium ablenkten, so wurde es besser mit Büchern vertraut, und binnen weniger Jahre wurde von Fremden bemerkt, daß wir besser unterrichtet und einsichtsvoller waren, als es gewöhnlich Leute von demselben Stande in anderen Ländern sind.

Als wir im Begriff waren, die oben erwähnten Artikel zu unterzeichnen, welche uns, unsere Erben u.s.w. auf fünfzig Jahre verpflichten sollten, sagte Herr Brockden, der Schreiber, zu uns: »Ihr seid junge Männer, aber es ist kaum wahrscheinlich, daß einer von euch den Ablauf des in der Urkunde festgelegten Termins erleben wird.« Eine Anzahl von uns ist indes doch noch am Leben; allein, die Urkunde ward nach einigen Jahren aufgehoben durch eine Verfassung, welche die Gesellschaft zu einer Körperschaft machte und für die Dauer begründete.

Die Einwendungen und das Widerstreben, denen ich beim Eintreiben der Unterschriften begegnete, ließen mich bald innewerden, wie übel angebracht es sei, wenn jemand sich selbst als den Anreger irgendeines gemeinnützigen Planes darstellt, welcher mutmaßlich das Ansehen des Betreffenden auch nur im geringsten Grade über dasjenige der Nachbarn erheben kann, wenn man der Unterstützung derselben zur Vollendung jenes Vorschlags bedarf. Ich rückte mich daher soviel wie möglich aus den Augen und gab es für ein Unternehmen einer *Anzahl von Freunden* aus, welche mich gebeten hätten, herumzugehen und es denjenigen Leuten vorzuschlagen, welche sie für Freunde des Lesens hielten. Auf diese Weise ging mein Geschäft glatter vonstatten, und ich bediente mich dieses Verfahrens hernach immer bei derartigen

Gelegenheiten und kann es nach meinen häufigen Erfolgen herzlich empfehlen. Das augenblickliche kleine Opfer der Eigenliebe, welches man dabei bringt, wird später reichlich vergolten. Wenn es eine Zeitlang unbekannt bleibt, wem das eigentliche Verdienst gebührt, wird irgend jemand, der eitler als der Betreffende ist, ermutigt werden, das Verdienst zu beanspruchen, und dann wird der Neid selbst geneigt sein, dem erstern Gerechtigkeit widerfahren zu lassen, indem er jene angemaßten Federn ausreißt und sie ihrem rechtmäßigen Eigentümer zurückgibt.

Diese Bibliothek lieferte mir die Mittel, mich durch anhaltendes Studium fortzubilden, für welches ich täglich eine oder zwei Stunden freihielt, und so ersetzte ich einigermaßen den Verlust der gelehrten Erziehung, welche mir mein Vater einst zu geben beabsichtigt hatte. Lesen war das einzige Vergnügen, welches ich mir erlaubte. Ich vergeudete keine Zeit in Schenken oder mit Spielen und Lustbarkeiten irgendeiner Art, und mein Fleiß in meinem Geschäfte blieb ebenso unermüdlich, als er notwendig war. Ich hatte noch Schulden auf meiner Druckerei, hatte eine heranwachsende junge Familie zu erziehen und in meinem Geschäfte gegen zwei Buchdrucker anzukämpfen, welche sich schon vor mir am Orte niedergelassen hatten. Meine Verhältnisse wurden jedoch täglich besser. Ich setzte meine ursprünglichen genügsamen Gewohnheiten fort. Da mein Vater unter den Lehren, welche er mir in meinen Knabenjahren gegeben, mir häufig den Spruch Salomonis wiederholt hatte: »Siehst du einen Mann redlich in seinem Beruf, so soll er vor Königen stehen; er soll nicht vor gemeinen Leuten stehen«, so betrachtete ich in Folge davon den Fleiß als ein Mittel, Reichtum und Auszeichnung zu erlangen, was mich sehr ermutigte – obschon ich mir nicht träumen ließ, daß ich jemals buchstäblich vor Königen stehen sollte, was doch seitdem geschehen ist, denn ich stand seither vor fünfen und hatte sogar die Ehre, mit einem, dem König von Dänemark, zu Tische zu sitzen.

Wir haben ein englisches Sprichwort, welches lautet: »Wer vorwärts kommen will, der muß sein Weib befragen.« Ich war so glücklich, ein Weib zu besitzen, welches ebensosehr zu Fleiß und Genügsamkeit geneigt war wie ich selbst. Sie unterstützte mich willig in meinem Geschäfte, falzte und heftete Broschüren, besorgte den Laden, kaufte alte leinene Lumpen für die Papiermacher ein u.s.w. Wir hielten keine müßigen Dienstboten, begnügten uns mit der einfachsten Kost und mit den wohlfeilsten Möbeln. Mein Frühstück z. B. bestand lange Zeit nur aus Milch und Brot (nicht aus Tee), und ich verzehrte es aus einem irdenen Näpfchen für zwei Pennies mit einem zinnernen Löffel. Allein, man merke wohl, wie der Luxus in Familien einschleicht und um sich greift, trotz aller Grundsätze. Als ich eines Morgens zum Frühstück gerufen wurde, fand ich dasselbe in einer Steingutschüssel mit einem silbernen Löffel. Meine Frau hatte sie ohne mein Wissen für mich gekauft; beides hatte sie die ungeheure Summe von dreiundzwanzig Schillingen gekostet, wofür sie keine andere Entschuldigung oder Verteidigung zu machen wußte, als daß sie glaube, *ihr* Mann verdiene einen silbernen Löffel und eine Schüssel von Steingut ebensogut als irgendeiner seiner Nachbarn. Das war das erste Erscheinen von Silberbesteck und Porzellan in unserm Hause; es vermehrte sich aber im Lauf der Jahre und mit unserm zunehmenden Wohlstand allmählich auf einen Wert von mehreren hundert Pfunden.

Ich war gewissenhaft und fromm als Presbyterianer erzogen worden, und obgleich einige Dogmen jener Sekte, wie die ewigen Ratschlüsse Gottes, die Gnadenwahl, die Verwerfung etc. mir unverständlich und andere zweifelhaft erschienen und ich früh schon von den öffentlichen Versammlungen der Sekte wegblieb, weil der Sonntag der Tag meiner Studien war, so war ich doch niemals ohne einige religiöse Grundsätze. Ich bezweifelte z. B. niemals das Dasein Gottes, bezweifelte nie, daß er die Welt geschaffen habe und durch seine Vorsehung leite; daß der passendste Gottesdienst darin bestehe, den Menschen Gutes zu erweisen; daß unsere Seelen unsterblich seien und daß jedes Verbrechen seine Strafe und die Tugend ihren Lohn fände, entweder hienieden oder jenseits. Diese hielt ich für die wesentlichen Teile jeder Religion, und da sie in all den Religionen zu finden waren, welche wir in unserm Lande hatten, so achtete ich diese alle, wenn auch mit verschiedenen Graden von Hochachtung, da ich dieselben mehr oder weniger mit anderen Glaubensartikeln vermischt fand, welche – ohne irgendein Bestreben, Sittlichkeit einzuflößen, zu fördern oder zu befestigen – hauptsächlich dazu dienten, uns von einander zu trennen und gegeneinander unfreundlich zu machen. Diese Achtung für alle, samt der Ansicht, daß selbst die schlimmste noch einige gute Wirkungen habe, veranlaßte mich, allen Gesprächen auszuweichen, welche dazu beitragen konnten, die gute Meinung zu mindern, welche ein anderer von seiner Religion haben mochte; und da nun unsere Provinz an Bevölkerung zunahm und fortwährend neue Gotteshäuser notwendig wurden, die gewöhnlich aus freiwilligen Beiträgen erbaut wurden, so verweigerte ich niemals mein Scherflein für einen derartigen Zweck, was für einer Sekte derselbe auch zugute kommen mochte.

Obwohl ich selten einem öffentlichen Gottesdienste beiwohnte, hatte ich doch noch immer eine günstige Meinung von seiner Schicklichkeit und Nützlichkeit, wenn derselbe richtig geleitet wurde, und ich bezahlte regelmäßig meinen jährlichen Beitrag für die Unterhaltung des einzigen presbyterianischen Betsaals und Geistlichen, den wir in Philadelphia hatten. Der letztere pflegte mir zuweilen einen freundschaftlichen Besuch zu machen und mich zu ermahnen, daß ich auch seine Abendmahlsfeiern besuche, und ich ließ mich hie und da bewegen, dies zu tun –

einmal sogar fünf Sonntage hintereinander. Wäre er *nach meiner Ansicht* ein guter Prediger gewesen, so hätte ich meinen Besuch des Gottesdienstes vielleicht sogar fortgesetzt trotz der fördernden Gelegenheit, welche mir meine Sonntagsmuße in meinem Studienlauf gewährte; allein, seine Predigten waren vorzugsweise entweder polemische Argumente oder Erklärungen der besonderen Lehren unsrer Sekte und für mich insgesamt sehr trocken, uninteressant und unerbaulich, weil nicht ein einziger sittlicher Grundsatz eingeprägt oder geltend gemacht wurde, sie vielmehr eher darauf abzielten, uns zu Presbyterianern als zu guten Bürgern zu machen. Endlich wählte er zu seinem Text jenen 8. Vers aus dem 4. Kapitel der Epistel an die Philipper: *»Weiter, liebe Brüder, was wahrhaftig ist, was ehrbar, was gerecht, was keusch, was lieblich, was wohl lautet, ist etwa ein Lob, ist etwa eine Tugend, dem denket nach;«* und ich bildete mir ein, in einer Predigt über einen solchen Text müßten wir unfehlbar irgend etwas von Sittenlehre zu hören bekommen. Allein, er beschränkte sich nur auf fünf Punkte, welche der Apostel gemeint habe, nämlich: 1. den Sabbat heilig zu halten; 2. die heilige Schrift fleißig zu lesen; 3. den Gottesdienst gehörig zu besuchen; 4. am Sakramente teilzunehmen; 5. den Dienern Gottes die schuldige Achtung zu bezeugen. Dies mochten lauter gute Dinge sein; da sie aber nicht diejenige Art von guten Dingen waren, welche ich von jenem Texte erwartete, so verzweifelte ich, denselben jemals auf Grund eines andern Textes zu begegnen, ward verärgert und besuchte seine Predigten niemals wieder. Ich hatte einige Jahre zuvor eine kleine Liturgie oder Gebetsform für meinen eigenen Gebrauch zusammengestellt (nämlich 1728), unter dem Titel *Glaubensartikel und Religionsübungen*. Ich kehrte zu deren Benützung zurück und ging nie wieder in öffentliche Versammlungen. Mein Benehmen mag tadelnswert sein, allein ich lasse es dahingestellt sein, ohne jeden weiteren Versuch, es zu entschuldigen, denn meine gegenwärtige Absicht geht dahin, Tatsachen zu erzählen und nicht Verteidigungen für dieselben vorzubringen.

Ungefähr um diese Zeit faßte ich den kühnen und ernsten Vorsatz, nach sittlicher Vervollkommnung zu streben. Ich wünschte leben zu können, ohne irgendeinen Fehler zu irgendeiner Zeit zu begehen; ich wünschte, alles zu überwinden, wozu entweder natürliche Neigung, Gewohnheit oder Gesellschaft mich veranlassen könnte. Da ich wußte oder zu wissen glaubte, was recht und unrecht sei, so sah ich nicht ein, weshalb ich nicht *immer* das eine tun und das andere lassen können sollte. Ich fand jedoch bald, daß ich mir eine weit schwierigere Aufgabe gestellt, als ich mir eingebildet hatte. Während ich *alle Sorgfalt* aufbot, um mich vor dem einen Fehler zu hüten, ward ich häufig von einem andern überrascht; die Gewohnheit gewann die Übermacht über die Unachtsamkeit, und die Neigung war zuweilen stärker als die Vernunft. Ich kam zuletzt zu dem Schlusse, die bloße spekulative Überzeugung, daß es in unserm Interesse liege, vollkommen tugendhaft zu sein, reiche nicht hin, um uns vor dem Straucheln zu bewahren, und daß die gegenteiligen Gewohnheiten gebrochen, gute dafür erworben und befestigt werden müßten, ehe wir irgendein Vertrauen auf eine stetige gleichförmige Rechtschaffenheit des Wandels haben können. Zu diesem Zweck erfand ich mir daher nachfolgende Methode:

In den verschiedenen Aufzählungen der Tugenden und sittlichen Vorzüge, welchen ich bei meinem Lesen begegnet war, fand ich deren Verzeichnis mehr oder weniger zahlreich, je nachdem die betreffenden Schriftsteller mehr oder weniger Begriffe unter demselben Namen zusammengefaßt hatten. Die Mäßigkeit z. B. wurde von dem einen auf Essen und Trinken beschränkt, während sie von anderen soweit ausgedehnt wurde, daß sie die Mäßigung jedes andern Vergnügens, Verlangens, Gelüstes, jeder Neigung oder Leidenschaft, körperlicher wie geistiger bedeutete und sich selbst auf unsern Geiz und Ehrgeiz erstreckte. Ich nahm mir vor, zwecks größerer Deutlichkeit lieber mehr Namen anzuwenden und weniger Ideen mit jedem zu verknüpfen, als wenige Namen mit vielen Ideen. So faßte ich denn unter dreizehn Namen von Tugenden alles das zusammen, was mir zu jener Zeit als notwendig oder wünschenswert einfiel, und verband mit jedem einen kurzen Lehrsatz, welcher die volle Ausdehnung ausdrückte, die ich seiner Bedeutung gab.

Die Namen der Tugenden samt ihren Vorschriften waren:

1. Mässigkeit.

Iß nicht bis zum Stumpfsinn.
Trink nicht bis zur Berauschung.

2. Schweigen.

Sprich nur, was anderen oder dir selbst nützen kann; vermeide unbedeutende Unterhaltung.

3. Ordnung.

Laß jedes Ding seine Stelle und jeden Teil deines Geschäfts seine Zeit haben.

4. Entschlossenheit.

Nimm dir vor, durchzuführen, was du mußt; vollführe unfehlbar, was du dir vornimmst.

5. Genügsamkeit.

Mache keine Ausgabe, als um anderen oder dir selbst Gutes zu tun; d. h. vergeude nichts.

6. Fleiss.

Verliere keine Zeit; sei immer mit etwas Nützlichem beschäftigt; entsage aller unnützen Tätigkeit.

7. Aufrichtigkeit.

Bediene dich keiner schädlichen Täuschung.
Denke unschuldig und gerecht, und wenn du sprichst, so
sprich danach.

8. Gerechtigkeit.

Schade niemandem, indem du ihm unrecht tust oder die
Wohltaten unterläßt, welche deine Pflicht sind.

9. Mässigung.

Vermeide Extreme; hüte dich, Beleidigungen so übel aufzunehmen, als sie es nach deinem Dafürhalten verdienen.

10. Reinlichkeit.

Dulde keine Unreinlichkeit am Körper, an Kleidern oder
in der Wohnung.

11. Gemütsruhe.

Beunruhige dich nicht über Kleinigkeiten oder über gewöhnliche oder unvermeidliche Unglücksfälle.

12. Keuschheit.

Übe geschlechtlichen Umgang selten, nur um der Gesundheit oder der Nachkommenschaft willen, niemals bis
zur Stumpfheit, Schwäche oder zur Schädigung deines
eigenen oder eines fremden Seelenfriedens oder guten
Rufes.

13. Demut.

Ahme Jesus und Sokrates nach.

Da es meine Absicht war, mir die *Gewohnheit* aller dieser
Tugenden anzueignen, so hielt ich es für angemessen,
meine Aufmerksamkeit nicht zu zersplittern, indem ich
alles auf einmal versuchte, sondern mein Augenmerk im-

mer nur auf eine von ihnen zu gleicher Zeit zu richten und dann erst, wenn ich mich zum Herrn derselben gemacht, zu einer andern fortzuschreiten, und so fort, bis ich alle dreizehn durchgemacht haben würde. Da aber die vorherige Erwerbung einiger von diesen Tugenden die Erwerbung gewisser anderer erleichtern dürfte, so ordnete ich sie mit dieser Absicht in der Reihenfolge an, wie sie oben stehen. Die *Mäßigkeit* an der Spitze, da sie dazu dient, jene Kühle und Klarheit des Kopfes zu verschaffen, welche so unerläßlich ist, wo man beständige Wachsamkeit beobachten und auf der Hut sein muß gegen die unermüdliche Anziehungskraft alter Gewohnheiten und die Gewalt beständiger Versuchungen. Ist die Mäßigkeit erworben und befestigt, so muß das *Stillschweigen* leichter sein. Nun ging aber mein Wunsch dahin, gleichzeitig mit der Zunahme an Tugend auch Kenntnisse zu erwerben, und in der Erwägung, daß diese Kenntnisse im Gespräch leichter durch den Gebrauch des Ohrs als der Zunge erworben werden, und weil ich daher mit einer Gewohnheit zu brechen wünschte, welche ich angenommen hatte, nämlich zu schwatzen, zu witzeln und zu scherzen, was mich nur für unbedeutende Gesellschaft annehmbar machte, so räumte ich dem *Stillschweigen* die zweite Stelle ein. Ich erwartete, daß diese Tugend und die nächste, die *Ordnung*, mir mehr Zeit gestatten würden, um meinen Zielen und meinen Studien nachzugehen. Die *Entschlossenheit,* einmal zur Gewohnheit geworden, würde mich fest erhalten in meinen Bemühungen, alle die weiter folgenden Tugenden zu erringen; *Genügsamkeit* und *Fleiß* sollten mich von dem Rest meiner Schulden befreien, mir Wohlstand und Unabhängigkeit sichern und mir die Ausübung der *Aufrichtigkeit* und *Gerechtigkeit* etc. um so leichter machen. In der Annahme, daß, dem Rate des Pythagoras in seinen *Goldenen Versen* gemäß, eine tägliche Prüfung notwendig sein würde, erfand ich nachstehende Methode, um diese Prüfung durchzuführen.

Ich machte mir ein kleines Buch, worin ich jeder der Tugenden eine Seite anwies, linierte jede Seite mit roter Tinte, so daß sie sieben Spalten, für jeden Tag der Woche eine, hatte, und bezeichnete jede Spalte mit dem Anfangsbuchstaben des Tages. Diese Felder kreuzte ich mit dreizehn roten Querlinien und setzte an den Anfang jeder Linie den Anfangsbuchstaben einer der Tugenden, um auf dieser Linie und in der betreffenden Spalte durch einen schwarzen Punkt jeden Fehler anzumerken, welchen ich mir, nach genauer Prüfung meinerseits, an jenem Tag hinsichtlich der betreffenden Tugend hatte zuschulden kommen lassen.

Ich nahm mir vor, auf jede dieser Tugenden der Reihe nach eine Woche lang genau achtzugeben. So ging in der ersten Woche mein hauptsächliches Augenmerk dahin, jeden auch noch so geringen Verstoß gegen die Mäßigkeit zu vermeiden, die anderen Tugenden ihrem gewöhnlichen Schicksal zu überlassen und nur jeden Abend die Fehltritte des Tages zu verzeichnen. Wenn ich daher auf diese Weise in der ersten Woche meine erste, mit M . . . bezeichnete Linie frei von schwarzen Punkten zu halten vermochte, so nahm ich an, die gewohnheitsmäßige Ausübung dieser Tugend sei so sehr gestärkt und ihr Gegenpart so sehr geschwächt, daß ich wagen konnte, mein Augenmerk auf die Mitbeachtung der nächsten auszudehnen und für die folgende Woche beide Linien frei von Punkten zu halten. Wenn ich auf diese Weise bis zur letzten fortschritt, konnte ich in dreizehn Wochen einen vollständigen Kurs und in einem Jahre vier Kurse durchmachen. Und wie derjenige, welcher das Unkraut in einem Garten zu beseitigen hat, keinen Versuch macht, alle schlechten Gewächse auf einmal zu entfernen, was über seine Kraft und Möglichkeit hinausgehen würde, sondern immer nur an einem der Beete auf einmal arbeitet und erst nachdem er damit fertig geworden ist, ein zweites in Angriff nimmt, so hoffte ich das ermunternde Vergnügen

Form der Seiten

	S.	M.	D.	M.	D.	F.	S.
MÄSSIGKEIT. *Iß nicht bis zum Stumpfsinn, trink nicht bis zur Berauschung.*							
Mäßigkeit							
Schweigsamkeit	●●	●		●		●	
Ordnung	●	●	●		●	●	●
Entschlossenheit			●			●	
Genügsamkeit		●			●		
Fleiß			●				
Aufrichtigkeit							
Gerechtigkeit							
Mäßigung							
Reinlichkeit							
Gemütsruhe							
Keuschheit							
Demut							

zu haben, auf meinen Seiten den Fortschritt, den ich in der Tugend machte, dadurch ermitteln zu können, daß ich nach und nach meine Linien von ihren schwarzen Punkten befreite, bis ich am Ende nach einer Anzahl von Kursen so glücklich sein würde, nach einer täglichen

Selbstprüfung von dreizehn Wochen ein reines Buch zu überblicken.

Dieses mein Büchlein hatte zum Motto folgende Zeilen aus Addisons *Cato:*

Das halt' ich fest. Gibt's droben eine Macht
(Und daß dem so ist, kündet laut Natur
In ihren Werken all), so freut sie sich
Der Tugend, und der Mensch, dran sie sich freut,
Muß glücklich sein.

Sowie ein anderes Motto aus Cicero:

O vitae Philosophia dux! O virtutum indagatrix, expultrixque
vitiorum! Unus dies bene, et ex praeceptis tuis actus, peccanti
immortalitati est anteponendus.

Und endlich ein drittes aus den Sprüchen Salomonis (Kap. 3, V. 16. 17.), wo von der Weisheit oder der Tugend die Rede ist:

Langes Leben ist in ihrer rechten Hand, in ihrer Linken ist
Reichtum und Ehre. Ihre Wege sind liebliche Wege und alle ihre
Pfade Friede.

Und da ich Gott als die Quelle der Weisheit auffaßte, erachtete ich es für gerecht und notwendig, ihn um seinen Beistand zur Erlangung derselben dringend zu bitten; zu diesem Zweck verfaßte ich folgendes kleine Gebet, welches meinen Prüfungstabellen für den täglichen Gebrauch vorangestellt war:

O allmächtige Güte, mildtätiger Vater, barmherziger Führer!
Vermehre in mir jene Weisheit, welche meinen wahrsten Vorteil
erkennt! Stärke meine Entschlüsse, das zu vollbringen, was jene
Weisheit vorschreibt! Nimm meine freundlichen Dienste gegen
deine übrigen Kinder als die einzige in meinen Kräften stehende
Erwiderung für deine unaufhörlichen Gnaden gegen mich an.

Zuweilen benutzte ich auch ein kleines Gebet, welches ich aus Thomsons Gedichten nahm, nämlich:

Des Lichts und Lebens Vater, höchstes Gut!
O lehre mich, was gut ist, lehr' mich dich!
Vor Torheit, Eitelkeit, vor Laster rette mich
Und jedem niedern Trieb; erfülle meine Seele
Mit Kenntnis, Seelenfrieden, reiner Tugend,
Mit hehrem, vollem Segen, nie erlöschendem!

Da die Vorschrift der *Ordnung* verlangte, *daß jeder Teil meines Geschäfts seine zugewiesene Zeit habe,* so enthielt eine Seite in meinem Büchlein folgenden Stundenplan für die Verwendung der vierundzwanzig Stunden eines natürlichen Tages:

Der Morgen. Frage: Was werde ich heute Gutes tun?	5 6 7	Steh' auf, wasche dich, bete zum *Allmächtigen*! Richte dir das Geschäft des Tages ein und fasse deine Entschlüsse für denselben, setze das jeweil. Studium fort; u. frühstücke?
	8 9 10 11	Arbeite.
	12 1	Lies oder prüfe deine Geschäftsbücher, iß zu Mittag.
	2 3 4 5	Arbeite.
Der Abend. Frage: Was habe ich heute Gutes getan?	6 7 8 9	Bring alle Dinge wieder an ihre Stelle. Nimm das Abendbrot ein. Unterhalte dich mit Musik, Lesen, Gespräch und Zerstreuung. Prüfe den verlebten Tag.
	10 11 12 1 2 3 4	Schlafe.

Ich machte mich an die Ausführung dieses Planes zur Selbstprüfung und setzte ihn mit gelegentlichen Unterbrechungen längere Zeit fort. Zu meiner Überraschung fand ich, daß ich sehr viel mehr Fehler hatte, als ich mir eingebildet; allein, ich hatte die Genugtuung, sie abnehmen zu sehen. Um mir die Mühe zu ersparen, von Zeit zu Zeit mein Büchlein erneuern zu müssen, welches durch Ausradieren der schwarzen Punkte für die alten Fehler, um auf dem Papier Raum für die neuen in einem neuen Kurs zu schaffen, voll von Löchern wurde, übertrug ich meine Linien und Lehrsätze auf die Elfenbein-Plättchen eines Notizbuches, zog die Linien mit roter Tinte ein, welche dauernd haften blieb, bezeichnete meine Fehler mit einem schwarzen Bleistift und konnte nun die Punkte mittelst eines feuchten Schwammes leicht auswischen. Nach einiger Zeit machte ich nur einen einzigen Kurs im Jahr und später sogar nur einen in mehreren Jahren durch und unterließ dieselben endlich ganz, weil mich meine Reisen und auswärtige Geschäfte und die verschiedensten anderweitigen Störungen daran hinderten. Mein kleines Buch aber führte ich immer bei mir.

Die Rubrik für die *Ordnung* machte mir am meisten zu schaffen. Ich fand, daß sie zwar durchführbar sein mochte, wo der Beruf eines Menschen derartig ist, daß er ihm die freie Verfügung über seine Zeit läßt, wie z. B. bei einem Buchdruckergehilfen, daß sie aber unmöglich genau befolgt werden konnte von einem Geschäftsbesitzer, welcher mit der Welt verkehren und oft Geschäftsfreunde zu den ihnen genehmen Stunden empfangen mußte. Auch fand ich es außerordentlich schwer, hinsichtlich der Örtlichkeiten für allerhand Dinge, Papiere u.s.w. *Ordnung* zu erlangen. Ich war nicht von Jugend auf an *Methode* gewöhnt worden, hatte ein ausnehmend gutes Gedächtnis und war daher nicht so empfindlich gegen die Unbehaglichkeit, welche mit dem Mangel an Methode verbunden ist. Dieser Punkt kostete mich daher sehr viele schmerzliche Aufmerksamkeit. Meine Verstöße dagegen ärgerten mich so sehr, und ich machte in der Verbesserung meiner Fehler hierin so geringe Fortschritte und hatte solch häufige Rückfälle, daß ich beinahe entschlossen war, den Versuch ganz aufzugeben und mich mit einem fehlerhaften Charakter in dieser Hinsicht zu begnügen, gleich jenem Manne, welcher von seinem Nachbar, einem Schmied, eine Axt kaufte und deren ganze Oberfläche so glänzend zu haben verlangte wie die Schneide. Der Schmied willigte ein, sie für ihn blank zu schleifen, falls er ihm das Rad drehen wolle, und der Käufer drehte die Kurbel, während der Schmied die breite Fläche der Axt hart und schwer auf den Schleifstein drückte, was das Drehen desselben sehr ermüdend machte. Der Käufer kam hie und da von der Kurbel her, um zu sehen, wie die Arbeit vonstatten ging, und wollte endlich seine Axt nehmen wie sie war, ohne weiteres Schleifen. »Nein«, sagte der Schmied, »dreht den Schleifstein nur immer weiter; wir werden sie schon nach und nach blank bekommen; vorerst ist sie nur gefleckt.« – »Allerdings«, versetzte der Mann, »aber *ich glaube, eine gefleckte Axt gefällt mir am besten.*« Und dies mag meines Bedünkens auch der Fall sein bei vielen, welche in Ermangelung derartiger Mittel, wie ich sie anwandte, erlebten, wie schwer es ist, in allen möglichen Bereichen von Tugend und Laster gute Gewohnheiten anzunehmen und mit schlimmen zu brechen, und schließlich den Kampf aufgaben und zu dem Schlusse gelangten, *eine gefleckte Axt gefalle ihnen am besten.* Denn irgend etwas, was sich für Vernunft ausgab, versuchte mir hier und da den Gedanken einzugeben, daß eine solch gewissenhafte Genauigkeit, wie ich sie von mir selber verlangte, eine Art Ziererei in sittlichen Dingen sein dürfte, die mich, wenn sie bekannt würde, lächerlich machen möchte; daß ein vollkommener Charakter die unbehagliche Folge haben möchte, einen beneidet und gehaßt zu machen, und daß ein wohlwollender Mann sich selbst einige Fehler gestatten solle, um seine Freunde bei Laune zu halten.

Hinsichtlich der Ordnung fand ich mich in der Tat unverbesserlich, und nun, da ich alt und von schwachem Gedächtnis geworden bin, fühle ich den Mangel daran sehr deutlich. Wenn ich aber auch im ganzen niemals zu jener Vollkommenheit gelangte, nach welcher ich mit solchem Ehrgeiz gestrebt hatte, sondern weit hinter derselben zurückblieb, so war ich doch durch mein Streben ein besserer und glücklicherer Mensch, als ich sonst und ohne derartigen Versuch gewesen wäre; so wie jene, welche sich durch Nachahmung der in Kupfer gestochenen Vorlageblätter im Schreiben vervollkommnen wollen, zwar niemals die erstrebte Vortrefflichkeit jener Vorlageblätter erreichen, aber durch den Versuch doch ihre Handschrift verbessern, welche wenigstens leidlich wird und hübsch und leserlich bleibt.

Es mag ersprießlich sein, meine Nachkommen wissen zu lassen, daß ihr Ahnherr nächst dem Segen Gottes diesem kleinen Kunstgriff das dauernde Glück seines Lebens bis zu seinem 79. Jahr, in dem dies geschrieben wurde, verdankt. Welche widrigen Schicksale noch den Rest desselben betreffen mögen, das liegt in der Vorsehung Hand; allein, wenn solche kommen, muß das Nachdenken über das genossene vergangene Glück dazu helfen, daß er sie mit größerer Ergebung trage. Der *Mäßigkeit* mißt er seine lange andauernde Gesundheit und den ihm noch verbliebenen Rest von guter Leibesbeschaffenheit bei; dem *Fleiß* und der *Genügsamkeit* verdankt er die frühzeitige Behaglichkeit seiner Verhältnisse und die Erwerbung seines Vermögens, samt all jener Kenntnis, welche ihn in den Stand setzte, ein nützlicher Bürger zu sein, und die ihm einen gewissen Grad von Ansehen unter den Gelehrten verschaffte; der *Aufrichtigkeit* und *Gerechtigkeit* verdankt er das Zutrauen seines Landes und die Ehrenämter, die ihm dasselbe übertrug; und dem vereinigten Einfluß der ganzen Zahl der Tugenden, sogar in dem unvollkommenen Zustande, in welchem er sie sich anzueignen vermochte, den vollen Gleichmut und die Ruhe seines Wesens und jene Heiterkeit in der Unterhaltung, um derentwillen sein Umgang noch immer gesucht und sogar für seine jüngeren Bekannten angenehm ist. Ich hoffe daher, daß einige meiner Nachkommen dieses Beispiel befolgen und seinen Nutzen ernten mögen.

Es wird bemerkt werden, daß, wenn auch mein System nicht ganz ohne Religion war, doch darin keine Spur von irgendeinem der unterscheidenden Lehrsätze irgendeiner besondern Sekte vorkam. Ich hatte sie absichtlich vermieden, denn ich war vollkommen von der Nützlichkeit und den Vorzügen meiner Methode und von deren Zweckmäßigkeit für Leute aus allen Religionen überzeugt und beabsichtigte, sie über kurz oder lang im Druck herauszugeben, weshalb ich nichts darin haben mochte, was irgend jemandem aus irgendeiner Sekte ein Vorurteil dagegen beibringen könnte. Ich nahm mir vor, eine kleine Abhandlung über jede Tugend zu schreiben, worin ich die Vorteile des Besitzes derselben und die Nachteile, die ihrem entgegengesetzten Laster innewohnen, nachgewiesen haben würde, und ich würde mein Buch *Die Kunst der Tugend* betitelt haben, weil es die *Mittel* und die *Art und Weise*, um Tugend zu erlangen, dargelegt hätte, wodurch es sich unterschieden hätte von der bloßen Ermahnung, gut zu sein, welche nicht belehrt und nicht die Mittel angibt, sondern dem Manne gleicht, von welchem der Apostel (Jakobi 2, Vers 15-16) spricht, daß er die Nächstenliebe nur im Munde führe und nur ermahnt, die Nackten zu kleiden und die Hungernden zu speisen, ohne denselben zu zeigen, wo sie Kleider und Lebensmittel bekommen könnten.

Allein, es fügte sich so, daß meine Absicht, jene Abhandlung zu schreiben und zu veröffentlichen, niemals verwirklicht wurde. Ich schrieb allerdings von Zeit zu

Zeit kurze Anmerkungen über die Ansichten, Beweisführungen u.s.w. nieder, deren ich mich darin bedienen wollte, und einige derselben habe ich noch bei mir; allein, in meinen früheren Lebensjahren bin ich durch die notgedrungene gewissenhafte Aufmerksamkeit auf mein eigenes Berufsgeschäft und seither durch öffentliche Geschäfte veranlaßt worden, es hinauszuschieben, denn da es in meinem Geiste mit *einem großen und ausgedehnten Plane* zusammenhing, dessen Ausführung den ganzen Mann erforderte und dem mich zu widmen ich durch eine unvorhergesehene Reihe von Geschäften verhindert wurde, so ist es bis jetzt unvollendet geblieben.

Es war meine Absicht, in diesem Aufsatze die Lehre zu erörtern und einzuschärfen, daß lasterhafte Handlungen nicht schädlich, weil sie verboten sind, sondern daß sie verboten sind, weil sie schädlich sind, wenn man das Wesen des Menschen an sich betrachtet; daß es also im Interesse eines jeden, welcher schon in dieser Welt glücklich zu sein wünscht, liegt, tugendhaft zu sein; und ich würde mich schon aus diesem Grunde (weil es immer in dieser Welt eine Anzahl reicher Kaufleute, Edelleute, Staaten und Fürsten gibt, welche rechtschaffener Werkzeuge für die Führung ihrer Geschäfte bedürfen, und derartige Werkzeuge so selten sind) bemüht haben, junge Leute zu überzeugen, daß keinerlei Eigenschaften so geeignet seien, eines armen Mannes Glück zu machen, als diejenigen der Rechtschaffenheit und Aufrichtigkeit.

Meine Liste der Tugenden enthielt anfangs nur zwölf; als mir aber ein befreundeter Quäker den wohlwollenden Wink gegeben hatte, daß man mich allgemein für stolz halte; daß mein Stolz sich häufig in der Unterhaltung äußere; daß ich mich bei der Erörterung irgendeines Punktes nicht damit begnüge, recht zu behalten, sondern übermütig und sogar verletzend sei, wovon er mich durch Anführung mehrerer Beispiele überzeugte – so beschloß ich, mir Mühe zu geben, mich wo möglich von dieser

Untugend oder Torheit wie von den übrigen zu heilen, und ich nahm die *Demut* auch noch auf meine Liste, indem ich diesem Worte eine ausgedehnte Bedeutung gab. Ich kann mich zwar keines großen Erfolges in Erwerbung des *Wesens* dieser Tugend rühmen, dagegen gelang es mir wohl, mir den *Anschein* derselben zu geben. Ich machte es mir zur Regel, allen direkten Widerspruch gegen die Ansichten anderer und alle positive Geltendmachung meiner eigenen zu vermeiden. Den alten Gesetzen unseres Junto gemäß enthielt ich mich des Gebrauchs jedes Worts oder Ausdrucks, welcher eine feste Ansicht bedeutete, wie z. B. *gewiß, unzweifelhaft* u.s.w., und bediente mich statt derselben der Ausdrücke: *mich dünkt, ich fürchte, ich stelle mir vor,* daß eine Sache so oder so sei; oder: *mir erscheint es vorerst so.* Wenn ein anderer irgend etwas behauptete, was ich für einen Irrtum hielt, so versagte ich mir das Vergnügen, ihm schroff zu widersprechen und ihm unmittelbar irgendeine Ungereimtheit in seiner Behauptung nachzuweisen. In meiner Antwort begann ich dann mit der Bemerkung, daß in gewissen Fällen oder Umständen seine Ansicht richtig sein würde, daß aber im vorliegenden Falle mir die Sache etwas anders zu liegen *scheine* oder *dünke* u. s. w. Ich erkannte bald den Vorteil dieser meiner veränderten Handlungsweise. Die Unterhaltungen, auf welche ich mich einließ, verliefen angenehmer. Die bescheidene Weise, in welcher ich meine Ansichten geltend machte, verschaffte denselben eine bereitwilligere Aufnahme und weniger Widerspruch; ich hatte weniger Demütigung, wenn sich ergab, daß ich im Unrecht war, und ich bewog andere leichter, ihre Irrtümer aufzugeben und mir beizupflichten, wenn ich zufällig recht hatte. Dieses Verfahren, mit welchem ich anfangs der natürlichen Neigung einige Gewalt antat, wurde mir endlich so leicht und so zur Gewohnheit, daß wahrscheinlich in den letzten fünfzig Jahren niemand jemals einen dogmatischen Ausdruck von mir gehört hat. Dieser Gewohnheit verdanke ich auch meines Bedünkens (nächst meinem makellosen Rufe) es hauptsächlich, daß ich schon früh soviel Gewicht bei meinen Mitbürgern hatte, wenn ich neue Einrichtungen oder Änderungen in den alten vorschlug, und daß ich einen solchen Einfluß in öffentlichen Ratsversammlungen bekam, als ich Mitglied derselben wurde; denn ich war nur ein schlechter Redner, niemals wortgewandt, immer einem Zaudern in meiner Wahl der Worte unterworfen, selten korrekt im Ausdruck, und doch setzte ich im allgemeinen meine Vorschläge durch.

In Wirklichkeit ist vielleicht keine unserer natürlichen Leidenschaften so schwer zu überwinden wie der *Stolz*. Verhülle ihn, kämpfe mit ihm, schlage ihn nieder, ersticke ihn, demütige ihn soviel als du willst – er ist immer tätig und wird immer hier und da hervorbrechen und sich fühlbar machen. Ihr werdet es vielleicht oft in dieser Geschichte sehen, denn sogar wenn ich annehmen könnte, ich hätte ihn vollständig überwunden, würde ich wahrscheinlich auf eben diese meine Demut stolz sein.

Bis hierher geschrieben in Passy, i. J. 1784.

III

Philadelphia, Ecke Third und Market Street, 1799.

*I*ch schicke mich nun an, zu Hause zu schreiben, im August 1788, kann aber nicht die erwartete Unterstützung von meinen Papieren bekommen, weil viele derselben im Kriege verloren gegangen sind. Ich habe jedoch die nachstehenden noch gefunden.

Da ich eines *großen und umfassenden Planes,* mit dem ich mich getragen, erwähnt habe, so erscheint es mir passend, hier eine kurze Schilderung von jenem Plan und seinem Zweck zu geben. Sein erstes Auftauchen zeigt sich in der nachfolgenden kurzen Notiz, welche zufällig erhalten geblieben ist, nämlich:

BEMERKUNGEN bei der Lektüre von Geschichtswerken, am 9. Mai 1731:

»Die großen Welthändel, die Kriege, Revolutionen u.s.w. werden von Parteien herbei- und ausgeführt.«

»Der Standpunkt dieser Parteien ist ihr augenblicklicher allgemeiner Vorteil oder das, was sie dafür halten.«

»Die verschiedenen Standpunkte dieser verschiedenen Parteien veranlassen alle Verwirrung.«

»Während eine Partei einen allgemeinen Plan durchführt, hat jeder einzelne sein besonderes Interesse im Auge.«

»Sobald eine Partei ihren allgemeinen Zweck erreicht hat, wird jedes Mitglied auf seinen besondern Vorteil erpicht, welcher dann mit den Zwecken anderer sich kreuzt, in der Partei Spaltungen hervorruft und noch mehr Verwirrung veranlaßt.«

»In öffentlichen Angelegenheiten handeln nur wenige aus bloßer Rücksicht auf das Wohl ihres Landes, was sie auch immer vorschützen mögen, und wenn ihre Handlungen auch wirklich dem Lande zum Nutzen gereichen, haben die Menschen doch ursprünglich erwogen, daß ihr eigener Vorteil und derjenige des Landes eins seien; Wohlwollen war also nicht die Triebfeder ihrer Handlungsweise.«

»Noch wenigere handeln in öffentlichen Angelegenheiten mit Hinblick auf das Wohl des Menschengeschlechts.«

»Es scheint mir gegenwärtig eine herrliche Gelegenheit vorzuliegen, eine Vereinigte Tugendpartei ins Leben zu rufen, indem man die tugendhaften und guten Menschen aller Nationen in eine geregelte Körperschaft zusammenfaßt, mit angemessenen guten und weisen Vorschriften, und diese guten und weisen Männer würden wahrscheinlich einmütiger in ihrem Gehorsam gegen diese Regeln sein als gemeine Leute in ihrem Gehorsam gegen allgemeine Gesetze.«

»Ich bin gegenwärtig der Ansicht, daß, wer auch immer dies richtig versucht und hierfür geeignet ist, unzweifelhaft Gott gefallen und Erfolg haben wird.«

B. F.

Während ich mich im Geiste mit diesem Projekt beschäftigte, um es später zu verwirklichen, wenn meine Verhältnisse mir die erforderliche Muße dazu gewähren sollten, brachte ich von Zeit zu Zeit solche Gedanken, welche sich mir in betreff desselben aufdrängten, zu Papier. Die meisten derselben sind verlorengegangen; aber ich finde noch eine solche Aufzeichnung, welche darauf abzielt, der Kern eines beabsichtigten Glaubensbekenntnisses zu sein, indem sie, wie ich dachte, die wesentlichen Sätze jeder bekannten Religion enthält und frei von allem ist, was die Bekenner irgendeiner Religion verletzen könnte. Dies ist in folgenden Worten ausgedrückt:

»Es gibt einen Gott, welcher alle Dinge geschaffen hat.«

»Er regiert die Welt durch seine Vorsehung.«

»Er muß durch Andacht, Gebet und Danksagung verehrt werden.«

»Der passendste Gottesdienst aber ist, den Menschen Gutes zu tun.«

»Die Seele ist unsterblich.«

»Gott wird gewiß die Tugend belohnen und das Laster bestrafen, entweder hienieden oder im Jenseits.«

Es war meine Ansicht zu jener Zeit, daß die Sekte ihren Anfang und ihre Ausbreitung zunächst nur unter jungen und ledigen Männern finden sollte; daß jeder Aufzunehmende nicht allein seine Zustimmung zu diesem Glauben erklären, sondern sich auch mit der dreizehnwöchigen Prüfung und Ausübung der Tugenden, wie in dem oben angeführten Muster, eingeübt haben sollte; daß die Existenz einer solchen Gesellschaft geheimgehalten werden sollte, bis sie bedeutend genug geworden wäre, um Aufnahmegesuche von seiten ungeeigneter Personen zu verhindern, daß aber jedes Mitglied derselben unter seinen Bekannten nach einsichtsvollen jungen Männern von angenehmen Manieren sich umtun sollte, denen man mit gehöriger Vorsicht das System allmählich mitteilen könnte; daß die Mitglieder sich verpflichten sollten, einander gegenseitig Rat, Beistand und Unterstützung zu leihen, um sich wechselsweise in ihren Interessen, im Geschäft und Vorwärtskommen zu fördern; daß der Verein sich zur Unterscheidung die *Society of the Free and Easy* nennen sollte, da sie durch die allgemeine gewohnheitsmäßige praktische Ausübung der Tugenden von der Herrschaft des Lasters frei, und namentlich durch die Ausübung von Fleiß und Genügsamkeit frei von Schulden seien, welche einen Menschen der Gebundenheit und einer Art Sklaverei gegenüber seinen Gläubigern aussetzten. Dies ist so ziemlich alles von jenem Projekt, worauf ich mich noch besinnen kann, ausgenommen, daß ich es teilweise zwei jungen Männern mitteilte, welche es mit ziemlicher Begeisterung aufnahmen. Allein, meine damaligen beschränkten Verhältnisse und die mir obliegende Notwendigkeit, mich tüchtig um mein Geschäft zu kümmern, veranlaßten mich, die weitere Verfolgung meines Planes zu jener Zeit zu vertagen; und meine vielfachen öffentlichen und privaten Beschäftigungen bewogen mich, ihn immer weiter hinauszuschieben, so daß ich ihn unterlassen habe, bis mir nicht mehr die erforderliche

Kraft und Rührigkeit für ein derartiges Unternehmen geblieben ist. Doch bin ich immer noch der Ansicht, daß es ein ausführbares System war und sehr nutzbringend gewesen sein würde, weil es eine große Anzahl guter Bürger gebildet hätte. Auch ward ich nicht entmutigt durch die scheinbare Größe der Unternehmung, da ich immer geglaubt habe, ein Mann von leidlichen Fähigkeiten könne unter der Menschheit große Veränderungen zustande bringen und große Dinge ausführen, wenn er erst einen guten Plan entwirft, dann alle Vergnügungen und sonstigen Beschäftigungen vermeidet, die seine Aufmerksamkeit ablenken können, und die Ausführung dieses Planes zu seinem ausschließlichen Studium und Geschäft macht.

Im Jahre 1732 veröffentlichte ich zum erstenmal meinen Kalender unter dem Namen *Richard Saunders;* er wurde von mir ungefähr fünfundzwanzig Jahre lang fortgesetzt und hieß gemeinhin der *Kalender des armen Richard.* Ich gab mir Mühe, ihn sowohl unterhaltend als gemeinnützig zu machen, und er erlangte daher eine solche Nachfrage, daß er mir erheblichen Gewinn eintrug, denn ich verkaufte jährlich gegen zehntausend Exemplare. Da ich bemerkte, daß er allgemein gelesen wurde und kaum eine Niederlassung in der Provinz ohne denselben war, so betrachtete ich ihn als das geeignete Mittel zur Verbreitung von Belehrung unter dem gemeinen Volk, das kaum irgendwelche andere Bücher kaufte. Ich füllte daher alle Zwischenräume, welche zwischen den denkwürdigen Tagen in dem Kalender vorkamen, mit Sprichwörtern und kurzen Sätzen aus, namentlich mit solchen, welche Fleiß und Genügsamkeit einprägten als die Mittel, um zum Wohlstand zu gelangen und dadurch Tugend zu sichern. Es ist nämlich für einen Menschen in der Not weit schwieriger, rechtschaffen zu handeln, denn – um hier gleich eines jener Sprichwörter anzuwenden – *für einen leeren Sack ist es schwer, aufrecht zu stehen.* Diese Sprichwörter, welche die Weisheit vieler Zeitalter und Nationen enthielten, sammelte ich und verschmolz sie in eine dem Kalender von 1757 vorangestellte Abhandlung als die Rede eines weisen alten Mannes an Leute, welche einer Versteigerung beiwohnen. Die Vereinigung aller dieser zersplitterten Ratschläge in einem solchen gemeinsamen Brennpunkt setzte dieselben in den Stand, einen größern Eindruck zu machen. Der Aufsatz fand allgemeinen Beifall, wurde in alle Zeitungen des nordamerikanischen Festlandes aufgenommen, in Großbritannien auf einen Bogen in Plakatformat gedruckt, um in den Häusern aufgehängt zu werden; er wurde auch zweimal ins Französische übersetzt und in großer Menge von der Geistlichkeit und dem Adel gekauft, um unentgeltlich unter ihre armen Pächter und Pfarrkinder verteilt zu werden. Und da der Aufsatz vor unnötigen Ausgaben für überflüssige ausländische Dinge warnte, so waren viele der Ansicht, er habe in Pennsylvania wesentlich zum Zustandebringen jenes wachsenden Geldreichtums beigetragen, welcher mehrere Jahre lang nach seinem Erscheinen bemerkbar war.

Ebenso betrachtete ich meine Zeitung als ein weiteres Mittel zur Verbreitung von Belehrung, druckte in dieser Absicht darin häufig Auszüge aus dem *Spectator* und anderen moralischen Schriften ab und veröffentlichte bisweilen auch einige von meinen eigenen Aufsätzen, welche ursprünglich zum Vorlesen in unserm Junto niedergeschrieben worden waren. Unter diesen ist ein sokratisches Zwiegespräch, welches zu beweisen strebt, daß ein lasterhafter Mann, was auch immer seine Talente und seine Fähigkeit sein mögen, niemals eigentlich ein verständiger Mann genannt werden kann; und eine Abhandlung über Selbstverleugnung, welche dartut, daß die Tugend nicht eher sicher sei, als bis ihre Ausübung eine Gewohnheit geworden und bis sie frei sei von dem Widerstand entgegengesetzter Neigungen. Man kann dieselben in den zu Anfang des Jahres 1735 veröffentlichten Nummern finden. In der Führung meiner Zeitung schloß ich sorgfältig alle Verunglimpfung und persönlichen Beleidigungen aus, welche in den letzten Jahren unserem Lande so viel Schmach gebracht haben. Sooft man mir antrug, irgend etwas derartiges aufzunehmen und die Schreiber sich, wie es meist geschah, auf die Pressefreiheit beriefen und meinten, eine Zeitung sei wie eine Postkutsche, worin jeder für sein Geld ein Anrecht auf einen Platz habe, erwiderte ich, ich wolle das Schriftstück auf Verlangen separat drucken. Der Verfasser könne beliebig viele Abdrucke zu eigener Verteilung bekommen; aber ich würde mich nicht dazu hergeben, seinen herabwürdigenden Ausfall zu verbreiten, denn ich wäre mit meinen Subskribenten den Vertrag eingegangen, ihnen nur Gemeinnütziges oder Unterhaltendes zu liefern, und könne daher ihre Zeitungen nicht mit Privatzänkereien, woran sie gar keinen Anteil nähmen, füllen, ohne ihnen offenkundiges Unrecht zuzufügen. Viele unserer Buchdrucker machen sich nun gar kein Gewissen daraus, die Bosheit einzelner durch falsche Anschuldigungen der ehrenwertesten Charaktere unter uns zu befriedigen und die Feindseligkeit bis zum Hervorrufen von Duellen zu steigern, und sind überdem so unbesonnen, hämische Reflexionen über die Regierung von benachbarten Staaten und sogar über das Verhalten unserer besten nationalen Verbündeten abzudrucken, ein Verfahren, welches die schädlichsten Folgen nach sich ziehen kann. Ich erwähne diese Dinge als eine Warnung für junge Buchdrucker und um sie zu ermutigen, daß sie durch solch schändliches Treiben nicht ihre Pressen entweihen und ihr Gewerbe verunehren, sondern sich beharrlich dagegen sträuben sollen, denn sie können an meinem Beispiele sehen, daß eine solche Handlungsweise im ganzen ihre Interessen nicht schädigen wird.

Im Jahr 1733 sandte ich einen meiner Gehilfen nach Charleston in Süd-Carolina, wo es an einem Buchdrucker fehlte. Ich versah ihn mit einer Presse und Typen nach einem Gesellschaftsvertrag, kraft dessen ich ein Drittel vom Geschäftsgewinn erhalten und dafür ein Drittel der Auslagen tragen sollte. Der Mann war wohlunterrichtet und ehrlich, aber im Rechnungswesen unerfahren; er schickte mir zwar von Zeit zu Zeit Geldbeträge, aber ich konnte, solange er lebte, nie eine Abrechnung oder eine genügende Übersicht über den Stand unserer Verbindung von ihm erhalten. Nach seinem Tode wurde das Geschäft von seiner Witwe fortgesetzt, welche in Holland geboren war, wo, wie ich mir habe sagen lassen, die Kenntnis der Buchführung und des Rechnungswesens einen Teil der weiblichen Erziehung bildet. Sie schickte mir nicht nur eine so deutliche Aufstellung über die Geschäfte der Vergangenheit ein, als sie nur zu ermitteln vermochte, sondern fuhr auch fort, mir später jedes Vierteljahr mit der größten Regelmäßigkeit und Genauigkeit Rechenschaft abzulegen, und führte das Geschäft mit solchem Erfolg, daß sie nicht allein eine Familie von Kindern ehrenhaft erzog, sondern nach Ablauf der Vertragsdauer imstande war, mir die Buchdruckerei abzukaufen und dieselbe ihrem Sohn zu übergeben. Ich erwähne diesen Umstand hauptsächlich in der Absicht, diesen Zweig der Erziehung für unsere jungen Frauenzimmer zu empfehlen, weil derselbe vermutlich im Falle der Witwenschaft für sie und ihre Kinder von weit größerem Nutzen ist als Musik und Tanzen; denn er setzt sie in den Stand, vor Verlusten durch die Übervorteilung von seiten hinterlistiger Menschen bewahrt zu werden und ein nutzbringendes Handelsgeschäft mit einer festen Kundschaft solange fortzuführen, bis ein Sohn herangewachsen und tüchtig genug ist, um es zu übernehmen und zum bleibenden Nutzen und zur Bereicherung der Familie fortzusetzen.

Ungefähr um das Jahr 1734 kam aus Irland ein junger presbyterianischer Prediger namens Hemphill zu uns, welcher mit einem guten Organ und anscheinend aus dem Stegreif ganz vortreffliche Predigten vortrug, die eine bedeutende Anzahl von Zuhörern aus verschiedenen Sekten anlockten und zu gemeinsamer Bewunderung hinrissen. Auch ich wurde sein beständiger Zuhörer, denn seine Predigten gefielen mir, weil sie wenig von der dogmatischen Art hatten, sondern nachdrücklich die Ausübung der Tugend oder, wie man es im religiösen Stile nennt, der guten Werke einschärften. Diejenigen von unsrer Kongregation jedoch, welche sich als orthodoxe Presbyterianer betrachteten, mißbilligten seine Lehre und wurden unterstützt von der alten Geistlichkeit, welche ihn unter der Anklage der Ketzerei vor die Synode stellte, um ihm Schweigen aufzuerlegen. Ich wurde sein eifriger Verteidiger und trug mein möglichstes dazu bei, eine Partei zu seinen Gunsten zu gründen. So stritten wir eine Zeitlang für ihn mit einiger Hoffnung auf Erfolg. Es ward bei dieser Gelegenheit viel für und wider geschrieben, und als ich fand, daß er zwar ein gewandter Prediger, aber nur ein armseliger Schriftsteller war, lieh ich ihm meine Feder und schrieb für ihn zwei oder drei Streitschriften und einen Aufsatz in der Zeitung vom April 1735. Diese Broschüren fanden, wie dies allgemein bei Streitschriften der Fall ist, zwar zu ihrer Zeit einen gierigen Leserkreis, kamen jedoch bald aus der Mode, und ich möchte bezweifeln, ob auch nur noch ein einziges Exemplar derselben vorhanden ist.

Während des Streits schadete ein unglücklicher Vorfall der Sache Hemphills ausnehmend. Einer unserer Gegner hatte ihn eine Predigt halten hören, welche sehr bewundert wurde, und glaubte, er habe die Predigt schon irgendwo vorher ganz oder wenigstens teilweise gelesen. Bei genauem Nachsuchen fand er jenen Teil ausführlich in einer Predigt von Dr. Foster in einer der britischen Zeitschriften zitiert. Diese Entdeckung erregte bei vielen von unsrer Partei Ärgernis, so daß sie von seiner Sache abfielen, und veranlaßte unsere noch schleunigere Niederlage in der Synode. Ich hielt jedoch zu ihm, da es mir lieber war, daß er uns gute von anderen geschriebene Predigten gab als schlechte von seiner eigenen Mache, obschon das letztere bei unseren gewöhnlicheren Predigern üblich war. Er gestand mir später, daß keine der von ihm gehaltenen Predigten von ihm selbst gewesen sei, und fügte hinzu, sein Gedächtnis sei so gut, daß es ihn in den Stand setze, jede Predigt nach nur einmaligem Überlesen zu behalten und zu wiederholen. Nach unserer Niederlage verließ er uns und versuchte anderwärts sein Heil; ich aber trat aus der Kongregation aus und schloß mich ihr später nie wieder an, obwohl ich noch viele Jahre hindurch meinen Beitrag zum Unterhalt ihrer Geistlichen entrichtete.

Ich hatte im Jahr 1733 Sprachstudien begonnen und machte mich bald so sehr zum Herrn des Französischen, daß ich imstande war, ohne Mühe Bücher in dieser Sprache zu lesen. Hierauf gab ich mich an das Italienische. Ein Bekannter, welcher dasselbe ebenfalls lernte, pflegte mich oft aufzufordern, mit ihm Schach zu spielen. Da ich aber fand, daß mir dies zuviel von der Zeit wegnahm, die ich für das Studieren zu erübrigen hatte, weigerte ich mich zuletzt, weiter zu spielen, außer unter der Bedingung, daß der Sieger in jedem Spiel das Recht haben sollte, eine Aufgabe zu verhängen, die entweder in auswendig zu lernenden Teilen der Grammatik oder in Übersetzungen etc. bestand, welche Aufgaben der Besiegte auf Ehrenwort vor unserm nächsten Zusammentreffen auszuführen hatte. Da wir ziemlich gleich spielten, schlugen wir einander in jene Sprache hinein. Ich erwarb mir später mit einiger Mühe soviel Kenntnis des Spanischen, daß ich auch Bücher in dieser Sprache lesen konnte.

Ich habe bereits erwähnt, daß ich nur ein Jahr lang den Unterricht in einer lateinischen Schule genossen, und zwar als ich noch sehr jung war, worauf ich diese Sprache gänzlich vernachlässigt hatte. Nachdem ich mir aber einige Vertrautheit mit dem Französischen, dem Italienischen und Spanischen erworben hatte, fand ich zu meiner Überraschung beim Lesen eines lateinischen Testaments, daß ich weit mehr von jener Sprache verstand, als ich gedacht hatte; dies ermutigte mich, mich wieder auf das Studium derselben zu verlegen, und ich hatte einen um so größeren Erfolg, als mir die vorangegangenen Sprachen den Weg bedeutend geebnet hatten. Aus diesen Umständen habe ich geschlossen, daß in unsrer gewöhnlichen Art des Sprachunterrichts einige Inkonsequenz liegt. Man erklärt es uns für ratsam, zuerst mit dem Lateinischen zu beginnen, weil es, wenn wir uns dieses zu eigen gemacht, leichter sein werde, diejenigen neueren Sprachen zu erlernen, welche von demselben abstammen; und doch beginnen wir nicht mit dem Griechischen, um uns desto leichter das Lateinische anzueignen. Allerdings, wenn du klettern und so auf die Spitze einer Leiter gelangen kannst, ohne dich der Stufen zu bedienen, so wirst du die letzteren beim Herabsteigen noch leichter überwinden; allein, wenn du mit der untersten Stufe beginnst, wirst du sicher viel bequemer zu dem oberen Ende hinansteigen. Ich möchte es daher der Erwägung derjenigen, welche die Erziehung unserer Jugend überwachen, anheimgeben – weil viele von denen, welche mit dem Lateinischen beginnen, dasselbe wieder aufgeben, nachdem sie einige Jahre ohne sonderliche Erfolge darauf verwandt haben und das, was sie lernten, ihnen beinahe unnütz geworden ist, so daß sie ihre Zeit vergeudet haben –, ob es nicht besser gewesen wäre, wenn sie mit dem Französischen begonnen hätten, dann zum Italienischen fortgeschritten wären u.s.w., denn wenn sie dann auch, nach demselben Zeitaufwand, das Sprachstudium wieder aufgeben und niemals an das Lateinische gelangen würden, so hätten sie sich doch mit einer oder zwei Sprachen vertraut gemacht, die heutzutage im Gebrauch sind und ihnen im gemeinen Leben gute Dienste leisten dürften.

Nach zehnjähriger Abwesenheit von Boston und nachdem ich inzwischen in behagliche Verhältnisse gekommen war, machte ich eine Reise dorthin, um meine Verwandten zu besuchen, was mir früher nicht wohl möglich gewesen war. Auf dem Rückwege hielt ich in Newport und besuchte meinen Bruder, welcher mit seiner Buchdruckerei damals dort angesessen war. Unsere früheren Streitigkeiten waren vergessen, und unsre Begegnung war eine sehr herzliche und liebevolle. Es ging mit seiner Gesundheit stark zur Neige, und er bat mich dringend, im Falle seines Todes, welcher nach seinen Befürchtungen ihm nahe bevorstand, seinen damals erst zehnjährigen Sohn zu mir nach Hause zu nehmen, damit er bei mir die Buchdruckerkunst erlerne. Dies tat ich denn auch und sandte den Knaben noch einige Jahre in die Schule, bevor ich ihn in die Druckerei nahm. Seine Mutter führte das Geschäft fort, bis er erwachsen war, wo ich ihm dann mit einer Auswahl neuer Typen aushalf, da die von seinem Vater herrührenden stark abgenützt waren. Auf diese Weise vergütete ich meinem Bruder reichlich den Dienst, dessen ich ihn durch mein frühes Davonlaufen aus der Lehre beraubt hatte.

Im Jahr 1736 verlor ich einen meiner Söhne, einen hübschen vierjährigen Knaben, an den Pocken, die er auf die gewöhnliche Weise bekommen hatte. Ich bereute lange Zeit und bereue noch heute bitterlich, daß ich sie ihm nicht durch die Impfung gegeben hatte. Ich erwähne dies um solcher Eltern willen, die diese Operation unterlassen in der Annahme, sie würden es sich niemals verzeihen, wenn ihnen ein Kind dadurch stürbe. Mein Beispiel beweist, daß die Reue in beiden Fällen dieselbe sein kann und daß man daher den sicheren Weg wählen sollte.

Unser Klub, der Junto, erwies sich so nützlich und bereitete den Mitgliedern solche Befriedigung, daß mehrere den Wunsch hegten, auch ihre Freunde einzuführen, was nicht wohl geschehen konnte, ohne diejenige Zahl zu überschreiten, welche wir als eine passende vereinbart hatten, nämlich zwölf. Wir hatten es uns von Anfang an zur Regel gemacht, unsere Gesellschaft geheimzuhalten, was ziemlich gewissenhaft beobachtet wurde; unsere Absicht dabei war, der Bewerbung um Aufnahme von seiten ungeeigneter Personen auszuweichen, von denen vielleicht manche nur mit Mühe abzuweisen gewesen wären. Ich gehörte zu denjenigen, welche gegen jede Vermehrung unserer Zahl waren, aber ich brachte stattdessen einen schriftlichen Vorschlag dahingehend ein, daß jedes Mitglied für sich einen Zweitklub zu bilden sich bemühen sollte, mit denselben Regeln hinsichtlich der Fragen und Erörterungen u.s.w. und ohne seine neuen Genossen von seiner Verbindung mit dem Junto in Kenntnis zu setzen. Die vorgeschlagenen Vorteile waren: die Ausbildung so vieler weiterer junger Bürger durch die Benützung unserer Einrichtungen; unsere genauere Bekanntschaft mit den allgemeinen Ansichten der Bevölkerung bei jeder Gelegenheit, da das Mitglied des Junto die von uns gewünschten Fragen und Erörterungen vorschlagen konnte und dem Junto wieder berichten sollte, was in seinem besonderen Klub vorging; die Förderung unserer besonderer Interessen im Geschäft durch ausgedehntere Empfehlung, die Zunahme unseres Einflusses in öffentlichen Angelegenheiten und unseres Vermögens, Gutes zu stiften, indem wir die Ansichten des Junto mittelst der einzelnen Klubs verbreiteten. Der Vorschlag fand Beifall, und jedes Mitglied machte sich daran, seinen Klub zu gründen, aber es gelang nicht allen. Nur fünf oder sechs kamen zustande und gaben sich verschiedene Namen, wie z. B. der Weinstock, die Union, die Gruppe u.s.w. Sie waren sich selbst nützlich, lieferten uns eine Menge Unterhaltung, Belehrung und Auskunft und entsprachen überdem in einem ziemlich bedeutenden Grade unseren Absichten, die öffentliche Meinung bei gewissen besonderen Gelegenheiten zu beeinflussen, von denen ich einige Beispiele an den betreffenden Zeitpunkten erwähnen werde.

Meine erste Beförderung war die Erwählung zum Schriftführer der General Assembly im Jahre 1736. Die Wahl fand in jenem Jahre ohne Widerstand statt; als ich jedoch im folgenden Jahre wieder vorgeschlagen wurde (die Wahl galt, wie diejenige der Mitglieder, nur für ein Jahr), so hielt ein neues Mitglied eine lange Rede gegen mich, um irgendeinen andern Kandidaten zu begünstigen. Ich wurde jedoch wiedergewählt, was für mich um so angenehmer war, als die Stelle, außer der Bezahlung für den unmittelbaren Dienst als Schreiber, mir eine bessere Gelegenheit gab, unter den Mitgliedern ein Interesse für mich aufrechtzuerhalten, welches mir die Besorgung des Drucks der Wahlzettel, der Gesetze, des Papiergeldes und anderer gelegentlicher Druckarbeiten für die Versammlung sicherte, die im ganzen sehr gewinnbringend waren. Die Opposition dieses neuen Mitglieds, eines Mannes von Vermögen, Erziehung und solchen Talenten, welche geeignet waren, ihm mit der Zeit großen Einfluß im Hause zu verleihen, was in der Tat auch später geschah, war mir nicht sehr angenehm. Es lag jedoch nicht in meiner Absicht, seine Gunst durch irgendwelche Kriecherei zu erwerben, sondern ich schlug nach einiger Zeit folgenden andern Weg ein. Da ich gehört hatte, er besitze in seiner Bibliothek ein gewisses sehr seltenes und merkwürdiges Buch, drückte ich ihm in einer Zuschrift meinen Wunsch aus, jenes Buch zu lesen, und bat ihn um die Gefälligkeit, es mir auf einige Tage zu leihen. Er schickte es mir sogleich, und ich gab es etwa in einer Woche mit einer zweiten Zuschrift zurück, worin ich seine Gefälligkeit mit warmem Danke anerkannte. Als wir uns das nächste Mal im Hause trafen, sprach er mit mir (was er zuvor niemals getan hatte), und zwar mit ungemeiner Höflichkeit; und späterhin bewies er immer seine Bereitwilligkeit, mir bei allen Gelegenheiten gefällig zu sein, so daß wir große Freunde wurden und unsere Freundschaft bis zu seinem Tode fortbestand. Dies ist eine zweite Bestätigung der

Wahrheit eines Grundsatzes, den ich gelernt hatte und welcher besagt:

Derjenige, welcher dir einmal eine Gefälligkeit getan hat, wird weit bereitwilliger sein, dir eine zweite zu tun, als derjenige, welchen du selbst dir verpflichtet hast. Und es beweist, um wieviel nutzbringender es ist, feindseliges Gebaren klugerweise zu beseitigen, als dasselbe übel aufzunehmen, zu erwidern und fortzusetzen.

Als im Jahre 1737 Oberst Spotswood, der inzwischen verstorbene Gouverneur von Virginia und damalige Generalpostmeister, mit der Führung seines Stellvertreters in Philadelphia wegen einiger Fahrlässigkeit in der Ablieferung und der Ungenauigkeit seiner Abrechnungen unzufrieden war, nahm er demselben die Stelle ab und bot sie mir an. Ich nahm sie bereitwillig an und fand sie sehr vorteilhaft, denn wenn das Gehalt auch klein war, so erleichterte sie mir doch die Korrespondenz, welche meine Zeitung gehaltvoller machte, und erhöhte den Absatz der Nummern und die Zahl der einzurückenden Anzeigen, so daß sie mir im Lauf der Zeit ein bedeutendes Einkommen abwarf. Die Zeitung meines alten Konkurrenten nahm im selben Verhältnis ab, und ich erhielt so meine Genugtuung, ohne daß ich ihm, wie er es als Postmeister früher getan hatte, seine Weigerung, meine Zeitungen durch seine Postreiter befördern zu lassen, mit gleicher Münze vergalt. So hatte er seine Fahrlässigkeit in genauer Buchführung schwer zu büßen, und ich führe dies an als Lehre für alle jene jungen Leute, welche in der Führung von Geschäften für andere verwendet sein mögen, damit sie immer mit großer Klarheit und Pünktlichkeit ihre Rechnungen stellen und ihre Zahlungen machen. Der Ruf einer derartigen Geschäftsführung ist die gewichtigste von allen Empfehlungen zu neuen Anstellungen und zur Vermehrung des Geschäfts.

Ich begann nun meine Gedanken einigermaßen den öffentlichen Angelegenheiten zuzuwenden, jedoch anfangs nur in kleinen Dingen. Die Stadtwache war eines der ersten Dinge, welche nach meinem Dafürhalten einer Regelung bedurften. Sie wurde abwechselnd von den Konstablern der verschiedenen Stadtbezirke gehandhabt, indem der Konstabler eine Anzahl Hausväter aufbot, ihn für die Nacht zu begleiten. Wer vorzog, einen solchen Dienst niemals zu leisten, der bezahlte ihm jährlich sechs Schillinge für seine Befreiung; diese Summe war angeblich zur Stellung von Ersatzmännern bestimmt – in Wirklichkeit weit mehr, als für diesen Zweck erforderlich war – und machte so das Amt eines Konstablers zu einem sehr einträglichen. Der Konstabler sammelte oft gegen eine kleine Bewirtung ein solches Gesindel als Scharwacht um sich, daß achtbare Hausväter sich nicht unter dieselben mischen wollten. Auch der Rundgang der Wachen wurde oft vernachlässigt und die meisten Nächte mit Zechen verbracht. Ich schrieb daher einen Aufsatz, um ihn im Junto vorzulesen, setzte diese Unregelmäßigkeiten auseinander, hob aber besonders ausdrücklich die Ungleichheit jener Steuer von sechs Schillingen für den Konstabler im Vergleich zu den Verhältnissen derjenigen hervor, welche sie bezahlen mußten, weil ja eine hausbesitzende arme Witwe, deren gesamtes durch die Scharwacht zu bewachendes Vermögen vielleicht nicht den Wert von fünfzig Pfund überschritt, geradesoviel bezahlte wie der wohlhabendste Kaufmann, welcher Tausende von Pfunden in Waren in seinen Speichern hatte. Im ganzen schlug ich als eine wirksamere Wache das Dingen geeigneter Männer vor, welche dieses Geschäft beständig versehen sollten, und als einen billigeren Weg zur Aufbringung der Kosten hierfür die Erhebung einer Steuer, welche im Verhältnis zu dem Besitze stehen sollte. Da dieser Vorschlag den Beifall des Junto fand, wurde er den anderen Klubs mitgeteilt, aber so, als ob er in jedem von ihnen zuerst auftauchte, und obschon der Plan nicht unmittelbar ins Werk gesetzt wurde, bereitete er doch die öffentliche

Meinung auf diese Änderung vor und bahnte so den Weg für das Gesetz, welches einige Jahre später durchging, als die Mitglieder unseres Klubs zu größerem Einfluß gelangt waren.

Ungefähr um dieselbe Zeit schrieb ich einen Aufsatz (er sollte erst im Junto vorgelesen werden, wurde aber später im Druck herausgegeben) über die verschiedenen Unfälle und Fahrlässigkeiten, durch welche Häuser in Brand gerieten, und fügte Warnungen dagegen und Vorschläge zur Vermeidung derselben hinzu. Dieser Aufsatz wurde als sehr gemeinnützig vielfach besprochen und rief einen bald darauf erfolgenden Plan hervor, eine Gesellschaft zur rascheren Löschung der Feuersbrünste und zu gegenseitigem Beistand bei der Rettung und Bergung von gefährdeter Habe zu bilden. Es fanden sich alsbald dreißig Verbündete für dieses Vorhaben. Die Artikel unserer Satzung verpflichteten jedes Mitglied, beständig eine Anzahl lederner Eimer sowie starker Säcke und Körbe (zum Einpacken und Wegtragen der Waren) in guter Ordnung und zur Benützung bereitzuhalten, welche zu jeder Feuersbrunst mitgebracht werden sollten, und wir kamen überein, uns monatlich einmal zu versammeln und einen geselligen Abend miteinander zu verbringen, wobei solche Ansichten, welche in betreff der Feuersbrünste in uns auftauchten oder welche für unser Benehmen bei derartigen Gelegenheiten von Nutzen sein mochten, zur Erörterung und Mitteilung kommen sollten.

Die Gemeinnützigkeit dieser Einrichtung machte sich bald geltend. Da nun viel mehr Personen, als wir für eine einzige Gesellschaft ersprießlich erachteten, sich zur Aufnahme meldeten, so gaben wir ihnen den Rat, einen andern Verein zu bilden, was demgemäß auch geschah. Dieses ging so fort, indem ein neuer Verein um den andern sich bildete, bis dieselben so zahlreich wurden, daß sie die meisten Grundbesitzer unter der Einwohnerschaft umfaßten, und noch heute, wo ich dies schreibe, besteht der von mir zuerst gegründete Verein, die sogenannte Unions-Feuergesellschaft, noch und gedeiht, obwohl seit ihrer Gründung fünfzig Jahre vergangen und die ersten Mitglieder alle gestorben sind, bis auf mich und noch einen, der um ein Jahr älter ist als ich. Die kleinen Geldbußen, welche die Mitglieder für ihr Ausbleiben bei den monatlichen Versammlungen bezahlen mußten, sind zum Ankauf von Feuerspritzen, Leitern, Feuerhaken und anderen nützlichen Gerätschaften für jeden Verein verwendet worden, so daß ich bezweifeln darf, ob irgendeine Stadt der Welt besser versehen ist mit den Mitteln, um ausbrechenden Feuersbrünsten Einhalt zu tun. In der Tat hat die Stadt seit dem Bestehen dieser Einrichtungen niemals durch Brände mehr als ein oder zwei Häuser auf einmal verloren, und die Flammen sind oft gelöscht worden, bevor das Haus, worin der Brand ausbrach, halb verzehrt worden war.

Im Jahr 1739 erschien unter uns aus England Se. Hochwürden der Herr Whitefield, welcher sich als Reiseprediger dort einen Ruf gemacht hatte. Er durfte zuerst in einigen unserer Kirchen predigen, allein, die Geistlichkeit faßte einen Widerwillen gegen ihn, verweigerte ihm bald ihre Kanzeln und dies nötigte ihn, unter freiem Himmel zu predigen. Ungeheure Menschenmengen aus allen Sekten und Bekenntnissen wohnten seinen Predigten bei, und es war für mich, der ich ebenfalls zu dieser Zahl gehörte, ein Gegenstand der eifrigen Betrachtung, den außerordentlichen Einfluß seiner Beredsamkeit auf seine Zuhörer zu beobachten und zu sehen, wie sie ihn bewunderten und verehrten, obwohl er sie gewöhnlich tüchtig ausschimpfte und ihnen versicherte, sie seien von Natur aus *halbe Bestien und halbe Teufel*. Es war wunderbar, die Veränderung zu sehen, welche er bald in den Sitten unserer Bevölkerung hervorrief. Waren sie erst leichtsinnig oder gleichgültig in religiösen Dingen gewesen, so schien jetzt die ganze Welt gottselig zu werden, so daß man am Abend nicht durch die Stadt gehen konnte, ohne in verschiedenen Familien jeder Straße Psalmen singen zu hören. Da es nun unbequem gefunden wurde, sich, aller Unbill der Witterung ausgesetzt, unter freiem Himmel zu versammeln, so dachte man an die Erbauung eines Hauses für solche Versammlungen. Kaum hatte man aber diesen Vorschlag gemacht und Personen zum Empfang von Beiträgen aufgestellt, so gingen so zahlreiche Summen ein, daß man ein Grundstück kaufen und ein Gebäude errichten konnte, welches einhundert Fuß lang und siebzig Fuß breit war und etwa die Größe von Westminster Hall hatte. Die Arbeit selbst wurde mit solchem Eifer betrieben, daß sie in weit kürzerer Zeit vollendet war, als man hätte erwarten können. Sowohl Haus als Grundstück wurden der Verwaltung von Kuratoren übertragen, ausdrücklich zum Gebrauch eines jeden Predigers von irgendeiner religiösen Konfession, welcher zu der Bevölkerung von Philadelphia zu sprechen wünschen würde, denn der Zweck bei der Erbauung war nicht der, daß es irgendeiner besonderen Sekte, sondern der Einwohnerschaft im allgemeinen zugute kommen sollte, so daß selbst, wenn es dem Mufti von Konstantinopel eingefallen wäre, einen Missionar herüberzuschicken, um uns den Mohammedanismus zu predigen, derselbe eine Kanzel zu seiner Verfügung gefunden haben würde. (Da die Zuwendungen unterschiedlos von Angehörigen der verschiedensten Sekten gemacht wurden, wurde bei der Benennung der Kuratoren mit großer Sorgfalt darauf geachtet, daß nicht eine bestimmte Sekte bevorzugt wurde, und so wurde einer aus jeder Sekte benannt, also ein Mitglied der anglikanischen Kirche, ein Presbyterianer, ein Baptist, ein Mitglied der Mährischen Brüder u.s.w.).

Als Herr Whitefield uns verließ, predigte er auf dem ganzen Wege durch die Kolonien bis hinunter nach Georgia. Die Besiedelung dieser Provinz hatte erst neuerdings begonnen. Anstatt sich jedoch aus kühnen und an Arbeit gewöhnten fleißigen Landbebauern zusammenzusetzen als den einzigen Leuten, welche einem solchen Unternehmen gewachsen waren, bestanden die Ansiedler aus Familien von bankrotten Krämern und anderen zahlungsunfähigen Schuldnern; viele waren von trägen und faulen Gewohnheiten und geradeswegs aus den Gefängnissen genommen. Wenn diese sich nun in den Wäldern niederließen, waren sie für die Urbarmachung des Bodens ganz ungeeignet und außerstande, die Mühseligkeiten einer neuen Niederlassung zu ertragen, gingen in Menge zugrunde und hinterließen viele hilflose Kinder ohne Versorgung. Der Anblick ihrer armseligen Lage brachte das wohlwollende Herz des Herrn Whitefield auf den Gedanken, dort ein Waisenhaus zu erbauen, um sie darin zu verpflegen und zu erziehen. Bei seiner Rückkehr in den Norden empfahl er in seinen Predigten dieses gute Werk und veranstaltete große Sammlungen, denn seine Beredsamkeit hatte eine wunderbare Gewalt über die Herzen und Börsen seiner Zuhörer, wovon ich selbst ein Beispiel abgab. Ich mißbilligte das Vorhaben nicht. Da es jedoch damals in Georgia an Baumaterial und Arbeitern fehlte und man erwog, dieselben mit großen Kosten von Philadelphia aus dorthinzuschicken, so glaubte ich, es wäre besser gewesen, das Haus hier zu bauen und die Kinder hierherzubringen. Ich riet hierzu, allein, er beharrte auf seinem ersten Plan und verwarf meinen Rat, und ich verweigerte deshalb meinen Beitrag. Zufälligerweise wohnte ich bald darauf einer seiner Predigten bei und bemerkte im Verlauf derselben seine Absicht, sie mit einer Sammlung zu beschließen; ich nahm mir daher im stillen vor, er solle nichts von mir bekommen. Ich hatte eine Handvoll Kupfergeld, drei oder vier Silbertaler und fünf Pistolen in Gold in der Tasche. Als er weiter predigte, begann ich weich zu werden und beschloß, ihm das Kupfer zu geben. Ein weiteres Meisterstück seiner Redekunst machte, daß ich mich meines Entschlusses schämte und ihm das Silber zu geben beschloß; sein Schluß aber war so prächtig, daß ich meine ganze Tasche mit Gold und allem auf des Sammlers Teller leerte. Derselben Predigt wohnte auch ein Mitglied unseres Klubs bei, welches meine Ansichten hinsichtlich des Hauses in Georgia teilte und in dem Argwohn, es möchte vielleicht eine Sammlung beabsichtigt werden, aus Vorsicht seine Taschen geleert hatte, ehe er von zu Hause wegging. Gegen den Schluß der Predigt fühlte er aber ein lebhaftes Verlangen zu geben, wandte sich an einen neben ihm stehenden Nachbar und wollte von demselben einiges Geld zu diesem Zweck borgen. Das Anliegen war unglücklicherweise an den vielleicht einzigen Mann in der Versammlung gerichtet, welcher die Festigkeit hatte, sich nicht von dem Redner rühren zu lassen. Er antwortete daher: »Zu jeder andern Zeit würde ich dir gern Geld leihen, Freund Hopkinson, nur nicht jetzt, denn du scheinst nicht recht bei Sinnen zu sein.«

Mehrere von Herrn Whitefields Feinden gaben sich das Ansehen, als argwöhnten sie, er würde die gesammelten Gelder zu seinem eigenen Privatnutzen verwenden; allein, ich war genau mit ihm bekannt (da ich den Druck seiner Reden und Tagebücher u.s.w. besorgte) und hegte darum nicht den mindesten Verdacht gegen seine Rechtschaffenheit, sondern bin noch bis auf den heutigen Tag entschieden der Ansicht, daß er in seinem ganzen Betragen ein vollkommen *ehrlicher Mann* war. Mein Zeugnis zu seinen Gunsten muß meines Erachtens um so mehr Gewicht haben, als wir in keiner religiösen Verbindung zueinander standen. Er pflegte zwar bisweilen für meine Bekehrung zu beten, hatte aber niemals die Genugtuung, glauben zu dürfen, daß seine Gebete erhört seien. Unsere Freundschaft war eine rein private und beiderseits aufrichtige, und sie währte bis zu seinem Tode.

Folgendes Beispiel mag einigermaßen dartun, auf welchem Fuße ich mit ihm stand. Als er wieder einmal von

England nach Boston zurückgekehrt war, schrieb er mir, er werde bald nach Philadelphia kommen, wisse aber noch nicht, wo er während seines dortigen Aufenthaltes wohnen solle, da er gehört habe, daß sein alter Freund und Wirt, Herr Benezet, nach Germantown übersiedelt sei. Ich schrieb ihm als Antwort: »Sie kennen mein Haus; wenn Sie sich mit seinen dürftigen Bequemlichkeiten behelfen wollen, sollen Sie herzlich willkommen sein.« Er erwiderte: wenn ich ihm dieses freundliche Anerbieten um Christi willen mache, werde mir der Lohn dafür nicht ausbleiben. Ich entgegnete darauf: *Ich wünsche nicht mißverstanden zu werden: es geschah nicht um Christi willen, sondern um Ihretwillen.* Einer unserer gemeinsamen Bekannten bemerkte scherzweise, ich müsse wissen, daß es bei den Heiligen Gebrauch sei, wenn man ihnen irgendeine Gefälligkeit erwiesen habe, die Last der Verpflichtung dafür von ihren eigenen Schultern abzuwälzen und dem Himmel zuzuwenden – weswegen ich mich wohl bemüht hätte, sie auf der Erde zu regeln.

Meine letzte Begegnung mit Herrn Whitefield war in London, wo er mich wegen der Angelegenheit seines Waisenhauses und seines Vorhabens zu Rate zog, damit die Errichtung einer höhern Lehranstalt zu verbinden.

Er hatte eine laute helle Stimme und sprach seine Worte und Sätze so vollkommen deutlich aus, daß er in einer großen Entfernung gehört und verstanden werden konnte, namentlich da seine Zuhörer trotz ihrer Menge das peinlichste Stillschweigen beobachteten. Er predigte eines Abends von der Vortreppe des Gerichtshauses aus, das in der Mitte der Market Street und auf der Westseite der Second Street steht, welche die erstere in einem rechten Winkel kreuzt. Beide Straßen waren bis zu einer bedeutenden Entfernung hin mit seinen Zuhörern angefüllt. Da ich unter den hintersten in der Market Street stand, war ich neugierig zu erfahren, bis zu welcher Entfernung er gehört werden konnte. Ich ging also die Straße hinunter gegen den Fluß zurück und fand seine Stimme noch deutlich vernehmbar, bis ich in die Nähe der Front Street kam, wo irgendein Lärm in dieser Straße sie dämpfte. Indem ich mir nun einen Halbkreis, dessen Radius meine Entfernung von ihm wäre, vergegenwärtigte und mir denselben mit Zuhörern angefüllt dachte, deren jedem ich zwei Quadratfuß zuwies, so berechnete ich, daß er leicht von mehr als dreißigtausend Personen gehört werden konnte. Dies söhnte mich mit den Schilderungen der Zeitungen aus, daß er vor fünfundzwanzigtausend Menschen im Freien gepredigt habe, und mit den alten Geschichten von Feldherren, welche ganze Heere anredeten – woran ich bisweilen gezweifelt hatte.

Dadurch, daß ich ihn oft hörte, gelangte ich dahin, leicht zwischen neuverfaßten Predigten und solchen zu unterscheiden, die er im Verlauf seiner Reisen öfters gehalten hatte. Sein Vortrag der letzteren war durch häufige Wiederholungen so vervollkommnet, daß jeder Akzent, jeder Nachdruck, jede Modulation der Stimme so vortrefflich ausgebildet und wohl angebracht war, daß man, selbst ohne sich für den Gegenstand zu interessieren, unwillkürlich Gefallen an der Predigt finden mußte – ein Vergnügen von ungefähr derselben Art, wie wir es von einem ausgezeichneten Musikstück empfangen. Dies ist ein Vorteil, welchen Wanderprediger seßhaften voraushaben, weil letztere ihren Vortrag einer Predigt nicht wohl durch so viele Proben vervollkommnen können.

Seine ungedruckten und gedruckten Schriften lieferten von Zeit zu Zeit seinen Feinden einen großen Vorteil über ihn. Übereilte Ausdrücke und selbst irrige Ansichten im mündlichen Kanzelvortrag hätten später durch Anführung anderer , mit ihnen im Zusammenhang stehender, erläutert und gemildert oder sie hätten ganz in Abrede gestellt werden können; aber *litera scripta manet* – der geschriebene Buchstabe bleibt. Kritiker griffen seine Schriften so heftig und mit so vielem Anschein von Berechtigung an, daß die Zahl seiner Anhänger abnahm und sich nicht wieder mehren konnte. Ich bin daher der Ansicht, wenn er nie etwas geschrieben hätte, würde er eine weit zahlreichere und bedeutendere Sekte hinterlassen und sein Ruf würde sich in diesem Falle selbst nach seinem Tode noch erhöht haben, weil nichts von seinen Schriften vorhanden gewesen wäre, worauf sich ein Tadel hätte gründen und was ihm einen geringern Ruf hätte geben können. So würde es seinen Anhängern freigestanden haben, ihm eine so große Mannigfaltigkeit von Vorzügen anzudichten, als sie in ihrer begeisterten Bewunderung nur wünschen konnten, daß er wirklich besessen habe.

Mein Geschäft vergößerte sich nun zusehends und meine Verhältnisse gestalteten sich täglich angenehmer, da meine Zeitung sehr einträglich geworden war und eine Zeitlang beinahe die einzige in unserer Provinz und den benachbarten blieb. Ich erfuhr ebenfalls die Wahrheit der Beobachtung: *hat man einmal die ersten hundert Pfund angesammelt, so ist es weit leichter, das zweite Hundert zu verdienen,* weil das Geld selbst von fruchtbarer Natur ist.

Da meine Teilhaberschaft in Carolina gelungen war, so wurde ich ermutigt, mich auf andere einzulassen und mehreren meiner Arbeiter, die sich gut aufgeführt hatten, vorwärts zu helfen, indem ich sie mit Druckereien in verschiedenen Kolonien unter denselben Bedingungen etablierte wie jene in Carolina. Die meisten von ihnen fanden ihr Fortkommen und waren beim Ablauf unsrer Vertragszeit, nach sechs Jahren, imstande, mir das Geschäft abzukaufen und auf eigene Rechnung fortzusetzen, wodurch mehrere Familien gegründet und erhalten wurden. Geschäftsbeziehungen endigen oft in Händeln; allein, ich war darin glücklich, daß die meinigen alle freundlich fortgeführt wurden und endeten, was ich großenteils der Vorsicht beimessen zu dürfen glaube, daß ich in unseren Verträgen ganz deutlich alles festsetzte, was von jedem Teilhaber zu leisten oder zu erwarten war, so daß über nichts gestritten werden konnte – eine Vorsicht, die ich deshalb allen denen anempfehlen möchte, welche in eine Teilhaberschaft eintreten. Denn welche Achtung und welches Vertrauen die Geschäftsteilhaber beim Beginn der Vertragszeit auch für einander haben mögen, es können immer kleine Eifersüchteleien und Ärgernisse sowie Ansichten über Ungleichheit in der Besorgung und der Last des Geschäfts u.s.w. entstehen, welche oft den Bruch der Freundschaft und der Verbindung, vielleicht sogar Prozesse und andere unangenehme Folgen nach sich ziehen.

Ich hatte im ganzen überreiche Ursache, damit zufrieden zu sein, daß ich mich in Pennsylvania niedergelassen hatte. Nur zwei Dinge vermißte ich noch: daß es weder Vorkehrungen für Landesverteidigung noch für eine vollständige Erziehung der Jugend, d. h. keine Miliz und keine höheren Lehranstalten gab. Ich entwarf daher im Jahre 1743 einen Vorschlag zur Errichtung einer Akademie. Da ich damals den Hochwürdigen Herrn Peters, welcher eben ohne Anstellung war, zur Leitung einer derartigen Anstalt für geeignet erachtete, so teilte ich ihm meinen Plan mit. Er hatte jedoch gewinnreichere Aussichten im Dienste der Eigentümer, welche sich auch später bewährten, und lehnte daher mein Unternehmen ab. Ich kannte jedoch keine andere für einen derartigen Vertrauensposten geeignete Persönlichkeit und ließ deshalb den Plan eine Zeitlang ruhen. Im folgenden Jahr 1744 hatte ich besseren Erfolg mit dem Vorschlage und der Errichtung einer Philosophischen Gesellschaft. Der Artikel, welchen ich zu diesem Zwecke schrieb, wird unter meinen Schriften gefunden werden, wenn sie einst gesammelt sind.

Hinsichtlich der Landesverteidigung ging ich folgendermaßen zu Werke. Spanien war schon seit mehreren Jahren mit Großbritannien im Kriege und hatte sich endlich mit Frankreich verbündet, was uns in große Gefahr versetzte. Da nun die eifrigen und lange fortgesetzten Bemühungen unseres Gouverneurs Thomas sich erfolglos erwiesen und unsere Quäker-Assembly nicht zum Erlaß eines Milizgesetzes und anderer Maßregeln für die Sicherheit der Provinz bewegen konnten, so beschloß ich, einen Versuch zu machen, was durch eine freiwillige Verbindung des Volks zu machen sei. Zur Förderung dieses Zweckes schrieb und veröffentlichte ich zuerst eine Broschüre unter dem Titel *Schlichte Wahrheit,* worin ich unsere wehrlose Lage in starkem Lichte schilderte, die Notwendigkeit von Einheit und Mannszucht für unsre Verteidigung nachwies und versprach, in einigen Tagen eine Verbindung vorzuschlagen, die zu diesem Zwecke allgemein unterzeichnet werden sollte. Diese Schrift hatte eine plötzliche und überraschende Wirkung. Man verlangte von mir, ich solle den Vertrag dieser Verbindung aufsetzen. Nachdem ich also den Entwurf desselben mit einigen Freunden verfaßt hatte, lud ich zu einer Bürgerversammlung in dem schon erwähnten großen Gebäude ein. Das Haus war ziemlich voll. Ich hatte eine Anzahl gedruckter Exemplare der Erklärung vorbereitet und dafür gesorgt, daß Tinte und Federn über den ganzen Saal verteilt waren. Ich hielt eine kurze Ansprache über den Gegenstand, las den Entwurf vor, erläuterte ihn und verteilte dann die gedruckten Exemplare, welche begierig unterzeichnet wurden, ohne daß sich die geringste Einwendung erhob. Als die Versammlung auseinanderging und die Formulare gesammelt wurden, fanden wir über zwölfhundert Unterschriften, und da noch andere Exemplare auf dem Lande verteilt wurden, so belief sich die Zahl der Unterzeichner zuletzt auf zehntausend. Diese versahen sich alle so rasch wie möglich mit Waffen, ordneten sich in Kompanien und Regimenter, wählten ihre eigenen Offiziere und traten jede Woche zusammen, um sich in Handhabung der Waffen und anderen Teilen der militärischen Vorschriften unterrichten zu lassen. Die Frauen veranstalteten Sammlungen unter sich und sorgten für seidene Fahnen, welche sie den Kompanien verehrten; die verschiedenen Sinnbilder und Wahlsprüche, welche auf die Fahnen gemalt wurden, lieferte ich. Als die Offiziere der Kompanien, welche das Philadelphia-Regiment bildeten, zusammentraten, erwählten sie mich zu ihrem Oberst. Da ich mich selbst jedoch hierzu für ungeeignet erachtete, lehnte ich diese Stelle ab und empfahl Herrn Lawrence, einen stattlichen Mann von Einfluß und Ansehen, der denn auch gewählt wurde.

Ich schlug nun die Veranstaltung einer Lotterie vor, um die Kosten der Errichtung einer Batterie unterhalb der Stadt und der Ausrüstung derselben mit Kanonen aufzubringen. Das Unternehmen glückte, und die Batterie wurde bald errichtet, wobei die Zinnen aus Holzstämmen verfertigt und mit Erde ausgefüllt wurden. Wir kauften einige alte Geschütze in Boston. Da dieselben aber nicht hinreichten, so schrieben wir um weitere nach England und baten gleichzeitig unsre Eigentümer um einige Unterstützung, wiewohl ohne sonderliches Vertrauen auf den Erfolg. Mittlerweile wurden Oberst Lawrence, William Allen, Abraham Taylor und ich von den Verbündeten nach New York mit dem Auftrag geschickt, einige Kanonen vom Gouverneur Clinton zu entlehnen. Er verweigerte sie uns anfangs entschieden; allein, bei einer Mahlzeit mit seinem Rate, wobei nach damaliger Sitte tüchtig Madeirawein getrunken wurde, ließ er sich allmählich erweichen und versprach, uns sechs Kanonen zu leihen. Nach einigen weiteren Gläsern ging er bis zu zehn und endlich gestattete er uns wohlwollend deren achtzehn. Es waren sehr schöne Geschütze, Achtzehnpfünder, samt den Lafetten, welche wir bald nach Philadelphia schafften und in unserer Batterie aufpflanzten, wo die verbündete Miliz während der ganzen Dauer des Kriegs nachts die Wache bezog und ich unter den übrigen ebenfalls regelmäßig meine Wache als gemeiner Soldat tat.

Meine Rührigkeit bei diesen Vorgängen gefiel dem Gouverneur und Rate; sie zogen mich ins Vertrauen und befragten mich bei jeder Maßnahme um meine Ansicht, bei der ihre Mitwirkung für den Milizverband nützlich erachtet wurde. Ich machte ihnen den Vorschlag, die Religion zu Hilfe zu nehmen und ein Fasten auszuschreiben, um die Sinnesänderung zu fördern und den Segen des Himmels auf unser Unternehmen herabzuflehen. Sie ergriffen den Vorschlag. Da es aber das erste Fasten war, von welchem jemals in der Provinz die Rede gewesen war, hatte der Sekretär kein Vorbild, nach welchem er den Erlaß entwerfen konnte. Hier kam mir meine Erziehung in Neu-England, wo jedes Jahr ein Fasten proklamiert wird, einigermaßen zugute: ich entwarf das Ausschreiben in dem hergebrachten Stil. Es wurde ins Deutsche übersetzt, in beiden Sprachen gedruckt und durch die ganze Provinz verbreitet. Dies gab der Geistlichkeit der verschiedenen Sekten eine willkommene Gelegenheit, ihre Gemeinden zu bereden, daß sie dem Milizverbande beitraten, und dieser würde wahrscheinlich unter allen bis auf die Quäker verbreitet gewesen sein, wenn nicht der Friede bald dazwischen gekommen wäre.

Einige meiner Freunde waren der Ansicht, ich würde durch meine Tätigkeit in diesen Angelegenheiten jene Sekte beleidigen und hierdurch meinen Anhang in der Assembly der Provinz verlieren, in welcher die Quäker eine große Majorität bildeten. Ein junger Mann, welcher ebenfalls einige Freunde im Hause hatte und gern mein Nachfolger als Schreiber desselben werden wollte, ließ mich wissen, daß es beschlossen sei, mich bei der nächsten Wahl zu verdrängen, weshalb er mir gutwillig riet, meine Stelle aufzugeben, weil dies meiner Ehre zuträglicher sein würde, als wenn man mich entließe. Ich erwiderte ihm, ich hätte von einem Manne in öffentlicher Stellung gehört oder gelesen, welcher es sich zur Regel gemacht hatte, sich niemals um ein Amt zu bewerben, aber auch niemals eines auszuschlagen, wenn es ihm angeboten wurde. »Ich pflichte dieser Regel bei und werde sie, allerdings mit einem kleinen Zusatze, befolgen«, sagte ich, »ich werde mich nie um ein Amt *bewerben,* nie eins *ablehnen,* aber auch nie eins *aufgeben.* Wenn man über mein Amt als Schreiber zugunsten eines anderen verfügen will, so soll man es mir abnehmen. Ich will durch den Verzicht auf dasselbe mich nicht meines Rechts begeben, zu dieser oder jener Zeit Repressalien gegen meine Gegner auszuüben.« Ich hörte übrigens nichts mehr von diesem Konkurrenten und wurde bei der nächsten Wahl wieder wie gewöhnlich einstimmig gewählt. Vielleicht mißbilligte man meine jüngste vertraute Bekanntschaft mit den Mitgliedern des Rats, welche sich dem Gouverneur in all den Streitereien wegen der militärischen Vorbereitungen angeschlossen hatten, womit das Haus so lange gequält worden war, und man hätte es vielleicht lieber gesehen, wenn ich mich freiwillig von ihnen losgesagt hätte; allein, sie wollten mich nicht bloß wegen meines Eifers für den Milizverband meiner Stelle berauben, und sie vermochten nicht wohl, einen andern Grund anzugeben. Ich hatte in der Tat einigen Grund zu der Annahme, daß die Landesverteidigung keinem von ihnen unangenehm war, vorausgesetzt, daß man von ihnen keine Beteiligung an derselben forderte. Und ich fand, daß eine weit größere Anzahl von ihnen, als ich mir hatte träumen lassen, zwar gegen einen Offensivkrieg, aber offenbar für die Defensive war. Es erschienen mehrere Flugschriften *Für* und *Wider* über diesen Gegenstand und einige von guten Quäkern zugunsten der Verteidigung, welche nach meinem Dafürhalten die meisten von ihren jungen Männern überzeugten.

Eine Verhandlung in unserm Feuerlöschverein verschaffte mir einen Einblick in ihre vorwaltenden Ansichten. Es war beantragt worden, wir sollten den Plan der Erbauung einer Batterie dadurch unterstützen, daß wir den derzeitigen Kassenbestand, ungefähr sechzig Pfund, zum Ankauf von Losen der betreffenden Lotterie verwendeten. Nach unseren Statuten konnte über kein Geld früher verfügt werden als in der nächsten Zusammenkunft nach dem betreffenden Vorschlag. Der Verein bestand aus dreißig Mitgliedern, von welchen zweiundzwanzig Quäker waren und nur acht zu anderen Konfessionen gehörten. Wir acht besuchten pünktlich die Versammlung und glaubten zwar, es würden sich einige von den Quäkern uns anschließen, waren jedoch keineswegs einer Majorität sicher. Nur ein einziger Quäker, Herr James Morris, erschien, um gegen die Maßregel zu stimmen. Er äußerte sein Bedauern, daß der Vorschlag überhaupt gemacht worden sei, da nach seiner Ansicht die *Freunde* sämtlich dagegen seien und derselbe solche Zwietracht hervorrufen würde, daß er zur Auflösung des Vereins führen könnte. Wir erklärten ihm, daß wir hierfür keinen Grund sähen; wir seien die Minderheit, und wenn die *Freunde* gegen die Maßregel wären und uns überstimmten, so müßten und würden wir uns, dem Brauche aller Vereine gemäß, unterwerfen. Als die Stunde für die Geschäfte herankam, wurde beantragt, zur Abstimmung zu schreiten. Er räumte ein, wir dürften es den Statuten gemäß nun tun; da er uns jedoch versichern könne, daß eine Anzahl von Mitgliedern anwesend zu sein beabsichtige, um sich dem Vorschlag zu widersetzen, so würde es nur billig sein, ihnen zu ihrem Erscheinen noch einige Zeit zu lassen. Während wir uns noch darüber besprachen, kam ein Kellner und meldete mir, es seien zwei Herren unten, welche mich zu sprechen wünschten. Ich ging hinunter und fand, daß es zwei Quäker, Mitglieder unseres Vereins, waren. Sie teilten mir mit, sie seien ihrer acht in einem benachbarten Wirtshaus versammelt und entschlossen, nötigenfalls zu kommen und mit uns zu stimmen, hofften jedoch, dies werde nicht nötig werden. Sie wünschten, daß wir sie nicht zur Unterstützung aufbieten möchten, wenn wir sie entbehren könnten, da ihre

Abstimmung zugunsten einer derartigen Maßregel sie mit ihren Ältesten und Freunden überwerfen könnte. Da wir auf diese Weise einer Mehrheit sicher waren, so ging ich wieder hinauf und willigte nach einigem anscheinenden Zaudern in einen Aufschub von einer Stunde. Herr Morris gab zu, daß dies höchst billig und redlich sei. Keiner seiner opponierenden Freunde erschien jedoch, worüber er großes Erstaunen ausdrückte, und nach Ablauf der Stunde nahmen wir den Vorschlag mit acht Stimmen gegen eine an. Da nun von den zweiundzwanzig Quäkern acht mit uns zu stimmen bereit waren und dreizehn durch ihr Ausbleiben kundgaben, daß sie nicht geneigt waren, sich der Maßregel zu widersetzen, so schätzte ich später das Verhältnis der aufrichtig gegen die Verteidigung gestimmten Quäker als nur einer gegen einundzwanzig, denn diese waren lauter regelmäßige Mitglieder jenes Vereins und in gutem Ansehen in demselben sowie genau von demjenigen unterrichtet, was in jener Versammlung vorgeschlagen wurde.

Der ehrenwerte und gelehrte Herr Logan, welcher stets jener Sekte angehört hatte, schrieb unter anderem eine Ansprache an sie, worin er seine Billigung des Verteidigungskriegs erklärte und seine Ansicht mit vielen starken Beweisgründen unterstützte. Er händigte mir sechzig Pfund aus, um sie in Lotterielosen für die Batterie anzulegen, und wies mich an, die etwa auf diese Lose fallenden Preise ganz zu diesem Zwecke zu verwenden. Er erzählte mir folgende Anekdote von seinem frühern Gebieter William Penn über die Verteidigung. Er kam, noch ein junger Mann, mit jenem Eigentümer und als dessen Sekretär aus England herüber. Es war Kriegszeit, und ihr Schiff wurde von einem bewaffneten Fahrzeug verfolgt, das man für ein feindliches ansah. Ihr Kapitän machte sich zur Verteidigung fertig, äußerte aber gegenüber William Penn und seiner Gesellschaft von Quäkern, daß er nicht auf ihre Unterstützung rechne und daß sie sich in die Kajüte zurückziehen möchten, was sie denn alle taten, bis auf James Logan, welcher auf dem Deck bleiben wollte und zur Bedienung einer Kanone kommandiert wurde. Es ergab sich, daß der vermeintliche Feind ein Freund war, so daß es nicht zum Gefecht kam. Allein, als der Sekretär hinunterging, um diese Kunde mitzuteilen, tadelte ihn William Penn streng dafür, daß er, den Grundsätzen der *Freunde* zuwider, auf dem Verdeck geblieben sei und sich zur Mithilfe bei der Verteidigung des Schiffes hergegeben habe, zumal da dies nicht von dem Kapitän verlangt worden war. Dieser vor der ganzen Gesellschaft erteilte Verweis ärgerte den Sekretär, und er erwiderte: »Da ich dein Diener bin, warum hast du mir nicht befohlen, unter Deck zu gehen? Aber du warst ganz damit einverstanden, daß ich droben bleiben und das Schiff verteidigen helfen sollte, als du glaubtest, daß Gefahr vorhanden war.«

Da ich lange Jahre Mitglied der Assembly gewesen war, welche der Mehrheit nach fortwährend aus Quäkern bestand, so hatte ich häufig Gelegenheit, die Verlegenheit mit anzusehen, in welche ihre grundsätzliche Abneigung gegen den Krieg sie jedesmal brachte, wenn sie auf Befehl der Krone angegangen wurden, Unterstützungen für militärische Zwecke zu gewähren. Einerseits wollten sie die Regierung nicht durch eine direkte Verweigerung und andererseits ihre Freunde, die Gemeinschaft der Quäker, nicht durch eine Einwilligung beleidigen, welche ihren Grundsätzen zuwider lief. Hieraus entsprang eine Mannigfaltigkeit von Ausflüchten, um der Bewilligung auszuweichen, oder von Kunstgriffen, um die Einwilligung zu vermummen, wenn dieselbe unvermeidlich war. Der gewöhnliche Modus war endlich, das Geld zu bewilligen unter der Phrase, daß es *für den Gebrauch des Königs* bestimmt sei, und niemals zu fragen, wie es verwendet wurde. Wenn jedoch das Verlangen nicht direkt von der Krone kam, wurde jene Phrase nicht für so geeignet gehalten, und es mußte irgendeine andere erdacht werden.

So z. B., als es einmal an Pulver fehlte (ich glaube, es war für die Garnison in Louisburg), und die Regierung von Neu-England Pennsylvania anging, einiges zu bewilligen, was dem Hause vom Gouverneur Thomas dringend angesonnen wurde, vermochten sie kein Geld zum Ankauf von Pulver zu gewähren, weil dies ein Kriegsbedarf war. Sie bewilligten jedoch Neu-England eine Unterstützung von dreitausend Pfund, welche dem Gouverneur ausgehändigt werden sollten, und bestimmten sie für den Ankauf von Brot, Mehl, Weizen und *anderem Korn*. Einige Mitglieder des Rats wollten dem Hause noch weitere Verlegenheiten bereiten und rieten dem Gouverneur, keinen Proviant anzunehmen, weil derselbe nicht das von ihm Begehrte sei; allein, er erwiderte: »Ich werde das Geld annehmen, denn ich verstehe sehr gut, wie sie es meinen; *anderes Korn* ist Schießpulver.« Er kaufte dieses demgemäß, und sie erhoben nie Einsprache dagegen. Auf diese Tatsache spielte ich an, als wir in unserm Feuerlöschverein für den Erfolg unseres Vorschlags zugunsten der Lotterie fürchteten und ich zu einem unserer Mitglieder, meinem Freund Herrn Syng, äußerte: »Wenn wir mit unserem Vorschlag durchfallen, so laßt uns den Ankauf einer Feuerspritze mit dem Gelde beantragen; die Quäker können keinen Einwand dagegen erheben; und wenn dann Ihr mich und ich Euch zum Ausschuß für diesen Zweck ernennt, so wollen wir eine große Kanone kaufen, welche« doch gewiß auch eine *Feuerspritze* ist!« Worauf er mir erwiderte: »Ich sehe, Sie haben sich durch den langen Aufenthalt in der Assembly sehr vervollkommnet; Ihr zweideutiger Vorschlag würde just ein Seitenstück zu ihrem Weizen *oder anderem Korn* sein!«

Diese Verlegenheiten, welche die Quäker erfuhren, weil sie es als einen ihrer Grundsätze aufgestellt und öffentlich verkündigt hatten, daß keine Art von Krieg recht und gesetzmäßig sei – einen Grundsatz, welchen sie, nachdem er einmal verkündigt war, später nicht gut wieder aufgeben konnten, auch wenn sie auf andere Ansichten gekommen sein mochten –, erinnern mich an das nach meiner Ansicht klügere Benehmen einer anderen Sekte unter uns, nämlich der *Tunker*. Ich machte die Bekanntschaft eines ihrer Gründer, Michael Welfare, bald nach dem Auftreten derselben. Er beklagte sich bei mir, daß sie von den Zeloten anderer Glaubensrichtungen schändlich verleumdet und ganz abscheulicher Grundsätze und Bräuche bezichtigt würden, denen sie ganz fremd seien. Ich sagte ihm, dies sei stets mit neuen Sekten der Fall gewesen, und um einem derartigen Mißbrauch zu begegnen, dürfte es meines Erachtens geraten sein, die Glaubensartikel und die Regeln ihrer Sekte zu veröffentlichen. Er erwiderte mir, dieser Vorschlag sei in ihrer Mitte schon gemacht, aber nicht angenommen worden, und zwar aus folgendem Grunde. »Als wir uns zuerst als Religionsgemeinschaft zusammentaten«, sagte er, »da hatte es Gott beliebt, unsern Geist soweit zu erleuchten, um uns einsehen zu lassen, daß einige Lehren, welche wir früher für Wahrheit gehalten hatten, Irrtümer, und daß andere, die wir für Irrtümer angesehen hatten, wirkliche Wahrheiten waren. Von Zeit zu Zeit hat es dem Herrn beliebt, uns weitere Erleuchtung zu gewähren; unsere Grundsätze vervollkommneten und unsere Irrtümer verminderten sich. Nun sind wir aber nicht gewiß, daß wir schon am Ende dieses Voranschreitens und bei der Vollkommenheit geistlichen oder theologischen Wissens angekommen sind. Wir fürchten vielmehr, daß, wenn wir unser Glaubensbekenntnis erst einmal drucken ließen, wir uns durch dasselbe gleichsam gebunden und eingeschränkt fühlen und vielleicht abgeneigt werden würden, eine weitere Vervollkommnung anzunehmen, und daß es unseren Nachkommen in noch weit stärkerem Maße so gehen würde, weil sie annehmen würden, daß das, was wir Älteren und Gründer getan haben, etwas Geheiligtes sei, wovon niemals abgewichen werden dürfe.« Diese Bescheidenheit einer Sekte ist wahrscheinlich ein einmaliges Beispiel in der Geschichte der Menschheit, da jede andere Sekte sich selbst im Besitze aller Wahrheit und die Andersdenkenden als die in der Irre Wandernden ansieht; wie ein bei nebeligem Wetter Reisender die Leute in einiger Entfernung vor sich, hinter sich und zu beiden Seiten auf den Feldern in Nebel gehüllt erblickt, während ihm seine nächste Umgebung ganz klar erscheint, obwohl er selbst in Wahrheit ebensosehr im Nebel ist als irgendeiner von den anderen. Um derartigen Verlegenheiten auszuweichen, haben die Quäker in den jüngsten Jahren allmählich den Dienst in der Assembly und in der Magistratur abgelehnt und lieber auf ihren Einfluß als auf ihre Grundsätze verzichtet.

Der Zeitfolge wegen hätte ich schon vorher erwähnen sollen, daß ich im Jahr 1742 einen offenen Ofen zu verbesserter Zimmerheizung und gleichzeitiger Ersparnis an Brennstoffen, weil die zutretende frische Luft bei ihrem Eintreten erwärmt wurde, erfunden und das Modell davon Herrn Robert Grace, einem meiner Jugendfreunde, geschenkt hatte, und daß dieser, als Besitzer eines Hochofens, mit dem Guß der Eisenplatten für diese Öfen ein sehr einträgliches Geschäft machte, da eine steigende Nachfrage nach denselben sich ergab. Zur Förderung dieser Nachfrage verfaßte und veröffentlichte ich eine Flugschrift unter dem Titel: *Eine Beschreibung der neuerfundenen Pennsylvanischen Feuerherde, worin ihre Einrichtung und die Art ihrer Bedienung ausführlich erklärt, ihre Vorzüge vor jeder andern Art der Zimmerheizung nachgewiesen und alle gegen den Gebrauch derselben erhobenen Einwendungen beantwortet und widerlegt werden u.s.w.* Diese Flugschrift hatte eine günstige Wirkung. Gouverneur Thomas war von der darin geschilderten Bauart so sehr befriedigt, daß er sich erbot, mir ein Patent für den alleinigen Verkauf derselben auf eine Reihe von Jahren zu geben. Ich lehnte dies jedoch aus einem Grundsatz ab, der in derartigen Fällen bei mir stets von Gewicht gewesen ist, nämlich, *da wir auch aus den Erfindungen anderer große Vorteile ziehen, so sollten wir uns über eine Gelegenheit, anderen durch irgendeine Erfindung von uns zu dienen, freuen und ihnen diese freiwillig und großmütig zugute kommen lassen.* Ein Londoner Eisenhändler bemächtigte sich jedoch eines Teils meiner Flugschrift, arbeitete ihn in eine eigene ein, machte einige kleine Veränderungen an der Maschine, welche ihrer Wirksamkeit eher schadeten, erhielt dafür in England ein Patent und soll damit, wie ich höre, ein kleines Vermögen erworben haben. Dies ist nicht der einzige Fall, daß Patente für meine Erfindungen durch andere genommen wurden, obwohl nicht immer mit demselben Erfolg, wogegen ich niemals Einsprache erhob, da ich nicht selber Nutzen aus Patenten ziehen wollte und Zänkereien haßte. Die Verwendung dieser Öfen in sehr vielen Häusern in dieser und in den benachbarten Kolonien gewährte und gewährt übrigens noch der Bevölkerung eine große Holzersparnis.

Da nun der Friede geschlossen und die Geschäfte des Wehrverbandes zu Ende waren, wandte ich meine Gedanken wieder dem Vorhaben der Errichtung einer Akademie zu. Mein erster Schritt hierin war, mich in dieser Absicht mit einer Anzahl rühriger Freunde zu verbinden, zu welcher der Junto eine ziemliche Anzahl lieferte; der nächste war die Abfassung und Veröffentlichung einer Flugschrift unter dem Titel: *Vorschläge zur Erziehung der Jugend in Pennsylvania.* Diese verteilte ich unentgeltlich unter die angesehensten Einwohner und brachte dann, sobald ich ihre Ansichten durch die Lektüre derselben als einigermaßen vorbereitet annehmen konnte, eine Subskription zur Eröffnung und Unterhaltung einer Akademie in Gang. Die Anteile sollten in fünf jährlichen Raten gezahlt werden, denn durch eine derartige Teilung mußten nach meinem Dafürhalten die Subskriptionen reichlicher ausfallen, was meines Wissens auch der Fall war, da sie, wenn ich mich recht erinnere, sich auf nicht weniger als fünftausend Pfund beliefen. In der Einleitung zu diesen Vorschlägen bezeichnete ich deren Veröffentlichung nicht als mein Werk, sondern als dasjenige einiger *um das Gemeinwohl besorgter Herren* und vermied es, meiner gewohnten Regel gemäß, soviel wie möglich, mich dem Publikum als Urheber irgendeines auf sein Wohl abzielenden Planes vorzustellen.

Die Unterzeichner wählten zur unverzüglichen Verwirklichung des Projekts aus ihrer Mitte vierundzwanzig Kuratoren und beauftragten den damaligen Kronanwalt Herrn Francis und mich mit der Entwerfung von Statuten über die Leitung der Akademie. Als diese ausgefertigt und unterzeichnet waren, wurde ein Haus gemietet, Lehrer wurden angestellt, und die Schule, soviel ich mich entsinne, noch im selben Jahr 1749 eröffnet. Da sich die Zahl der Schüler rasch steigerte, so erwies sich das Haus bald als zu klein. Wir waren gerade im Begriff, uns nach einem geeigneten Grundstück umzusehen, in der Absicht, darauf zu bauen, als uns die Vorsehung ein großes, schon fertig gebautes Haus in den Weg führte, welches mit wenigen Abänderungen unserem Zwecke wohl entsprechen konnte. Dies war das schon erwähnte, von den Zuhörern des Herrn Whitefield errichtete Gebäude, welches wir in folgender Weise für uns erwarben.

Ich muß hier bemerken, daß, weil die Beiträge zu diesem Gebäude von Leuten verschiedener Sekten geleistet worden waren, man bei der Ernennung der Kuratoren, auf welche das Gebäude und Grundstück eingetragen werden sollte, Sorge getragen hatte, nicht einer einzelnen Sekte das Übergewicht zu geben, damit dieses Übergewicht nicht dazu führen könne, gegen die ursprüngliche Absicht das Ganze der Nutznießung eben dieser Sekte zu überlassen. Aus diesem Grunde wurde aus jeder Sekte ein Vertreter gewählt, nämlich einer von der englischen Hochkirche, ein Presbyterianer, ein Baptist, ein Herrnhuter u.s.w., und bestimmt, daß im Todesfalle die Stelle durch Wahl unter den Beitragenden wieder besetzt werden solle. Zufällig behagte der Herrnhuter seinen Kollegen nicht, und sie beschlossen bei seinem Tode, keinen andern aus dieser Sekte mehr aufzunehmen. Nun aber ergab sich die Schwierigkeit, wie man es vermeiden sollte, mittelst der neuen Wahl zwei von irgendeiner andern Sekte zu bekommen. Mehrere Personen wurden vorgeschlagen und fanden aus jenem Grunde keinen Anklang. Endlich nannte jemand mich mit der Bemerkung, daß ich einfach ein rechtschaffener Mann sei und gar keiner Sekte angehöre, und dies bestimmte die anderen, mich zu wählen. Die Begeisterung von damals, als das Haus gebaut wurde, hatte sich schon längst gelegt, und seine Kuratoren waren nicht imstande gewesen, neue Beiträge zur Bezahlung des Grundzinses und zur Tilgung einiger anderer, durch das Gebäude veranlaßter Schulden aufzubringen, was sie sehr in Verlegenheit setzte. Da ich nun Mitglied beider Kuratorien, desjenigen für das Gebäude und desjenigen für die Akademie war, so hatte ich eine günstige Gelegenheit, mit beiden zu unterhandeln, und brachte sie endlich zu einem Abkommen, kraft dessen die Kuratoren für das Gebäude dasselbe den Kuratoren der Akademie abtreten sollten, wogegen diese sich verpflichteten, die Schuld abzutragen, in dem Gebäude immer einen großen Saal für gelegentliche Prediger, der ursprünglichen Absicht gemäß, offenzuhalten und eine Freischule für den Unterricht armer Kinder zu errichten. Hierüber wurden schriftliche Verträge aufgesetzt und nach Bezahlung der Schulden die Kuratoren der Akademie in den Besitz des Anwesens eingewiesen. Man teilte die große hohe Halle in Stockwerke, richtete verschiedene Gemächer oben und unten für die einzelnen Abteilungen ein, kaufte noch etwas Grund und Boden dazu und machte so das Ganze bald für unsere Zwecke tauglich, worauf die Schüler in das Gebäude übersiedelten. Die Sorge und Mühe der Verträge mit den Handwerkern, des

Ankaufs der Baumaterialien und der Überwachung der Arbeit fiel mir zu. Ich unterzog mich derselben jedoch um so lieber, als dies mich damals nicht in meinem eigenen Geschäfte hinderte, da ich das Jahr zuvor einen sehr geschickten, fleißigen und rechtschaffenen Teilhaber, Herrn David Hall, angenommen hatte, mit dessen Charakter ich genau bekannt war, da er vier Jahre lang bei mir gearbeitet hatte. Er enthob mich aller Sorge für die Buchdruckerei und bezahlte mir pünktlich meinen Anteil am Gewinn. Diese Partnerschaft währte mit großem Erfolg für uns beide volle achtzehn Jahre.

Die Kuratoren der Akademie wurden nach einiger Zeit durch eine Gründungsurkunde des Gouverneurs zu einer Körperschaft erhoben, ihre Mittel durch Beiträge aus England und durch Abtretungen von Land seitens der Eigentümer vermehrt, welchen die Assembly seither noch bedeutende Schenkungen hinzufügte, und so wurde die gegenwärtige Universität von Philadelphia errichtet. Ich bin von ihrem Beginn an, nun beinahe vierzig Jahre lang, einer ihrer Kuratoren gewesen und habe das sehr große Vergnügen gehabt, eine Anzahl der jungen Leute, welche ihre Erziehung an derselben erhalten haben, sich durch ihre vervollkommneten Fähigkeiten auszeichnen, in öffentlichen Stellungen sich nützlich machen und als Zierden ihres Vaterlandes dastehen zu sehen.

Als ich mich, wie oben erwähnt, vom Privatgeschäft losmachte, schmeichelte ich mir, durch das hinreichende, obwohl mäßige Vermögen, welches ich mir erworben hatte, mir für den Rest meines Lebens Muße zu naturwissenschaftlichen Studien und Unterhaltungen erworben zu haben. Ich kaufte den ganzen Apparat des Dr. Spence, welcher aus England herübergekommen war, um hier Vorlesungen zu halten, und setzte meine elektrischen Versuche mit großem Eifer fort; allein, das Publikum betrachtete mich jetzt als einen Mann von Muße und nahm mich für seine Zwecke in Beschlag, indem jeder Zweig unserer

Zivilverwaltung, und zwar beinahe gleichzeitig, mir irgendeine Pflicht auferlegte. Der Gouverneur schickte mich in die Friedenskommission; die Stadtkorporation erwählte mich zum Gemeinderat und bald darauf zum Ratsherrn; und die gesamte Bürgerschaft erwählte mich zum Abgeordneten, um sie in der Assembly zu vertreten. Letzterer Posten war mir um so angenehmer, als ich es nachgerade müde war, dort zu sitzen und Debatten anzuhören, an denen ich als Schreiber keinen Anteil nehmen konnte und welche oft so wenig unterhaltend waren, daß ich mich veranlaßt sah, zu meinem Vergnügen magische Vierecke oder Kreise zu zeichnen oder irgend etwas zu tun, um die Ermüdung zu vermeiden. Ich redete mir ferner ein, meine Ernennung zum Mitglied würde meine Fähigkeit, Gutes zu tun, erweitern. Ich möchte übrigens nicht den Anschein erwecken, als ob mein Ehrgeiz sich durch alle diese Beförderungen nicht geschmeichelt gefühlt habe. Dies war in der Tat der Fall, denn jene Beförderungen waren in Anbetracht meines niedrigen Ursprungs große Dinge für mich und dadurch noch viel angenehmer, daß sie eben alle freiwillige Zeugnisse der öffentlichen Achtung waren und ich sie nicht von mir aus angestrebt hatte.

Mit dem Amt eines Friedensrichters machte ich einen ersten Versuch, indem ich einigen Gerichtstagen beiwohnte und auf der Richterbank saß, um Rechtsfälle anzuhören. Da ich jedoch fand, daß mehr Kenntnis des gemeinen Rechts, als ich besaß, dazu gehörte, um in dieser Stellung mit Ehre zu dienen, so zog ich mich allmählich davon zurück mit der Entschuldigung, daß ich den höheren Pflichten eines Gesetzgebers in der Assembly nachkommen müsse. Meine Erwählung zu diesem Vertrauensposten wurde zehn Jahre lang alljährlich wiederholt, ohne daß ich jemals irgendeinen Wähler um seine Stimme anging, noch auch direkt oder indirekt irgendeinen Wunsch äußerte, gewählt zu werden. Als ich meinen Sitz im Hause einnahm, wurde mein Sohn zum Schreiber desselben bestellt.

Als im darauffolgenden Jahre ein Vertrag mit den Indianern in Carlisle abgeschlossen werden sollte, schickte der Gouverneur eine Botschaft an das Haus und schlug vor, dasselbe solle einige seiner Mitglieder bezeichnen, welche sich einigen Mitgliedern des Rates als Kommissare zu diesem Zweck anschließen sollten. Das Haus ernannte den Sprecher (Herrn Norris) und mich. Wir reisten, nachdem wir unsere Bestallungen erhalten hatten, nach Carlisle ab und trafen demgemäß mit den Indianern zusammen. Da diese Menschen ausnehmend zum Trunke geneigt und in diesem Zustande sehr händelsüchtig und unbotmäßig sind, so verboten wir den Verkauf von Branntwein an dieselben streng. Als sie sich dann über diese Beschränkung beschwerten, erklärten wir ihnen, falls sie während der Unterhandlungen nüchtern bleiben würden, wollten wir ihnen nach Erledigung des Geschäfts Rum genug geben. Sie versprachen dies und hielten ihr Versprechen, weil sie keinen Branntwein bekommen konnten; die Unterhandlungen wurden daher ganz ordentlich geführt und endeten zu gegenseitiger Zufriedenheit. Jetzt verlangten und erhielten sie den Rum. Es war am Nachmittag. Sie waren zusammen beinahe hundert Köpfe an Männern, Weibern und Kindern und wohnten in provisorischen Hütten, welche außerhalb der Stadt in Gestalt eines Vierecks errichtet waren. Am Abend hörten wir einen furchtbaren Lärm unter ihnen, und die Kommissare gingen hinaus, um zu sehen, was es denn gebe. Wir fanden, daß sie ein großes Freudenfeuer in der Mitte des Vierecks angezündet hatten; sie waren alle betrunken, Männer wie Weiber, und zankten und rauften miteinander. Ihre halbnackten dunklen Körper, die man nur beim düsteren Schein des Feuers sah, wie sie hintereinander herrannten und sich unter scheußlichem, gellendem Geschrei mit brennenden Holzscheiten prügelten, bildeten einen Auftritt, wie er unseren Vorstellungen von der Hölle nicht treffender entsprechen konnte. An eine Dämpfung des Aufruhrs war nicht zu denken, so daß wir uns in unsere Wohnung zurückzogen. Um Mitternacht kam ein Haufe von ihnen vor unsere Tür, pochte stürmisch an dieselbe und verlangte noch mehr Rum, wovon wir aber keine Notiz nahmen. Am andern Tage empfanden sie wohl, daß sie sich schlecht benommen hatten, indem sie uns diese Störung bereitet hatten, und sandten drei von ihren alten Räten, um sich zu entschuldigen. Der Sprecher derselben gestand den Fehler zu, schrieb ihn aber dem Rum zu und bemühte sich dann, den Rum zu entschuldigen, indem er sagte: *»Der Große Geist, der alle Dinge schuf, machte jedes Ding für irgendeinen Gebrauch, und zu welchem Gebrauch er auch einen Gegenstand bestimmte, so sollte derselbe auch immer verwendet werden. Als er nun den Rum schuf, sagte er: ›Das ist für die Indianer, um davon betrunken zu werden!‹ Daher muß es so sein.«* Und in der Tat, wenn es die Absicht der Vorsehung ist, diese Wilden auszurotten, um für die Bebauung des Bodens Raum zu schaffen, so ist es mir nicht unwahrscheinlich, daß hierzu der Rum das geeignete und bestimmte Mittel sein mag. Er hat bereits alle diejenigen Stämme ausgerottet, welche früher die Meeresküste bewohnten.

Im Jahr 1751 kam Dr. Thomas Bond, ein besonderer Freund von mir, auf den Einfall, ein Hospital in Philadelphia für die Aufnahme und Behandlung armer kranker Personen, sowohl Einwohner der Provinz als Fremde, zu errichten (ein sehr wohltätiges Vorhaben, welches mir zugeschrieben worden ist, aber ursprünglich von ihm herrührt). Er entfaltete die eifrigste und rührigste Tätigkeit, um Unterschriften dafür aufzutreiben, allein, da der Vorschlag für Amerika noch etwas ganz Neues war und anfangs nicht richtig verstanden wurde, so hatte er nur geringen Erfolg. Endlich kam er zu mir mit dem Kompliment, er finde, daß sich kein gemeinnütziges Unternehmen ohne meine Beteiligung durchführen lasse, »denn«, sagte er, »ich werde oft von denjenigen, welche ich um ihre Unterschriften angehe, gefragt: ›Haben Sie schon Franklin über den Gegenstand zu Rate gezogen? und was hält er davon?‹ Und wenn ich den Leuten dann sage, daß ich noch nicht mit Ihnen darüber gesprochen habe (weil es meines Erachtens nicht in Ihr Fach schlägt), so wollen sie nicht unterschreiben, sondern sagen: ›Wir wollen uns die Sache überlegen.‹« Ich erkundigte mich nun nach der Natur und dem wahrscheinlichen Nutzen des Plans und erhielt von ihm eine sehr befriedigende Erläuterung, so daß ich nicht nur selbst unterzeichnete, sondern mich kräftig dabei beteiligte, Unterschriften von anderen zu verschaffen. Vor der Unterschriftenwerbung bemühte ich mich jedoch, die Stimmung der Leute dadurch vorzubereiten, daß ich über diesen Gegenstand in den Zeitungen schrieb, wie dies in derartigen Fällen mein gewöhnlicher Brauch war, was er jedoch unterlassen hatte.

Die Unterschriften kamen später weit reichlicher und freigebiger; als sie jedoch nachzulassen begannen, sah ich ein, daß sie ohne irgendwelche Unterstützung von seiten der Assembly nicht zureichend sein würden, und machte daher den Vorschlag, eine dahingehende Petition einzubringen, was auch geschah. Die Mitglieder vom Lande fanden anfangs kein Gefallen an dem Projekt; sie wandten ein, dasselbe könne nur für die Stadt von Nutzen sein, und die Bürger sollten daher allein seine Kosten tragen; ja sie zweifelten, ob die Bürger selbst im allgemeinen damit einverstanden seien. Sie betrachteten meine gegenteilige Versicherung, der Vorschlag erfreue sich solcher Billigung, daß wir ohne Zweifel imstande seien, zweitausend Pfund von freiwilligen Schenkungen aufzubringen, für eine ganz übertriebene Annahme und für ganz unmöglich. Hierauf gründete ich meinen Plan. Ich bat um die Erlaubnis, einen Gesetzesentwurf einzubringen, daß man den Spendern der in ihrer Petition ausgesprochenen Bitte gemäß Körperschaftsrechte verleihe und ihnen eine Summe baren Geldes gewähre, welche Erlaubnis mir hauptsächlich auf die Erwägung hin erteilt wurde, daß das Haus den Gesetzesentwurf verwerfen könne, wenn er ihm nicht gefalle. Ich formulierte also den Entwurf so, daß die wichtige Klausel eine Bedingung enthielt, nämlich: »Und es soll von der vorerwähnten Behörde beschlossen werden, daß, wenn die besagten Spender zusammengetreten sein und ihre Direktoren und Schatzmeister erwählt und *durch ihre Beiträge ein Kapitalvermögen von 2000 Pfund beigebracht haben werden* (dessen jährliche Zinsen zur Verpflegung der kranken Armen im genannten Spital, ohne Kosten für Nahrung, Pflege, Beratung und Arzneien, verwendet werden sollen), und wenn sie dasselbe zur Befriedigung des jeweiligen Sprechers der Assembly klar nachgewiesen haben werden, daß *dann* erst es besagtem Sprecher gesetzlich erlaubt sein soll und mag und er hierdurch dazu aufgefordert wird, eine Anweisung auf den Provinzial-Schatzmeister auszustellen für die Auszahlung von zweitausend Pfund in zwei Jahresraten an den Schatzmeister des besagten Hospitals, welche zur Gründung, Erbauung und Vollendung desselben angewendet werden sollen.« Diese Bedingung brachte den Gesetzentwurf durch, denn die Mitglieder, welche sich der Bewilligung des Zuschusses widersetzt hatten und nun einsahen, sie könnten das Verdienst erwerben, mildtätig zu sein ohne Geldaufwand, stimmten der Verabschiedung des Entwurfes zu. Und als wir nun das Volk um Beiträge angingen, machten wir die bedingungsweise Zusage des Gesetzes als weiteren Grund zum Geben geltend, weil die Schenkung jedes einzelnen verdoppelt werden würde; und so wirkte die Klausel nach beiden Seiten. Die Subskriptionen überschritten daher bald die erforderliche Summe, und wir beanspruchten und erhielten den öffentlichen Zuschuß, welcher uns in den Stand setzte, den Plan zur Verwirklichung zu bringen. Ein hübsches und passendes Gebäude wurde bald errichtet; das Institut hat sich durch andauernde Erfahrung als nützlich erwiesen und blüht noch bis auf den heutigen Tag, und ich entsinne mich nicht eines einzigen meiner politischen Kunstgriffe, dessen Gelingen mir seiner Zeit mehr Freude gemacht und bei dem ich mich, bei reiferer Erwägung, leichter wegen der Anwendung einiger List selbst entschuldigt hätte.

Etwa um dieselbe Zeit kam ein anderer Projektemacher, der Hochwürdige Gilbert Tennent, zu mir mit der Bitte um meine Beihilfe, eine Subskription zur Errichtung eines neuen Betsaals auf die Beine zu bringen. Derselbe sollte für den Gebrauch einer Gemeinde dienen, die er unter den Presbyterianern zusammengebracht, welche ursprünglich Jünger des Herrn Whitefield gewesen waren. Da ich mich jedoch bei meinen Mitbürgern nicht durch allzu häufiges Nachsuchen um Spenden unbeliebt machen wollte, so schlug ich es ihm rundweg ab. Er bat mich dann, ihm eine Liste von Namen derjenigen Personen zu liefern, welche ich aus Erfahrung als freigebig und gemeinsinnig kenne. Ich hielt es aber für unpassend von meiner Seite, sie nach ihrem freundlichen Eingehen auf meine Bitten um Spenden gewissermaßen besonders hervorzuheben, damit sie von anderen Bettlern belästigt werden könnten, und verweigerte daher auch die Anfertigung einer derartigen Liste. Er verlangte dann, ich solle ihm wenigstens meinen Rat erteilen. »Das will ich gern tun«, erwiderte ich, »zuerst rate ich Ihnen, sich an alle diejenigen zu wenden, von denen Sie wissen, daß sie etwas geben; sodann an diejenigen, bei denen Sie im ungewissen sind, ob sie etwas geben werden oder nicht, und ihnen die Liste derjenigen zu zeigen, welche gegeben haben; und endlich vernachlässigen Sie ja diejenigen nicht, von denen Sie überzeugt sind, daß sie nichts geben werden, denn in einigen von ihnen dürften Sie sich doch irren!« Er lachte, bedankte sich und sagte, er wolle meinen Rat befolgen.

Und er befolgte ihn, denn er bat *jedermann* und erlangte eine weit größere Summe, als er erwartet hatte, womit er das geräumige und sehr elegante Versammlungshaus errichtete, welches in der Arch Street steht.

Unsre Stadt war zwar mit schöner Regelmäßigkeit angelegt und hatte breite, gerade Straßen, die sich in rechten Winkeln kreuzten, hatte aber den Nachteil, daß jene Straßen lange ungepflastert blieben und bei schlechtem Wetter von den Rädern schwerer Fuhrwerke zu einem Morast zerpflügt wurden, so daß man sie nur mit Mühe überschreiten konnte; bei trockenem Wetter aber war wiederum der Staub höchst lästig. Ich hatte neben dem Jersey Market gewohnt und sah mit Bekümmernis die Einwohner im Schlamm waten, während sie ihre Lebensbedürfnisse einkauften. Endlich wurde ein Streifen Boden in der Mitte jenes Marktes mit Backsteinen gepflastert, so daß sie, wenn sie einmal auf dem Markte waren, festen Fuß fassen konnten, aber oft bis über die Schuhe im Schlamm staken mußten, um dahin zu gelangen. Durch mündliche und schriftliche Erörterung dieses Gegenstands brachte ich es endlich dahin, daß die Straße zwischen dem Markt und dem Bürgersteig, welcher auf jeder Seite an den Häusern hinlief, gepflastert wurde. Dies verschaffte eine Zeitlang einen trockenen Zugang zu der gepflasterten Stelle des Marktes; da aber der Rest der Straße nicht gepflastert war, so schüttelte jedes Fuhrwerk, wenn es aus dem Schlamm auf dieses Pflaster kam, den Schmutz ab und ließ ihn auf dem letzteren liegen, so daß es bald mit Schlamm bedeckt war, welcher nicht beseitigt wurde, denn die Stadt hatte damals noch keine Straßenkehrer. Nach einiger Erkundigung fand ich einen armen fleißigen Mann, welcher sich erbot, das Pflaster rein zu halten, indem er es zweimal wöchentlich kehrte und den Dreck vor allen Türen der Nachbarn gegen eine monatliche Vergütung von sechs Pence beseitigte, welche jedes Haus zu bezahlen hatte. Ich schrieb und veröffentlichte dann einen Aufsatz, worin ich der Nachbarschaft alle die Vorteile auseinandersetzte, welche durch diese kleine Ausgabe erzielt werden würden: die größere Leichtigkeit, unsere Häuser rein zu erhalten, weil die Leute nicht mehr soviel Schmutz an den Füßen hereinschleppten; den Vorteil für die Läden durch größere Kundschaft, da die Käufer leichter zu denselben gelangen könnten, sowie daß der Staub bei windigem Wetter nicht mehr auf ihre Waren hereingeblasen werde u. s. w. Ich schickte in jedes Haus einen Abdruck von diesem Aufsatz und ging dann nach einigen Tagen herum, um zu sehen, wer eine Verpflichtung zur Bezahlung jener sechs Pence unterzeichnen würde; dieselbe wurde einmütig unterschrieben und eine Zeitlang genau erfüllt. Alle Einwohner der Stadt freuten sich über die Reinlichkeit des Pflasters, welches den Markt umgab, da es eine Bequemlichkeit für alle war, und dies rief ein allgemeines Verlangen hervor, sämtliche Straßen gepflastert zu sehen, und machte die Leute bereitwillig, sich einer Steuer zu diesem Zweck zu unterwerfen.

Nach einiger Zeit entwarf ich einen Gesetzesantrag zur Pflasterung der Stadt und brachte ihn in der Assembly ein. Es war gerade, ehe ich nach England ging, im Jahr 1757, und er wurde erst angenommen, als ich schon fort war, und dann mit einer Änderung in der Art der Besteuerung, welche ich für keine Verbesserung hielt, allein, mit einer weiteren Vorkehrung nicht nur für die Pflasterung, sondern auch für die Beleuchtung der Straßen, was eine bedeutende Verbesserung war. Ein Privatmann, der inzwischen verstorbene Herr John Clifton, gab zuerst einen Beweis von der Nützlichkeit der Straßenlaternen, indem er eine solche an seiner Haustüre anbrachte, und führte so die Leute zuerst auf den Gedanken, die ganze Stadt zu beleuchten. Das Verdienst dieser öffentlichen Wohltat ist ebenfalls mir zugeschrieben worden, allein, es gebührt der Wahrheit gemäß jenem Herrn. Ich folgte nur seinem Beispiel und dürfte nur einiges Verdienst hinsichtlich der

Form unserer Laternen beanspruchen, weil sie sich von den kugelförmigen unterscheiden, mit welchen wir zuerst von England aus versehen wurden. Ich fand diese in mancher Hinsicht unbequem: sie gestatteten der Luft keinen Zutritt von unten, und der Rauch zog deshalb oben nicht gut ab, sondern kreiste in der Kugel, setzte sich an der Innenseite ab und verdunkelte bald das Licht, welches die Laternen gewähren sollten; sie machten überdem die tägliche Mühe, sie zu reinigen, nötig, und ein zufälliger Stoß oder Schlag zerstörte sie und machte sie gänzlich unbrauchbar. Ich riet daher, sie aus vier flachen Scheiben zusammenzusetzen und oben mit einem langen Schlot zur Abführung des Rauchs sowie mit Öffnungen unten zum Lufteintritt zu versehen, um das Hochsteigen des Rauchs zu erleichtern. Auf diese Weise wurden sie reinlich erhalten und nicht binnen weniger Stunden vor Ruß dunkel, wie die Londoner Laternen, sondern brannten hell bis zum Morgen fort, und ein zufälliger unglücklicher Stoß zertrümmerte gewöhnlich nur eine einzige Scheibe, die leicht ausgebessert wurde. Ich habe mich oft gewundert, warum die Londoner nicht – als Folgerung aus der Wirkung, welche die Öffnungen im Boden der kugelförmigen in Vauxhall gebrauchten Laternen auf die Reinhaltung derselben hatten – lernten, ebenfalls solche Löcher in ihren Straßenlaternen anzubringen. Da aber jene Löcher zu einem anderen Zweck angebracht waren, nämlich um mittelst einer durch dieselben herabhängenden Strähne Flachs dem Docht schneller die Flamme mitzuteilen, so scheint man an den andern Zweck, den Zutritt der Luft, nicht gedacht zu haben. Deshalb sind die Londoner Straßen sehr dürftig beleuchtet, schon einige Stunden nachdem die Lampen angezündet worden sind.

Die Erwähnung dieser Verbesserungen erinnert mich an eine andere, welche ich während meines Aufenthalts in London dem Dr. Fothergill vorschlug, einer der trefflichsten Männer, welche ich je gekannt habe, und ein eifriger

Förderer gemeinnütziger Pläne. Ich hatte beobachtet, daß bei trockenem Wetter die Straßen niemals gekehrt und der leichte Staub weggetragen wurde, sondern daß man ihn sich anhäufen ließ, bis ihn nasse Witterung in Schlamm verwandelte, worauf er dann nach einigen Tagen so tief auf dem Pflaster lag, daß man die Straßen nur auf Pfaden überschreiten konnte, welche von armen Leuten mit Besen rein gehalten wurden. Er wurde dann mit großer Mühe zusammengeharkt und in Karren geworfen, welche oben offen waren und deren Seiten bei jeder Erschütterung auf dem Pflaster etwas von dem weichen Schlamm herausschüttelten und fallen ließen, oft zur Belästigung der Vorübergehenden. Als Grund für das Nichtkehren der staubigen Straßen wurde angegeben, daß der Staub in die Fenster der Läden und Häuser fliegen würde. Ein zufälliges Ereignis hatte mich darüber belehrt, wieviel Kehrarbeit in einer kurzen Zeit geleistet werden konnte. Ich fand eines Morgens an meiner Tür in der Craven Street eine arme Frau, welche mein Pflaster mit einem Besen aus Birkenreisern kehrte; sie war von blassem, schwächlichem Aussehen, als sei sie eben erst von einem Krankheitsanfall erstanden. Ich fragte, wer sie angestellt habe, hier zu kehren. »Niemand«, erwiderte sie, »aber ich bin sehr arm und in Not, und ich kehre vor den Türen der reichen Leute in der Hoffnung, daß sie mir etwas schenken werden.« Ich hieß sie die ganze Straße rein kehren, wofür ich ihr einen Schilling geben wolle; dies geschah um neun Uhr, und um zwölf Uhr kam sie schon, um ihren Schilling zu holen. Nach der Langsamkeit, mit welcher ich sie zuerst hatte arbeiten sehen, konnte ich kaum glauben, daß die Arbeit so bald getan sei, und sandte meinen Diener fort, um sich davon zu überzeugen, aber dieser berichtete, daß die ganze Straße vollkommen rein gekehrt und aller Staub in die in der Mitte gelegene Gosse gebracht sei. Der nächste Regen spülte denselben ganz hinweg, so daß das Pflaster und sogar die Gosse vollkommen rein waren. Ich schloß nun, daß, wenn jenes schwächliche Weib eine solche Straße in drei Stunden kehren konnte, ein starker, rühriger Mann dies in der halben Zeit getan haben würde. Bei dieser Gelegenheit sei es mir erlaubt, auf die Bequemlichkeit aufmerksam zu machen, in einer derartigen engen Straße nur eine einzige, in der Mitte verlaufende Gosse zu haben, anstatt deren zwei, die je an den Bürgersteigen hinlaufen; denn wenn aller Regen, welcher auf eine Straße fällt, von den Seiten abläuft und sich in der Mitte sammelt, so bildet er dort eine Strömung von hinreichender Stärke, um allen Schmutz und Unrat wegzuspülen, den er findet; verteilt sich der Regen aber in zwei Kanäle, so ist er häufig zu schwach, um auch nur einen einzigen von ihnen zu reinigen, und macht nur den vorhandenen Schlamm flüssiger, so daß die Räder der Fuhrwerke und die Hufe der Pferde ihn auf den gepflasterten Fußsteig schleudern, diesen dadurch schmutzig und schlüpfrig machen und häufig sogar die Vorübergehenden bespritzen. Mein Vorschlag, den ich dem guten Doktor mitteilte, war daher folgender:

»Um die Straßen von London und Westminster wirksamer zu reinigen und rein zu erhalten, wird beantragt:

daß verschiedene Wachpersonen verpflichtet werden sollen, damit sie, jeder in den verschiedenen Straßen und Gäßchen seines Bezirks, bei trockenem Wetter den Staub zusammenkehren und zu anderen Zeiten den Schlamm zusammenharken;

daß sie zu diesem Zweck mit Besen und anderen geeigneten Gerätschaften versehen werden, welche an ihren betreffenden Standorten aufzubewahren und bereitzuhalten wären, um diejenigen armen Leute, welche sie zu diesem Dienste etwa verwenden, damit zu versehen;

daß in den trockenen Sommermonaten aller Staub in geeigneten Entfernungen voneinander in Haufen zusammengekehrt wird, ehe noch die Läden und Fenster der Häuser gewöhnlich geöffnet werden, worauf dann die

Straßenkehrer ihn ebenfalls in dichtverschlossenen Karren hinwegschaffen sollen;

daß der Schlamm, wenn er einmal zusammengeharkt ist, nicht in Haufen liegengelassen werden darf, um wieder durch die Räder der Fuhrwerke und das Getrappel der Pferde verbreitet zu werden, sondern die Straßenkehrer mit Karren zu versehen sind, welche nicht hoch auf Räder, sondern niedrig auf Rollen gesetzt sind und Böden von Latten haben, die, wenn mit Stroh bedeckt, den darauf geworfenen Schlamm zurückhalten und das Wasser abziehen lassen werden, wodurch der Schlamm um so leichter wird, da ja das Wasser den größten Teil seines Gewichts ausmacht. Diese Karren sind in geeigneten Entfernungen aufzustellen, und der Schlamm ist in Schubkarren zu ihnen hinzuschaffen; sie haben an ihrem Aufstellungsorte stehenzubleiben, bis der Schlamm seinen Wassergehalt abgegeben hat, und sind dann mit Pferdegespannen abzuführen.«

Ich habe seither Zweifel ob der Ausführbarkeit des letzteren Teils meines Vorschlags gehegt, wegen der Enge mancher Straßen und der Schwierigkeit, die Dränierschlitten so aufzustellen, daß sie den Straßenverkehr nicht allzuviel hindern; allein, ich bin noch immer der Ansicht, daß der erste Teil desselben, welcher das Zusammenkehren und die Abfuhr des Staubes vor der Öffnung der Läden verlangt, im Sommer bei den langen Tagen sehr wohl durchführbar ist. Als ich nämlich eines Morgens um sieben Uhr den Strand und die Fleet Street entlangging, bemerkte ich, daß noch kein einziger Laden offen war, obwohl es schon seit über drei Stunden heller Tag und die Sonne am Himmel war; denn die Einwohner von London ziehen aus eigener Wahl vor, viel bei Kerzenlicht zu leben und bei Sonnenschein zu schlafen, und beschweren sich doch oft in ziemlich törichter Weise über die Steuer auf Kerzen und den hohen Preis des Talgs.

Manche mögen diese Kleinigkeiten nicht des Erwäh-

nens oder Erzählens wert erachten; allein, wenn sie erwä-
gen, daß zwar der Staub, welcher an einem windigen Tag
einer einzelnen Person in die Augen oder in einen einzelnen Laden hineingeweht wird, nur von geringer Bedeutung ist, daß aber doch die große Menge derartiger Vorfälle in einer volkreichen Stadt und die häufigen Wiederholungen derselben ihnen Gewicht und Folge geben, so
werden sie vielleicht nicht allzu streng diejenigen tadeln,
welche Dingen von anscheinend so unbedeutender Natur
einige Aufmerksamkeit angedeihen lassen. Das menschliche Glück und Behagen wird nicht so sehr durch die
nur selten vorkommenden großen Fälle von günstigen
Schicksalsfügungen, als durch die täglich vorkommenden
kleinen Vorteile hervorgebracht. Wenn man z. B. einen
armen jungen Mann lehrt, sich selbst zu barbieren und
sein Rasiermesser in Ordnung zu halten, so kann man
mehr zum Glück und Behagen seines Lebens beitragen,
als wenn man ihm tausend Guineen schenkt. Das Geld
kann bald verbraucht sein, und dann wird nur Ärger und
Reue zurückbleiben, daß man es töricht vergeudet hat; im
andern Falle aber vermeidet der junge Mann den häufigen
Ärger, welchen ihm das Warten auf die Barbiere oder
deren bisweilen schmutzige Finger, übelriechender Atem
und stumpfe Rasiermesser verursachen; er barbiert sich,
wenn es ihm am bequemsten ist, und genießt täglich das
Vergnügen, daß dies mit einem guten Instrument geschieht. Aus diesen Erwägungen habe ich die paar obigen
Seiten zu schreiben gewagt in der Hoffnung, daß sie
Winke liefern mögen, welche irgendwann einmal einer
Stadt, die ich liebe, weil ich viele Jahre glücklich in ihr
gelebt, und vielleicht auch mancher unserer Städte in
Amerika zugute kommen dürften.

Nachdem ich einige Zeit von dem Generalpostmeister
in Amerika als sein Kontrolleur zur Beaufsichtigung der
verschiedenen Postämter und zur Abrechnung mit den
Postbeamten angestellt gewesen war, wurde ich bei sei-

nem Tode 1753 gemeinsam mit Herrn William Hunter durch eine Bestallung von seiten des Generalpostmeisters in England zu seinem Nachfolger ernannt. Die amerikanische Postanstalt hatte bisher niemals irgend etwas an diejenige von Großbritannien bezahlt. Wir sollten zusammen ein jährliches Einkommen von sechshundert Pfund erhalten, wenn wir diese Summe aus dem Gewinn des Postwesens erbringen konnten. Um das zu erzielen, waren vielfältige Verbesserungen notwendig, von welchen einige unvermeidlich anfangs kostspielig waren, so daß in den ersten vier Jahren die Postverwaltung uns mehr als neunhundert Pfund schuldig wurde. Allein, bald darauf begann sie, uns zu entschädigen, und ehe ich noch durch eine Laune der Minister, auf welche ich später zu sprechen kommen werde, meines Amtes enthoben wurde, hatten wir es dahin gebracht, daß sie der Krone einen *dreifach größern* Reinertrag einbrachte als die Postverwaltung in Irland. Seit jener unklugen Maßregel aber haben sie von ihr nicht einen Heller erhalten.

Die Geschäfte des Postwesens veranlaßten mich, in jenem Jahr eine Reise nach Neu-England zu unternehmen, wo die Hochschule zu Cambridge mir aus freiem Antriebe den Grad eines Magisters der freien Künste verlieh. Das Yale College in Connecticut hatte mir früher schon eine ähnliche Auszeichnung erwiesen. So wurde ich, ohne an irgendeiner Universität studiert zu haben, ihrer Ehren teilhaftig. Diese akademischen Ehrenbezeugungen wurden mir in Anerkennung meiner Verbesserungen und Entdeckungen im elektrischen Zweig der Naturlehre übertragen.

Da im Jahr 1754 wieder ein Krieg mit Frankreich zu befürchten stand, so sollte auf einen Befehl des Handelsministeriums ein Kongreß von Kommissaren aus den verschiedenen Kolonien zu Albany zusammentreten, um sich dort mit den Häuptlingen der Sechs Nationen über die Mittel zur Verteidigung ihres und unsres Landes zu beraten. Gouverneur Hamilton, welcher diesen Befehl erhalten hatte, teilte ihn dem Hause mit und bat, dasselbe möge passende Geschenke für die Indianer liefern, um sie bei dieser Gelegenheit zu verteilen; er ernannte den Sprecher (Herrn Norris) und mich, um gemeinschaftlich mit Herrn John Penn und Herrn Sekretär Peters als Kommissare für Pennsylvania zu handeln. Das Haus billigte die Ernennung und lieferte die erforderlichen Waren für die Geschenke, obschon es keine große Geneigtheit zeigte, außerhalb der Provinzen zu unterhandeln. Wir trafen ungefähr Mitte Juni mit den anderen Kommissaren in Albany zusammen. Auf unsrer Reise ersann und arbeitete ich einen Plan zur Vereinigung aller Kolonien unter einer Regierung aus, insoweit dies für die Verteidigung und sonstige wichtige allgemeine Zwecke notwendig sein würde. Als wir New York passierten, legte ich dort mein Projekt den Herren James Alexander und Kennedy vor, zwei Männern von großer Erfahrung und Kenntnis in öffentlichen Angelegenheiten, und wagte dann, durch ihren Beifall gestärkt, es dem Kongreß vorzulegen. Es stellte sich nun heraus, daß mehrere von den Kommissaren ähnliche Pläne ausgearbeitet hatten. Zuerst wurde die Vorfrage erhoben, ob überhaupt eine Vereinigung hergestellt werden sollte, was einmütig bejaht wurde.

Hierauf wurde ein Ausschuß, wozu jede Provinz ein Mitglied abordnete, beauftragt, die einzelnen Pläne in Erwägung zu ziehen und darüber zu berichten. Dem meinigen wurde zufällig der Vorzug gegeben und derselbe daher mit wenigen Verbesserungen vorgetragen. Nach diesem Plan sollte die allgemeine Regierung durch einen von der Krone angestellten und unterhaltenen Generalpräsidenten ausgeübt und ein Großer Rat durch Vertreter der Bevölkerung der einzelnen Kolonien in ihren betreffenden Assemblies gewählt werden. Die Debatten hierüber im Kongreß gingen täglich fort, Hand in Hand mit dem Indianergeschäft. Viele Einwendungen und

Schwierigkeiten wurden erhoben, aber endlich alle überwunden, worauf der Plan einstimmig gutgeheißen und die
Weisung gegeben wurde, Abschriften davon an das Handelsministerium und an die Versammlungen der einzelnen
Provinzen abzuschicken. Der Plan hatte ein eigentümli-
ches Schicksal: die Provinzialversammlungen nahmen ihn
nicht an, weil er nach ihrer Ansicht zu viel *Vorrechte*
enthielt, und in England erachtete man ihn für allzu
demokratisch. Das Handelsministerium gab ihm daher
weder seine Zustimmung noch empfahl es ihn der Guthei-
ßung Seiner Majestät. Dagegen wurde ein anderer Entwurf gemacht, von welchem man annahm, daß er demselben Zweck besser entspreche, wonach die Gouverneure
der Provinzen mit einigen Mitgliedern ihrer betreffenden
Provinzialräte zusammentreten, die Aushebung von
Truppen, die Erbauung von Forts u. s. w. anordnen und
für die Kosten derselben einen Wechsel auf den Staats-
schatz von Großbritannien ziehen sollten. Die Ausgaben
hierfür sollten später mittelst einer Parlamentsakte, welche eine Steuer auf Amerika legte, wieder ersetzt werden.
Mein Plan nebst den dafür sprechenden Gründen ist unter
meinen im Druck erschienenen politischen Aufsätzen zu
finden.

Als ich im darauffolgenden Winter in Boston war,
unterhielt ich mich vielfach mit dem Gouverneur Shirley
über beide Pläne. Ein Teil dessen, was bei dieser Gelegenheit zwischen uns verhandelt wurde, ist ebenfalls unter
obigen Abhandlungen zu finden. Die verschiedenen und
entgegengesetzten Gründe der Abneigung gegen meinen
Plan lassen mich mutmaßen, daß derselbe in der Tat das
richtige Mittel war, und ich bin immer noch der Ansicht,
es wäre ein Glück für beide Seiten diesseit und jenseits des
Ozeans gewesen, wenn man ihn angenommen hätte. Auf
diese Weise vereinigt, wären die Kolonien stark genug
gewesen, sich selbst zu verteidigen, und hätten dann keine
Truppen aus England nötig gehabt, und so würde selbst-

verständlich der nachfolgende Vorwand zur Besteuerung Amerikas und der hierdurch veranlaßte blutige Kampf vermieden worden sein. Allein, derartige Mißgriffe sind nichts Neues: die Geschichte wimmelt von den Irrtümern der Staaten und Fürsten:

»Betrachte rings dir die bewohnte Welt, wie wen'ge versteh'n ihr eignes Wohl, noch folgen ihm, wenn sie's verstehn!«

Die am Staatsruder Stehenden haben meist viel zu tun und nehmen sich im allgemeinen nicht gern die Mühe, neue Projekte zu überlegen und in Vollzug zu setzen. Die besten öffentlichen Maßregeln werden daher selten *aus vorangehender Weisheit angenommen,* sondern *von der Gelegenheit aufgezwungen.*

Der Gouverneuer von Pennsylvania sandte den Entwurf an das Haus mit seinem ausdrücklichen Beifall, »da derselbe ihm mit großer Klarheit und Schärfe des Urteils ausgedacht scheine, weshalb er ihn als ihrer genauesten und ernstesten Beachtung würdig empfehle«. Auf das Betreiben eines gewissen Mitgliedes aber setzte das Haus ihn auf die Tagesordnung, als ich zufällig abwesend war, was ich für ein nicht gerade billiges Verfahren hielt, und verwarf ihn, zu meiner nicht geringen Demütigung, ohne ihn auch nur der geringsten Beachtung zu würdigen.

Auf meiner Reise nach Boston in diesem Jahr traf ich in New York unseren neuen Gouverneur Herrn Morris, der soeben aus England angekommen und mit dem ich zuvor schon genau bekannt gewesen war. Er bracht eine Bestallung als Nachfolger des Herrn Hamilton, welcher, der Zänkereien müde, denen ihn seine von den Eigentümern erhaltenen Instruktionen aussetzten, sein Amt niedergelegt hatte. Herr Morris fragte mich, ob ich glaube, daß er sich auf eine ebenso unerquickliche Amtszeit gefaßt machen müsse. Ich erwiderte: »Mitnichten; Sie können im Gegenteil eine sehr behagliche haben, wenn Sie nur Sorge tragen wollen, sich auf keinen Streit mit der Assembly einzulassen!« – »Mein lieber Freund«, sagte er scherzend, »wie können Sie mir raten, Streitereien auszuweichen? Sie wissen, ich bin ein Freund des Disputierens; es ist eines meiner größten Vergnügen; um Ihnen jedoch die Hochschätzung zu zeigen, die ich für Ihren Rat hege, verspreche ich Ihnen, allen Disputen womöglich auszuweichen.« Er hatte allerdings einigen Grund, das Disputieren zu lieben, da er ein guter Redner und ein spitzfindiger Sophist war und daher meistens erfolgreich war, wenn es bei einem Gespräch auf Gründe und Beweise ankam. Er war hierzu von Jugend auf erzogen worden, denn soviel ich hörte, hatte sein Vater seine Kinder daran gewöhnt, zu seiner Unterhaltung miteinander zu disputieren, wenn sie nach dem Essen am Tische saßen. Dies war jedoch meines Bedünkens kein weises Verfahren, denn nach dem Verlauf meiner Beobachtungen sind solche streitsüchtigen, stets widersprechenden und widerlegenden Leute gewöhnlich sehr unglücklich in ihren eigenen Angelegenheiten. Sie tragen zwar zuweilen den Sieg davon, ernten aber niemals Dankbarkeit, die ihnen von größerem Nutzen sein würde. Wir trennten uns, er ging nach Philadelphia und ich nach Boston. Bei meiner Rückkehr fand ich in New York die Abstimmungen der Assembly vor, aus welchen hervorging, daß er trotz seines mir gegebenen Versprechens bereits mit dem Hause in heftigem Streit stand. Es fand zwischen beiden ein fortwährender Krieg statt, solange er die Gouverneurstelle innehatte. Ich hatte ebenfalls meinen Anteil daran, denn sobald ich wieder auf meinen Sitz in der Assembly zurückgekehrt war, wurde ich in jeden Ausschuß gewählt, der seine Reden und Botschaften zu beantworten hatte, und von den Ausschüssen meist mit der Abfassung der betreffenden Entwürfe betraut. Unsere Adressen waren, gerade so wie seine Botschaften, oft scharf und manchmal recht ungehörig grob. Da er wußte, daß ich für die Assembly die Feder führte, so hätte man vermuten können, wir müßten uns eigentlich gegenseitig die Kehle abschneiden, wenn wir uns begegneten. Er war jedoch ein solch gutmütiger Mensch, daß jener Streit keine persönliche Feindschaft zwischen ihm und mir veranlaßte und wir oft miteinander speisten.

Auf dem Gipfelpunkt dieses öffentlichen Haders begegneten wir uns eines Nachmittags auf der Straße. »Franklin«, sagte er, »Sie müssen mit mir nach Hause gehen und den Abend bei mir verbringen; ich werde einige Gesellschaft haben, die Ihnen gefallen wird.« Dabei nahm er mich am Arm und führte mich zu seinem Hause. In heiterer Unterhaltung über unserem Wein nach Tisch äußerte er im Scherz, er bewundere sehr den Einfall Sancho Pansas, welcher, als man ihm einen Gouverneurposten anbot, die Bitte stellte, es möchte ein Gouverneurposten über *Schwarze* sein, da er alsdann seine Untertanen doch verkaufen könnte, falls er sich mit denselben nicht zu vertragen wüßte. Einer seiner Freunde, welcher neben mir saß, sagte: »Franklin, warum fahren Sie fort, es mit diesen verwünschten Quäkern zu halten? Würden Sie nicht besser tun, dieselben zu verkaufen? Der Eigentümer würde Ihnen einen guten Preis bezahlen.« – »Der Gouverneur hat dieselben noch nicht genug *angeschwärzt«,* gab ich zur Antwort. Er hatte sich nämlich sehr bemüht, die Assembly in allen seinen Botschaften tüchtig anzuschwärzen, allein, diese wischte seine Farbengebung so rasch ab, als er sie auflegte, und trug sie dafür dick auf sein eigenes Gesicht, so daß er fand, er werde womöglich selbst zum Neger werden und endlich wie Herr Hamilton des Streits müde wurde und von seinem Gouverneurposten abtrat.

Diese öffentlichen Händel rührten im Grunde alle von den Eigentümern, unseren erblichen Gouverneuren, her, welche, wenn irgendeine Ausgabe für die Verteidigung ihrer Provinz bestritten werden sollte, mit unglaublicher Gemeinheit ihren Bevollmächtigten die Weisung gaben, kein Gesetz für die Erhebung der erforderlichen Steuern durchgehen zu lassen, falls ihre ungeheuren Ländereien in demselben Gesetz nicht ausdrücklich für steuerfrei erklärt würden; ja sie hatten sogar ihre Sachwalter förmlich in die Pflicht genommen, solche Instruktionen einzuhalten. Die Assemblies stemmten sich drei Jahre lang gegen diese Ungerechtigkeit, wurden aber zuletzt zum Nachgeben gezwungen. Endlich erkühnte sich Hauptmann Denny, der Nachfolger des Gouverneur Morris, jenen Weisungen nicht zu gehorchen; wie dies zustande kam, werde ich später erzählen.

Allein, ich bin meiner Geschichte zu weit vorausgeeilt und habe hier noch einige Angelegenheiten zu erwähnen, welche während der Verwaltung des Gouverneurs Morris vorfielen.

Da der Krieg mit Frankreich gewissermaßen begonnen hatte, so beabsichtigte die Regierung von Massachusets Bay einen Angriff auf Crown Point und schickte Herrn Quincy nach Pennsylvania und Herrn Pownall, den nach- maligen Gouverneur, nach New York, um Hilfe nachzu- suchen. Da ich in der Assembly saß, deren Stimmung kannte und Herrn Quincys Landsmann war, so wandte er sich an mich um meinen Einfluß und meine Unterstüt- zung. Ich diktierte ihm eine Adresse an die Assembly; diese nahm sie gut auf und bewilligte eine Unterstützung von zehntausend Pfund, welche in Proviant angelegt wer- den sollten. Da jedoch der Gouverneur seine Zustim- mung zu ihrem Entwurf verweigerte (welcher diese mit anderen für den Gebrauch der Krone bewilligten Sum- men umfaßte), wenn nicht eine Klausel darin aufgenom- men würde, welche den Besitz der Eigentümer von jedem Beitrag zu der erforderlich werdenden Steuer befreie, so wußte die Assembly trotz ihres Wunsches, ihre Bewilli- gung an Neu-England wirksam zu machen, doch nicht, wie sie dies bewerkstelligen solle. Herr Quincy versuchte sein möglichstes bei dem Gouverneur, um seine Zustim- mung zu erlangen, aber derselbe war hartnäckig. Ich riet nun ein Verfahren an, um dieses Geschäft ohne den Gouverneur zu machen, und zwar durch Zahlungsanweisungen an die Kuratoren der Leihbank, bei welchen die Assembly Anleihen zu machen gesetzlich befugt war. Es war allerdings damals wenig oder gar kein Geld in der Bank, und ich machte daher den Vorschlag, man solle die Anweisungen binnen Jahresfrist zahlbar und mit fünf Prozent verzinslich machen. Ich hoffte, daß man mit diesen Anweisungen die Lebensmittel leicht kaufen könne. Die Assembly nahm den Vorschlag ohne vieles Zögern an. Die Anweisungen wurden sogleich gedruckt, und ich gehörte zu dem Komittee, welches die Weisung hatte, dieselben zu unterzeichnen und auszugeben. Der zur Sicherheit derselben bestimmte Fond war der Zins des gesamten Papiergeldes, welches damals in der Provinz existierte, nebst dem Ertrag aus der Warensteuer, welche als mehr denn zureichend bekannt war. Die Papiere erlangten deshalb augenblicklich Kredit und wurden nicht allein als Zahlung für den Proviant angenommen, sondern manche wohlhabende Leute, welche bares Geld liegen hatten, legten dasselbe in diesen Wechseln an, weil sie dieselben vorteilhaft fanden, da sie einstweilen dem Besitzer Zins trugen und bei jeder Gelegenheit als Geld verwendet werden konnten. Dieselben wurden daher alle begierig aufgekauft, und binnen weniger Wochen waren gar keine mehr zu sehen. So wurde dieses wichtige Geschäft durch meine Vermittlung ausgeführt. Herr Quincy erstattete der Assembly seinen Dank in einem hübschen Schreiben, kehrte hochbefriedigt mit dem Erfolg seiner Sendung nach Hause zurück und erwies mir fortan stets die herzlichste und wärmste Freundschaft.

Da die britische Regierung der Vereinigung der Kolonien, wie sie in Albany vorgeschlagen worden war, ihre Zustimmung nicht erteilen und diese Union nicht mit ihrer eigenen Verteidigung betrauen wollte, damit die Provinzen dadurch nicht zu kriegerisch und ihrer eigenen Stärke sich bewußt werden sollten, und da man damals allerlei Argwohn und Eifersucht auf sie hegte, so sandte sie den General Braddock mit zwei Regimentern regulärer englischer Truppen zu diesem Zwecke herüber. Er landete zu Alexandria in Virginia und marschierte von da nach Frederictown in Maryland, wo er haltmachte und auf Fuhrwerke wartete. Weil unsere Assembly auf irgendeinen Wink hin fürchtete, der General trage sich mit heftigen Vorurteilen gegen sie, als ob sie dem Dienste abgeneigt sei, so wünschte sie, daß ich ihm meine Aufwartung mache, aber nicht als von ihr gesandt, sondern als Generalpostmeister, unter dem Vorwand, ihm Vorschläge zu machen und ein Übereinkommen mit ihm zu treffen über die Art und Weise, wie die Depeschen zwischen ihm und den Gouverneuren der einzelnen Provinzen, mit denen er notwendig in fortwährendem Briefwechsel – dessen Kosten sie bestreiten würde – stehen müßte, mit der möglichsten Schnelligkeit und Sicherheit zu besorgen seien. Mein Sohn begleitete mich auf dieser Reise. Wir trafen den General zu Frederictown, wo er ungeduldig auf die Rückkehr derjenigen wartete, welche er in die entlegeneren Bezirke von Maryland und Virginia gesandt hatte, um Fuhrwerke aufzubieten. Ich blieb mehrere Tage bei ihm, speiste täglich mit ihm und hatte reichlich Gelegenheit, alle seine Vorurteile durch die Nachricht von demjenigen zu beseitigen, was die Assembly schon vor seiner Ankunft wirklich getan hatte und noch zu tun gewillt war, um seine Unternehmungen zu erleichtern.

Als ich schon im Begriff war abzureisen, wurden die herbeigeschafften Wagen geliefert, wobei sich ergab, daß sie sich nur auf fünfundzwanzig beliefen und daß selbst diese nicht alle in diensttauglichem Zustande waren. Der General und seine Offiziere waren überrascht und erklärten, die Expedition sei nun zu Ende und unmöglich, und schimpften auf die Minister, weil diese sie aus Unwissenheit in einer Gegend hatten landen lassen, wo alle Mittel zur Fortschaffung ihrer Vorräte, Bagage u.s.w. fehlten, wozu man nicht weniger als hundertundfünfzig Wagen bedurfte. Ich äußerte beiläufig die Ansicht, es sei schade, daß sie nicht stattdessen in Pennsylvania gelandet seien, weil in diesem Lande beinahe jeder Bauer seinen Wagen hätte. Der General hielt sich begierig an meine Worte und sagte: »Dann können Sie, mein Herr, der Sie dort soviel Ansehen genießen, uns wahrscheinlich welche verschaffen, und ich bitte Sie, es wenigsten zu versuchen.« Ich erkundigte mich nach den Bedingungen, welche den Eigentümern der Wagen geboten würden, und wurde gebeten, diejenigen Bedingungen zu Papier zu bringen, welche mir notwendig erscheinen sollten. Dies tat ich. Sie wurden angenommen und sogleich wurde eine Bestallung mit den nötigen Instruktionen aufgesetzt. Von welcher Art jene Bedingungen waren, wird aus der Anzeige hervorgehen, welche ich unmittelbar nach meiner Ankunft in Lancaster veröffentlichte. Da dieselbe wegen der großen und augenblicklichen Wirkung, welche sie hervorbrachte, ein ziemlich denkwürdiges Dokument geworden ist, so werde ich sie nachstehend in ihrem ganzen Wortlaut einrücken:

Bekanntmachung

Lancaster, 26. April 1755

Da für den Dienst der königlichen Truppen, welche im Begriff stehen, sich in Wills Creek zu sammeln, einhundertundfünfzig vierspännige Wagen und fünfzehnhundert Reit- oder Packpferde erforderlich sind, und Se. Excellenz General Braddock geruht hat, mich zum Abschluß von Mietverträgen für dieselben zu ermächtigen, so gebe ich hiermit Nachricht, daß ich von heute bis zum künftigen Mittwoch abend in Lancaster und vom nächsten Donnerstag morgen bis zum Freitag abend in York verweilen und bereit sein werde, für Wagen und Gespann oder einzelne Pferde unter den folgenden Bedingungen Verträge abzuschließen, nämlich:

1. Für jeden Wagen mit vier guten Pferden und einem

Fuhrmann werden fünfzehn Schillinge *täglich* und für jedes tüchtige Pferd mit einem Packsattel oder anderem Sattel und Geschirr zwei Schillinge *täglich* und für jedes tüchtige Pferd ohne Sattel achtzehn Pence *per Tag* bezahlt.

2. Die Bezahlung beginnt von der Zeit an, wo dieselben bei den Streitkräften in Wills Creek eintreffen, was an oder vor dem kommenden 20. Mai geschehen muß, und außerdem wird eine anständige Vergütung für die nach Wills Creek nötige Reise und für die Heimreise nach der Entlassung geleistet werden.

3. Jeder Wagen, jedes Gespann und jedes Reit- oder Packpferd soll von unbeteiligten Personen, die von mir und den Eigentümern zu wählen sind, geschätzt werden; im Fall des Verlustes irgendeines Wagens, Gespannes oder Pferdes im Dienst soll aber der Preis nach Maßgabe einer derartigen Schätzung vergütet und bezahlt werden.

4. Dem Eigentümer eines jeden Wagens und Gespannes oder Pferdes soll auf Verlangen bei Abschluß des Vertrags eine siebentägige Löhnung im voraus auf die Hand bezahlt und der Rest von General Braddock oder dem Zahlmeister der Armee bei der Entlassung oder auch laufend ausbezahlt werden, je nachdem es verlangt wird.

5. Fuhrmänner oder sonstige, mit der Pflege der gemieteten Pferde betrauten Personen werden auf keinen Fall aufgefordert werden, den Dienst von Soldaten zu tun oder andere Verwendung zu übernehmen, als die Führung und Besorgung ihrer Fuhrwerke und Pferde.

6. Aller Hafer, Mais oder sonstige Fourage, welche die Wagen oder Pferde über den nötigen Bedarf für den Unterhalt der Pferde hinaus mit ins Lager bringen, soll für den Gebrauch der Armee angenommen und mit einem anständigen Preise bezahlt werden.

Bemerkung: Mein Sohn William Franklin ist ermächtigt, mit jedermann in Cumberland County denselben Vertrag einzugehen.

B. Franklin.

An die Einwohner der Grafschaften
Lancaster, York und Cumberland.

Freunde und Landsleute!

Als ich vor einigen Tagen zufällig im Lager zu Frederic war, fand ich den General und die Offiziere äußerst erbittert darüber, daß ihnen nicht die Pferde und Fuhrwerke geliefert wurden, welche sie von dieser Provinz erwartet hatten, zumal diese am besten imstande war, dieselben zu liefern; allein, in Folge der Meinungsverschiedenheiten zwischen unserem Gouverneur und der Assembly war weder für Geld gesorgt noch irgendeine Vorkehrung zu diesem Zwecke getroffen worden.

Man beabsichtigte, alsbald eine bewaffnete Truppe in diese Grafschaften zu schicken und so viele von den besten Wagen und Pferden mit Beschlag zu belegen, als man bedürfte, und ebenso viele Personen, als zur Führung und Versorgung derselben erforderlich sein würden, zum Dienste zu zwingen.

Ich fürchtete, daß das Vordringen britischer Soldaten in diese Grafschaften bei einer derartigen Gelegenheit, besonders in ihrer gegenwärtigen Stimmung und ihrer Erbitterung gegen uns, viele und große Unbehaglichkeiten für die Einwohner nach sich ziehen würde. Ich unterzog mich daher um so bereitwilliger der Mühe, zuerst zu versuchen, was mit ehrlichen und billigen Mitteln zu erreichen wäre.

Die Bewohner dieser entlegenen Grafschaften haben sich neuerdings bei der Assembly über das Fehlen einer genügenden Menge baren Geldes beschwert. Ihr habt nun eine Gelegenheit, eine sehr bedeutende Summe einzunehmen und unter Euch zu verteilen; denn wenn der Dienst dieser Expedition, was höchst wahrscheinlich der Fall sein wird, einhundertundzwanzig Tage andauern sollte, so wird die Miete jener Pferde und Wagen sich auf mehr als dreißigtausend Pfund belaufen, welche

Euch in barem Silber und Gold königlicher Prägung ausbezahlt werden.

Der Dienst wird leicht und angenehm sein, denn die Armee wird kaum über zwölf Meilen weit pro Tag marschieren, und die Wagen und Packpferde, da sie nur solche Dinge fortzuschaffen haben, welche für die Wohlfahrt der Armee absolut notwendig sind, müssen mit dieser marschieren und nicht schneller, und werden daher, um der Armee selbst willen, immer nur dahin gestellt, wo sie am sichersten sein können, sei es auf einem Marsch oder in einem Lager.

Wenn Ihr also wirklich gute und getreue Untertanen Seiner Majestät seid, wofür ich Euch halte, so könnt Ihr nun einen höchst dankenswerten Dienst leisten und es Euch selbst behaglich machen, denn drei oder vier von denjenigen, welche nicht für sich einen Wagen mit vier Pferden und einen Fuhrmann bei den Geschäften ihrer Pflanzungen entbehren können, mögen es miteinander tun, indem der eine einen Wagen, ein anderer eines oder zwei Pferde und ein dritter den Fuhrmann stellt, und Ihr die Bezahlung in angemessenem Verhältnis unter Euch teilt. Wenn Ihr jedoch diesen Dienst Eurem König und Lande nicht freiwillig leistet, da Euch eine solch gute Bezahlung und anständige Bedingungen angeboten werden, so wird man Eure Treue stark anzweifeln. Des Königs Geschäft muß getan werden; so viele tapfere Truppen, welche zu Eurer Verteidigung so weit hergekommen sind, dürfen nicht müssig liegen durch Eure Saumseligkeit, das zu tun, was man vernünftigerweise von Euch erwarten kann; Wagen und Pferde müssen beschafft werden, gewaltsame Maßregeln werden vielleicht gebraucht werden, und Ihr werdet dann eine Entschädigung suchen dürfen, wo Ihr sie finden könnt, und Eure Lage wird vielleicht wenig bedauert oder beachtet werden.

Ich habe kein besonderes Interesse an dieser Angelegenheit, da ich – außer dem Bewußtsein, mich für einen

guten Zweck bemüht und Unbill verhindert zu haben –
nur Arbeit für meine Bemühungen haben werde. Sollte
aber möglicherweise diese Methode, Pferde und Wagen
zu bekommen, nicht gelingen, so bin ich genötigt, in
vierzehn Tagen den General davon zu benachrichtigen,
und wahrscheinlich wird dann Sir John St. Clair, der
Husar, mit einer Abteilung Soldaten unverweilt zu jenem
Zwecke in die Provinz einrücken, was zu vernehmen mir
sehr leid tun wird, weil ich ganz aufrichtig und wahrhaftig
Euer wohlmeinender Freund und Gönner bin,

B. Franklin.

Ich empfing von dem General ungefähr achthundert
Pfund, um die Vorschüsse an die Wagenbesitzer u.s.w. zu
leisten. Da aber die Summe nicht ausreichte, streckte ich
noch gegen zweihundert Pfund aus meiner Tasche vor,
und in zwei Wochen waren die hundertundfünfzig Wagen
nebst zweihundertundneunundfünfzig Packpferden auf
ihrem Marsch zum Lager. Die Bekanntmachung versprach Vergütung je nach der Schätzung, falls einer der
Wagen oder eines der Pferde verloren gehen sollte. Da die
Besitzer aber vorschützten, daß sie weder den General
Braddock kannten noch wüßten, inwieweit seiner Zusage
zu trauen sei, so bestanden sie auf meiner Bürgschaft für
deren Erfüllung, die ich ihnen denn auch gab.

Während ich im Lager war und eines Abends mit den
Offizieren von Oberst Dunbars Regiment speiste, äußerte
dieser mir seine Besorgnisse über die Subalternen, welche,
wie er sagte, im allgemeinen nicht im Überfluß lebten und
kaum imstande seien, in diesem teuren Land sich die
Vorräte anzuschaffen, welche für einen solch langen
Marsch durch eine Wildnis nötig waren, in der man nichts
kaufen konnte. Ich bemitleidete ihre Lage und nahm mir
vor, durch meine Bemühungen ihnen einige Abhilfe zu
schaffen. Ich äußerte jedoch gegen den Obersten nichts
von meiner Absicht, sondern schrieb am anderen Morgen
an den Ausschuß der Assembly, welcher einige öffentliche

Gelder zu seiner Verfügung hatte, empfahl die Sache jener Offiziere warm ihrer Erwägung und machte den Vorschlag, denselben ein Geschenk an den notwendigen Lebensbedürfnissen und Erfrischungen zu senden. Mein Sohn, der mit dem Lagerleben und seinen Bedürfnissen einigermaßen vertraut war, setzte eine Liste für mich auf, welche ich meinem Brief beilegte. Der Ausschuß stimmte zu und legte solchen Eifer an den Tag, daß jene Vorräte unter der Führung meines Sohnes gleichzeitig mit den Wagen im Lager eintrafen. Sie bestanden aus zwanzig Paketen, wovon jedes enthielt:

6 Pfund Hutzucker,
6 Pfund guten Farinzucker,
1 Pfund guten grünen Tee,
1 Pfund guten schwarzen Tee,
6 Pfund gemahlenen Kaffee,
6 Pfund Schokolade,
½ Zentner besten weißen Zwieback,
½ Pfund Pfeffer,
1 Quart besten weißen Weinessig,
1 Gloucesterkäse,
1 Tönnchen mit 20 Pfd. guter Butter,
2 Dutzend Flaschen alten Madeira,
2 Gallonen Jamaica-Rum,
1 Flasche Senfmehl,
2 gutgeräucherte Schinken,
½ Dutzend geräucherte Zungen,
6 Pfund Reis,
6 Pfund Rosinen.

Diese zwanzig Pakete waren gut verpackt auf ebenso viele Pferde geladen und jedes Paket samt dem Pferde zu einem Geschenk für einen Offizier bestimmt. Sie wurden dankbarst angenommen und die erwiesene Freundlichkeit in Briefen an mich von den Obersten der beiden Regimenter in den dankbarsten Ausdrücken anerkannt. Auch der General war äußerst befriedigt von meiner Bemühung, ihm die Wagen u.s.w. zu verschaffen, bezahlte bereitwillig die Rechnung für meine Auslagen, dankte mir wiederholt und bat mich dringend um meine weitere Mithilfe bei der Nachsendung von Lebensmitteln an ihn. Ich unterzog mich auch diesem Auftrag und war höchst emsig damit beschäftigt, bis wir von seiner Niederlage hörten. Ich hatte für den Dienst über tausend Pfund von meinem eigenen Geld ausgelegt, worüber ich ihm eine Abrechnung schickte. Sie gelangte zu meinem Glück einige Tage vor der Schlacht in seine Hände, und er schickte mir unverweilt eine Anweisung auf den Zahlmeister für die runde Summe von eintausend Pfund und ließ den Rest bis zur nächsten Abrechnung offen. Ich betrachte diese Zahlung als ein großes Glück, da ich niemals imstande gewesen bin, jenen Rest zu erlangen, wovon später noch die Rede sein wird.

Dieser General war meines Erachtens ein tapferer Mann und würde wahrscheinlich als guter Offizier in irgendeinem europäischen Kriege eine Rolle gespielt haben. Allein, er hatte zuviel Selbstvertrauen, eine zu hohe Meinung von der Tüchtigkeit der regulären Truppen und eine zu niedrige von den Amerikanern wie von den Indianern. George Croghan, unser indianischer Dolmetscher, stieß auf dem Marsche zu ihm mit hundert Indianern, welche als Führer, Wegweiser, Kundschafter und dgl. seiner Armee von großem Nutzen hätten sein können, wenn er sie freundlich aufgenommen hätte; allein, er behandelte sie geringschätzig und vernachlässigte sie, und so liefen sie ihm allmählich davon.

Eines Tages unterhielt ich mich mit ihm, und er gab mir einen Bericht über sein beabsichtigtes Vorrücken. »Nach der Einnahme des Fort Duquesne«, sagte er, »werde ich mich nach Niagara wenden, nach der Einnahme von diesem nach Frontenac, wenn die Jahreszeit es noch gestatten sollte, was meines Erachtens der Fall sein wird; denn

Duquesne kann mich kaum länger als drei oder vier Tage aufhalten, und dann sehe ich nichts mehr, was meinen Marsch nach Niagara aufhalten könnte.« Da ich mir zuvor meine Gedanken über die lange Linie gemacht hatte, welche sein Heer auf dem Marsch auf einem sehr schmalen Wege bilden mußte, der erst durch Wald und Gebüsch zu hauen war, und nach demjenigen, was ich von einer früheren Niederlage von fünfzehnhundert Franzosen bei einem Einfall in das Land der Irokesen gehört, so hatte ich einige Zweifel und Befürchtungen hinsichtlich des Erfolgs dieses Feldzugs bekommen. Allein, ich wagte nur zu bemerken: »Allerdings, mein Herr, wenn Sie mit diesen prächtigen und so gut mit Artillerie versehenen Truppen wohlbehalten vor Duquesne ankommen, so kann dieser Platz, welcher noch nicht vollständig befestigt und soviel ich höre nur mit einer schwachen Garnison besetzt ist, wahrscheinlich nur kurze Zeit Widerstand leisten. Die einzige Gefahr einer Behinderung Ihres Marsches, die ich fürchte, sind die Hinterhalte von Indianern, welche durch fortwährende Übung im Legen und Ausführen derselben sehr geschickt sind. Die dünne, beinahe vier Meilen lange Linie, welche Ihr Heer bilden muß, dürfte es Überfällen und Überrumpelungen in seine Flanken und der Gefahr aussetzen, wie ein Faden in mehrere Stücke geschnitten zu werden, welche wegen ihrer Entfernung voneinander nicht zeitig genug aufrücken können, um einander zu unterstützen.« Er lächelte über meine Unwissenheit und erwiderte: »Jene Wilden mögen allerdings für Eure unerfahrene amerikanische Miliz ein furchtbarer Feind sein, allein, auf des Königs reguläre und wohldisziplinierte Truppen, mein Herr, werden sie unmöglich irgendeinen Eindruck machen.« Ich war mir bewußt, daß es unpassend für mich war, mit einem Militär über Gegenstände seines Berufs zu streiten, und ich sagte nichts weiter.

Der Feind machte sich jedoch den Vorteil nicht zunutze, welchen, wie ich befürchtete, die lange Marschlinie der Armee des Generals dem Gegner bot, sondern ließ diese ungehemmt bis auf ungefähr neun Meilen an jenen Platz vordringen; dann aber, als die Briten in einer Masse (denn sie hatten soeben einen Fluß passiert, wo die Vorhut haltgemacht hatte, bis alle herübergekommen waren) und an dem offensten Punkte der Wälder, den sie bis dahin passiert hatten, beieinander waren, griff der Feind ihre Vorhut mit einem mächtigen Feuer hinter Bäumen und Gebüsch hervor an. Das war der erste Hinweis, welchen der General von der Nähe des Feindes erhielt. Als die Vorhut in Unordnung geriet, führte Braddock die Truppen ihnen eiligst zu Hilfe, was in großer Verwirrung durch Wagen, Bagage und Vieh hindurch geschah. Plötzlich erhielten diese das Feuer in ihre Flanke; die Offiziere zu Pferde waren leichter zu unterscheiden, wurden zu Zielscheiben auserlesen und fielen sehr schnell; die Soldaten wurden zu einem wirren Haufen zusammengetrieben, bekamen oder hörten kein Kommando mehr und waren dem Feuer ausgesetzt, bis zwei Drittel von ihnen gefallen waren; dann wurden sie von panischem Schreck ergriffen und wandten sich alle zu übereilter Flucht. Die Fuhrleute nahmen jeder ein Pferd aus seinem Gespann und rissen aus; ihrem Beispiel folgten andere, und so wurden die Wagen, der Proviant, die Geschütze, die Munitionsvorräte dem Feinde überlassen. Der General wurde verwundet und nur mit Mühe fortgeschafft, sein Sekretär, Herr Shirley, an seiner Seite erschossen; von sechsundachtzig Offizieren waren dreiundsechzig gefallen oder verwundet und von elfhundert Soldaten siebenhundertundvierzehn getötet. Diese elfhundert waren sämtlich aus der ganzen Armee auserlesene Mannschaften gewesen; die übrigen waren mit Oberst Dunbar zurückgeblieben, welcher mit dem schweren Teil des Kriegsbedarfs, des Proviants und der Bagage folgen sollte.

Die Flüchtlinge gelangten unverfolgt in Dunbars Lager, und der panische Schrecken, welchen sie mitbrachten, ergriff augenblicklich ihn und seine ganze Mannschaft. Obschon der Oberst nun über tausend Mann bei sich hatte und der Feind, welcher Braddock geschlagen, höchstens aus vierhundert Indianern und Franzosen im ganzen bestand, befahl er dennoch, anstatt vorzurücken und wenigstens den Versuch zu machen, etwas von der verlorenen Ehre wiederzugewinnen, die Vernichtung aller Vorräte an Munition u.s.w., nur um desto mehr Pferde zur Förderung seiner Flucht zu den Ansiedlungen und weniger Ballast zum Mitnehmen zu haben. In den Niederlassungen fand er Bitten von seiten der Gouverneure von Virginia, Maryland und Pennsylvania vor, er möge seine Truppen an der Grenze aufstellen, um den Einwohnern einigen Schutz zu gewähren; allein, er setzte seinen eiligen Marsch durch das ganze Land fort und glaubte sich nicht eher sicher, als bis er Philadelphia erreichte, wo die Einwohner ihn beschützen konnten. Dieser Vorfall gab uns Amerikanern den ersten Argwohn, daß unsere hohe Meinung von der Tapferkeit der britischen Regulären nicht sehr begründet gewesen war.

Auf ihrem ersten Marsch von der Landung bis zu ihrem Vordringen über die Ansiedlungen hinaus hatten diese britischen Regulären zudem die Einwohner geplündert und ausgeraubt, manche arme Familien ganz ruiniert und überdem die Leute beleidigt, mißhandelt und eingesperrt, wenn sie Einwendungen machten. Dies war hinreichend, um uns die Lust an derartigen Verteidigern zu nehmen, wenn wir je welcher bedurft hätten. Wie verschieden davon war das Betragen unserer französischen Freunde im Jahr 1781, welche auf dem Marsch durch den bewohntesten Teil unseres Landes, von Rhode Island bis nach Virginia, beinahe siebenhundert Meilen weit, nicht zu der geringsten Klage über den Verlust eines Schweins, eines jungen Huhns oder auch nur eines Apfels Anlaß gaben!

Hauptmann Orme, einer von den Adjutanten des Generals und ebenfalls schwer verwundet, wurde mit demselben fortgeschafft und blieb bei ihm bis zu dessen Tod, welcher nach einigen Tagen eintrat. Der Hauptmann erzählte mir, der General sei den ganzen ersten Tag gänzlich still geblieben und habe bei Nacht nur geäußert: »Wer hätte das gedacht?«, habe den folgenden Tag abermals tiefes Schweigen beobachtet und nur endlich gesagt: »Wir werden ein andermal besser wissen, wie man mit ihnen umspringen muß«, und sei dann wenige Minuten darauf verschieden.

Da die Papiere des Sekretärs samt all den Befehlen, Instruktionen und dem Briefwechsel des Generals in die Hände des Feindes gefallen waren, so wählte dieser eine Anzahl derselben aus und ließ sie ins Französische übersetzen und veröffentlichen, um die feindseligen Absichten des britischen Hofes vor der Kriegserklärung nachzuweisen. Unter diesen sah ich auch einige Briefe des Generals an das Ministerium, welche voll Anerkennung der Dienste gedachten, welche ich der Armee erwiesen hatte, und mich demselben zur Berücksichtigung empfahlen. Auch David Hume, welcher einige Jahre später Sekretär bei Lord Hertford, solange dieser Gesandter in Frankreich war, und dann bei General Conway, dem damaligen Staatssekretär, gewesen war, erzählte mir ebenfalls, er habe unter den Papieren in des letzeren Büro Briefe von General Braddock gesehen, welche mich sehr warm empfahlen. Weil aber die Expedition unglücklich gewesen war, scheinen meine Dienste für nicht sonderlich wertvoll erachtet worden zu sein, denn jene Empfehlungen brachten mir niemals den mindesten Vorteil.

Als Lohn für meine Bemühungen verlangte ich von dem General selbst nur eine einzige Gefälligkeit, nämlich daß er an seine Offiziere einen Befehl erlasse, keine von unseren gekauften Dienstleuten mehr in Dienst zu stellen und diejenigen freizugeben, welche bereits in Dienst gestellt worden waren. Dies gewährte er gern, und es wurden demgemäß mehrere auf meine Verwendung ihren

Herren zurückgegeben. Als der Oberbefehl an Dunbar überging, war dieser nicht so großmütig. Während er auf seinem Rückzug oder vielmehr seiner Flucht in Philadelphia verweilte, wandte ich mich an ihn wegen der Freigebung der Diener von drei armen Bauern in der Grafschaft Lancaster, welche er in Dienst hatte, und erinnerte ihn an die Befehle des verstorbenen Generals in dieser Hinsicht. Er versprach mir, falls die Eigentümer zu ihm nach Trenton kommen würden, wo er in einigen Tagen auf seinem Marsch nach New York eintreffen würde, denselben dort ihre Leute herauszugeben. Sie machten sich deshalb die Mühe und Kosten, nach Trenton zu reisen, wo er sich dann zu ihrer großen Einbuße und Enttäuschung sein Versprechen zu halten weigerte.

Sobald der Verlust der Wagen und Pferde allgemein bekannt wurde, drangen sämtliche Eigentümer wegen der Entschädigung auf mich ein, deren Bezahlung ich ihnen verbürgt hatte. Ihre Forderungen machten mir sehr viel Unannehmlichkeit, denn wenn ich ihnen auch sagte, daß das Geld bar in den Händen des Zahlmeisters sei, aber der Zahlungsbefehl dafür erst von General Shirley eingeholt werden müsse, und wenn ich ihnen auch versicherte, daß ich mich bereits brieflich an den General gewandt hätte, daß dieser zur Zeit aber nicht anwesend sei und daß daher eine Antwort noch nicht so rasch eintreffen könne und daß sie Geduld haben müßten, so reichte dies alles nicht hin, sie zufriedenzustellen, und einige begannen, mich zu verklagen. General Shirley erlöste mich endlich aus dieser schrecklichen Lage, indem er Kommissare zur Prüfung der Ansprüche aufstellte und die Auszahlung der Entschädigungen anordnete. Diese beliefen sich auf nahezu zwanzigtausend Pfund, deren Deckung mich ruiniert haben würde.

Ehe wir noch Kunde von dieser Niederlage erhalten hatten, kamen die beiden Doktoren Bond mit einer Subskriptionsliste zu mir und wollten das Geld zur Deckung der Kosten für ein großes Feuerwerk aufbringen, welches man als Freudenfest bei dem Empfang der Nachricht von unsrer Einnahme des Forts Duquesne zu veranstalten beabsichtigte. Ich schaute sehr ernst drein und äußerte, es würde meines Bedünkens noch Zeit genug sein, ein Freudenfest vorzubereiten, wenn wir wüßten, daß wir Veranlassung zur Freude hätten. Die Herren schienen überrascht, daß ich nicht sogleich auf ihren Vorschlag einging. »Ei zum Geier!« rief der eine von ihnen, »Sie werden doch nicht annehmen, daß das Fort nicht eingenommen werden wird?« – »Ich weiß nicht, ob es nicht genommen wird, aber ich weiß, daß kriegerische Ereignisse einer großen Ungewißheit unterworfen sind«, gab ich zur Antwort. Ich setzte ihnen die Gründe meines Zweifels auseinander. Man ließ die Subskription fallen, und die Betreiber entgingen dadurch der Demütigung, welcher sie sich ausgesetzt hätten, wenn das Feuerwerk vorbereitet worden wäre. Dr. Bond äußerte bei irgendeiner spätern Veranlassung, er sei kein Freund von Franklins Prophezeiungen.

Gouverneur Morris hatte vor General Braddocks Niederlage die Assembly beständig mit einer Botschaft nach der andern bestürmt, um sie zur Bewilligung von Geldern für die Verteidigung der Provinz anzuspornen, ohne daß dabei, neben anderen, die Güter der Eigentümer besteuert würden; er hatte alle Gesetzesanträge der Assembly verworfen, weil sie keine derartige Ausnahmebestimmung enthielten, und er verdoppelte nun seine Angriffe mit gesteigerter Hoffnung auf Erfolg, weil die Gefahr und Not größer wurden. Die Assembly blieb jedoch fest, in dem Glauben, daß sie das Recht auf ihrer Seite habe und daß es ein wesentliches Recht aufgeben heiße, wenn sie duldete, daß der Gouverneur ihre Geldbewilligungen korrigierte. In einem der letzten Gesetzesanträge, worin es sich um die Bewilligung von fünfzigtausend Pfund handelte, bestand in der Tat seine beabsichtigte Verbesserung nur in einem einzigen Wort. Der Antrag bestimmte, daß aller Grundbesitz und alles persönliche Eigentum besteuert werden sollte, die Eigentümer *nicht* ausgenommen. Seine Verbesserung war, anstatt *nicht* zu setzen: *allein* – eine kleine, aber sehr inhaltsreiche Änderung.

Als jedoch die Kunde von jenem militärischen Mißgeschick nach England gelangte, erhoben unsere dortigen Freunde, denen wir fürsorglich alle Antworten der Assembly auf die Botschaften des Gouverneurs mitgeteilt hatten, ein Geschrei gegen die Eigentümer wegen ihrer Gemeinheit und Ungerechtigkeit, dem Gouverneur derartige Weisungen zu erteilen; einige von unseren Freunden gingen sogar soweit zu sagen: die Eigentümer büßten dadurch, daß sie die Verteidigung ihrer Provinz behinderten, ihr Anrecht auf dieselbe ein. Diese wurden hierdurch eingeschüchtert und sandten ihrem Generaleinnehmer die Weisung, fünftausend Pfund von ihrem eigenen Gelde derjenigen beliebigen Summe hinzuzufügen, welche von der Assembly zu einem derartigen Zweck gegeben werden würde. Als dies dem Hause bekannt gemacht wurde, nahm man es als ihren Anteil an einer allgemeinen Steuer an und stellte einen neuen Gesetzesantrag mit einer Ausnahmebestimmung, welche demgemäß durchging. Durch diesen Beschluß wurde ich zu einem der Kommissare ernannt, welche über das Geld, 60 000 Pfd., zu verfügen hatten. Ich hatte mich rührig für die Formulierung des Antrages und seine Annahme verwendet und hatte gleichzeitig einen Gesetzesantrag zur Erstellung und Einübung einer freiwilligen Miliz entworfen, welchen ich ohne viele Schwierigkeit im Hause durchbrachte, da in demselben die Vorkehrung getroffen war, den Quäkern ihre freie Wahl zu lassen. Um den Verband zu fördern, der zur Bildung einer Miliz nötig war, schrieb ich einen Dialog*, worin ich alle Einwendungen, welche ich mir nur gegen eine derartige Miliz denken konnte, anführte und wider-

* Dieser Dialog und die Milizakte stehen im *Gentleman's Magazine* vom Februar und März 1756.

legte; derselbe wurde gedruckt und übte meines Erachtens eine große Wirkung aus.

Während die einzelnen Kompanien in Stadt und Land sich bildeten und ihre militärischen Pflichten lernten, drang der Gouverneur in mich, für unsere nordwestliche Grenze zu sorgen, welche vom Feinde verheert wurde, und Vorkehrungen für die Verteidigung der Einwohner durch Aufgebot von Truppen und die Erbauung einer Reihe von Forts zu treffen. Ich übernahm dieses militärische Geschäft, obwohl ich mich dafür nicht sehr befähigt fühlte. Er gab mir eine Bestallung mit umfassenden Vollmachten und ein Paket Blankoformulare von Patenten für Offiziere, welche ich allen mir tüchtig erscheinenden Personen erteilen sollte. Es machte mir nur wenig Schwierigkeit, die Mannschaften zu sammeln, und bald hatte ich 560 unter meinem Befehl. Mein Sohn, welcher im vorigen Kriege als Offizier in der gegen Kanada aufgebotenen Armee gedient hatte, war mein Adjutant und für mich von großem Nutzen. Die Indianer hatten Gnadenhütten, ein von Herrnhutern besiedeltes Dorf, verbrannt und die Einwohner niedergemetzelt, aber der Ort selbst galt als gut gelegen für eines der Forts. Um nun dorthin zu marschieren, versammelte ich die Kompanien zu Bethlehem, der Hauptniederlassung der Herrnhuter. Ich war überrascht, dieselbe in so gutem Verteidigungszustande zu finden. Die Zerstörung von Gnadenhütten hatte ihnen ihre Gefährdung vor Augen geführt. Die hauptsächlichsten Gebäude wurden durch eine Palisade verteidigt. Die Bürger hatten eine Anzahl Waffen und Munition von New York bezogen und sogar Massen kleiner Pflastersteine in den Fenstern ihrer hohen steinernen Häuser aufgehäuft, damit ihre Frauen sie auf die Köpfe der ersten besten Indianer herunterschleudern könnten, die in die Häuser einzudringen versuchten. Die bewaffneten Brüder hielten überdem Wache und lösten sich so methodisch ab wie in irgendeiner Garnisonsstadt. Ich äußerte im Gespräch mit ihrem Bischof, Spangenberg, mein Erstaunen hierüber, denn ich wußte, daß sie eine Parlamentsakte erlangt hatten, welche sie vom Militärdienste in den Kolonien befreite, und hatte daher angenommen, sie hegten Gewissensbedenken gegen das Waffentragen. Er erwiderte mir, es sei zwar keiner ihrer Glaubensgrundsätze, aber zu der Zeit, wo jene Parlamentsakte erlangt wurde, von vielen ihrer Leute für einen Grundsatz gehalten worden. Bei dieser Gelegenheit hätten sie übrigens zu ihrem Erstaunen festgestellt, daß nur sehr wenige sich zu demselben bekannten. Es scheint, sie täuschten entweder sich selbst oder das Parlament; aber gesunder Menschenverstand, unterstützt von vorhandener Gefahr, wird zuweilen über launenhafte Ansichten doch den Sieg davontragen.

Es war Anfang Januar, als wir uns an dieses Geschäft der Erbauung des Forts machten. Ich schickte eine Abteilung in die Minisinks mit Weisungen, dort eines für die Sicherheit jenes oberen Teils des Landes zu errichten, und eine andere Abteilung mit ähnlichen Weisungen nach dem unteren Teile; ich selbst aber wollte mit dem Rest meiner Streitkräfte nach Gnadenhütten gehen, wo ein Fort für dringender nötig erachtet wurde. Die Herrnhuter verschafften uns fünf Wagen für unsere Werkzeuge, Vorräte, Gepäck u.s.w. Unmittelbar ehe wir Bethlehem verließen, kamen elf Farmer, welche durch die Indianer von ihren Pflanzungen vertrieben worden waren, zu mir und baten mich um Ausrüstung mit Gewehren, damit sie zurückgehen und ihr Vieh abholen könnten. Ich gab jedem von ihnen eine Flinte mit entsprechender Munition. Wir waren noch nicht viele Meilen weit marschiert, so begann es zu regnen und es regnete den ganzen Tag lang fort. Es gab keine Wohnstätten am Wege, um uns ein Obdach zu gewähren, bis wir gegen Einbruch der Nacht zu einem Deutschen kamen, in dessen Scheune wir uns zusammendrängten, alle so naß, wie uns Wasser nur machen konnte. Es war gut, daß wir auf unserem Marsch nicht angegriffen wurden, denn unsere Waffen waren von der gewöhnlichsten Art, und unsere Leute konnte ihre Flintenschlösser nicht trocken halten. Die Indianer sind in Vorkehrungen für diesen Zweck sehr geschickt, wir aber hatten keine solchen. Sie begegneten an diesem Tage den elf obenerwähnten Farmern und töteten zehn von ihnen; und der eine, welcher entkam, erzählte uns, daß ihm und seinen Gefährten die Gewehre nicht hatten losgehen wollen, weil der Zündsatz vom Regen naß geworden war.

Da wir am folgenden Tage schönes Wetter hatten, setzten wir unsern Marsch fort und erreichten das verödete Gnadenhütten. Es war eine Sägemühle in der Nähe, um welche herum noch mehrere Haufen Bretter aufgeschichtet geblieben waren, aus denen wir uns bald Hütten bauten – eine Arbeit, die bei der ungünstigen Jahreszeit um so nötiger war, als wir keine Zelte hatten. Unser erstes war nun, die Toten, welche wir hier fanden, sorgfältiger zu beerdigen, weil sie von dem Landvolk nur halb eingescharrt worden waren. Am andern Morgen wurde unser Fort entworfen und ausgesteckt; es hatte einen Umfang von 455 Fuß und erforderte also ebenso viele Palisaden, welche aus Bäumen von durchschnittlich je einem Fuß Durchmesser hergestellt werden mußten. Wir hatten siebzig Äxte, die sogleich in Gebrauch genommen wurden, um Bäume zu fällen. Da unsere Leute in der Handhabung derselben sehr geübt waren, so wurde bald ein tüchtiges Stück Arbeit geleistet. Wie ich die Bäume so rasch fallen sah, verleitete mich die Neugier, auf meine Uhr zu sehen, als zwei Männer eine Kiefer zu fällen begannen; binnen sechs Minuten hatten sie dieselbe zu Boden gestreckt, und ich fand, daß sie vierzehn Zoll im Durchmesser hatte. Jede Kiefer gab drei Palisaden von achtzehn Fuß Länge, an einem Ende zugespitzt. Während die einen die Palisaden zurichteten, warf unsere übrige Mannschaft rund herum einen drei Fuß tiefen Graben auf, in welchen die

Schanzpfähle eingepflanzt werden sollten. Wir nahmen von unseren Wagen die Kästen ab, trennten die vorderen und hinteren Räderpaare durch Herausnehmen des Zapfens, welcher die beiden Teile des Langbaums vereinigte, und hatten nun zehn Fuhrwerke, jedes mit zwei Pferden, um die Pfähle aus den Wäldern an Ort und Stelle zu schaffen. Als die Verpfählung aufgerichtet war, erbauten unsere Zimmerleute an der Innenseite derselben ein etwa sechs Fuß hohes Gerüst aus Brettern, damit die Männer darauf stehen konnten, wenn sie durch die Schießscharten feuerten. Wir hatten eine Drehkanone, welche wir an einer der Ecken aufstellten und abfeuerten, sobald sie fertig war, um die Indianer, falls etwa solche in Hörweite waren, wissen zu lassen, daß wir solche Geschütze hatten. Und so wurde unser Fort, wenn man einer solch armseligen Verpfählung einen solch stolzen Namen geben darf, in einer Woche vollendet, obschon es jeden zweiten Tag so stark regnete, daß die Leute nicht arbeiten konnten.

Dies gab mir Gelegenheit wahrzunehmen, daß die Leute am leichtesten zufrieden sind, wenn sie beschäftigt sind, denn an den Tagen, wo sie arbeiteten, waren sie gutmütig und heiter und verbrachten ihren Abend vergnügt in dem Bewußtsein, ein gutes Tagewerk getan zu haben; an unseren müßigen Tagen dagegen waren sie meuterisch und zanksüchtig, nörgelten an ihrem Schweinefleisch, Brot u.s.w. herum und zeigten beständige Mißlaune, was mich an jenen Schiffskapitän erinnerte, welcher die Gewohnheit hatte, seine Mannschaft fortwährend in Arbeit zu erhalten, und der, als ihm sein Maat eines Tages meldete, es sei alles geschehen und keine weitere Arbeit mehr vorhanden, um sie damit zu beschäftigen, ausrief: *»Oh, dann laßt sie den Anker polieren!«*

Diese Art von Fort, wie armselig auch an sich, ist doch ein hinreichender Schutz gegenüber den Indianern, welche keine Kanonen haben. Da wir uns nun sicher postiert fühlten und einen Ort hatten, an welchen wir uns, wenn nötig, zurückziehen konnten, so wagten wir in kleinen Gruppen auch Streifzüge in die Umgegend. Wir stießen auf keine Indianer, fanden dagegen auf den umliegenden Höhen die Stellen, wo sie gelegen hatten, um unser Unternehmen zu beobachten. Die Anlage einer derartigen Stelle verriet eine Kunst, welche mir erwähnenswert erscheint. Da es Winter war, bedurften sie eines Feuers; allein, ein gewöhnliches Feuer an der Erdoberfläche würde durch seinen Lichtschein ihre Stellung auf einige Entfernung hin verraten haben. Sie gruben daher Löcher von drei Fuß Durchmesser und etwas tiefer in den Boden; wir fanden die Stellen, wo sie mit ihren Äxten die verkohlten Stellen von der Seite angebrannter und in den Wäldern liegender Holzstämme weggehauen hatten. Mit diesen Kohlen hatten sie auf der Sohle der Löcher kleine Feuer gemacht, und wir erkannten im Gras und Gestrüpp die Abdrücke ihrer Körper, wie sie dieselben durch ihr Herumliegen um die Löcher gemacht hatten, wobei sie ihre Beine in die Löcher hinunterhängen ließen, um ihre Füße zu wärmen, was bei ihnen ein wesentlicher Punkt ist. Die so hergestellte Art von Feuer konnte sie weder durch seinen Lichtschein oder seine Flamme noch durch Funken oder selbst Rauch verraten. Allem Anschein nach war aber ihre Zahl nicht groß, und sie sahen ein, daß wir unser zu viele waren, um von ihnen mit Aussicht auf Erfolg angegriffen zu werden.

Wir hatten zu unserem Feldkaplan einen eifrigen presbyterianischen Geistlichen namens Beatty, welcher sich bei mir beschwerte, daß die Leute meistens seinen Gebeten und Ermahnungen nicht beiwohnten. Als die Leute sich verpflichten ließen, wurde ihnen neben Löhnung und Verpflegung auch eine Viertelspinte Rum täglich versprochen, welche ihnen pünktlich gereicht wurde, und zwar die eine Hälfte morgens, die andere abends. Da ich nun bemerkte, daß sich die Leute pünktlich einstellten, um dieselbe in Empfang zu nehmen, äußerte ich gegen

Herrn Beatty: »Es ist vielleicht unter der Würde Ihres Standes, den Proviantmeister bei der Austeilung des Rums abzugeben; allein, wenn Sie sich dazu verstehen wollten, denselben auszuteilen, und zwar gerade nach dem Gebet, so würden Sie alle Leute um sich haben.« Der Einfall gefiel ihm, er unterzog sich dem Amte und versah es mit Unterstützung einiger Leute, welche den Rum ausschenkten, zu allgemeiner Zufriedenheit. Niemals wurden Betstunden vollzähliger und pünktlicher besucht, so daß meines Erachtens diese Methode weit vorzüglicher und empfehlenswerter ist als die Strafe, welche manche Militärgesetze auf den Nichtbesuch des Gottesdienstes setzen.

Ich hatte kaum dieses Geschäft besorgt und mein Fort gut mit Proviant versehen, als ich einen Brief vom Gouverneur mit der Nachricht erhielt, daß er die Assembly einberufen habe und meine Anwesenheit in derselben wünsche, wenn der Zustand der Dinge an den Grenzen derartig sei, daß mein Verweilen daselbst nicht länger notwendig erscheine. Weil nun auch meine Freunde in der Assembly brieflich in mich drangen, wo möglich dieser Sitzung beizuwohnen, da ferner meine beabsichtigten drei Forts nun vollendet und die Landleute bereit waren, unter diesem Schutz auf ihren Gehöften zu bleiben, so beschloß ich, wieder nach Hause zu gehen, und zwar um so bereitwilliger, als ein im Indianerkriege erfahrener Offizier aus Neu-England, Oberst Clapham, soeben auf Besuch in unsrer Niederlassung und deren Kommando zu übernehmen bereit war. Ich gab ihm ein Patent, ließ die Garnison zur Parade antreten, das Bestallungsdekret vorlesen und stellte ihn der Mannschaft als einen Offizier vor, welcher vermöge seiner Geschicklichkeit in militärischen Angelegenheiten weit mehr zu ihrem Oberbefehlshaber geeignet sei als ich; dann gab ich ihnen noch einige Ermahnungen und verabschiedete mich. Ich erhielt noch ein Geleit bis Bethlehem, wo ich mich einige Tage aufhielt, um mich von den bestandenen Strapazen zu erholen. Als ich in der ersten Nacht wieder in einem guten Bett lag, konnte ich kaum schlafen, so verschieden war es von meinem harten Lager auf dem Fußboden unserer Hütte in Gnadenhütten, wo ich nur in eine oder zwei Decken eingehüllt gelegen hatte.

Während meines Aufenthalts in Bethlehem erkundigte ich mich ein wenig nach dem häuslichen und religiösen Leben der Herrnhuter, von denen einige mich begleitet hatten und die alle sehr freundlich zu mir waren. Ich fand, daß sie für einen gemeinsamen Grundbesitz arbeiteten, in großer Anzahl zusammen an einem gemeinsamen Tische speisten und in gemeinsamen Schlafsälen schliefen. In den Schlafsälen bemerkte ich einige Öffnungen, die der ganzen Länge nach in gewissen Abständen gerade unter der Zimmerdecke angebracht waren, welche ich für sehr geeignet zur Lufterneuerung hielt. Ich ging auch in ihre Kirche, wo ich gute Musik hörte, denn das Orgelspiel war von Violinen, Oboen, Flöten, Klarinetten u.s.w. begleitet. Man sagte mir, daß ihre Predigten gewöhnlich nicht vor gemischten Versammlungen von Männern, Weibern und Kindern gehalten werden, wie es bei uns der Brauch ist, sondern daß sie das eine Mal die verheirateten Männer, zu anderen Zeiten deren Frauen, dann die jungen Männer, die jungen Frauenzimmer und die kleinen Kinder, jede Abteilung für sich, versammelten. Die Predigt, welche ich anhörte, galt den letzteren, welche hereinkamen und reihenweise auf Bänken Platz nahmen, die Knaben unter der Führung eines jungen Mannes, ihres Lehrers, die Mädchen unter der Aufsicht eines jungen Frauenzimmers. Die Predigt schien der Fassungskraft der jugendlichen Zuhörer gut angepaßt und wurde in einer gewinnenden, vertraulichen Weise vorgetragen, um ihnen gleichsam schmeichelnd beizubringen, daß sie gut und tugendhaft sein sollten. Sie betrugen sich sehr anständig, sahen aber bleich und ungesund aus, was mich argwöhnen ließ, daß sie zuviel im Zimmer gehalten oder daß ihnen keine genügende körperliche Bewegung gegönnt werde. Ich erkundigte mich auch nach den Heiraten der Herrnhuter, namentlich, ob das Gerücht wahr sei, daß dieselben durchs Los zustande kämen. Man sagte mir, das Losen komme nur in besonderen Fällen zur Anwendung, in der Regel aber benachrichtige ein junger Mann, wenn er sich zum Heiraten geneigt finde, die Ältesten seiner Klasse, welche darüber die Ältesten der Frauen, welche die jungen Mädchen beaufsichtigen, zu Rate zögen. Da diese Ältesten der verschiedenen Geschlechter genau mit dem Temperament, der Gemütsart und den Anlagen ihrer betreffenden Zöglinge bekannt seien, so vermöchten diese am besten zu beurteilen, welche Ehen passend seien, und man füge sich gewöhnlich ihrem Urteil; wenn es sich dagegen z. B. zufällig treffen sollte, daß zwei oder drei junge Frauenzimmer als *gleich* geeignet für den jungen Mann befunden würden, dann nähme man seine Zuflucht zum Los. Ich wandte ein, daß manche dieser Ehen sehr unglücklich ausfallen dürften, weil sie nicht durch die gegenseitige Wahl der Parteien zustande kämen. Mein Gewährsmann entgegnete mir: »Das kann aber auch der Fall sein, wenn man die Betreffenden selber wählen läßt«, was ich allerdings nicht in Abrede stellen konnte.

Nach Philadelphia zurückgekehrt fand ich, daß der Wehrverband prächtig gedieh, daß diejenigen Einwohner, die nicht zu den Quäkern gehörten, demselben ziemlich allgemein beigetreten waren, daß sie sich in Kompanien gegliedert und nach Maßgabe des neuen Gesetzes ihre Hauptleute, Leutnants, Fähnriche u.s.w. selbst gewählt hatten. Dr. B. besuchte mich und schilderte mir die Mühe, welche er sich gegeben habe, um das Gesetz beliebt zu machen, und schrieb diesen Bemühungen einen großen Teil des Erfolgs zu. Ich hatte die Eitelkeit besessen, alles meinem *Dialog* beizumessen. Weil ich aber nicht wußte, inwieweit er im Recht sein mochte, ließ ich ihn sich seiner

Ansicht freuen, was ich in solchen Dingen überhaupt für den besten Weg erachte.

Als die Offiziere zusammentraten, erwählten sie mich zum Obersten ihres Regiments, was ich diesmal annahm. Ich weiß nicht mehr, wieviel Kompanien wir hatten, aber wir musterten ungefähr zwölfhundert Männer, die sich sehen lassen konnten, nebst einer Kompanie Artillerie, die mit sechs bronzenen Feldgeschützen ausgerüstet und in der Bedienung derselben so geübt geworden war, daß sie zwölfmal in der Minute feuern konnten. Als ich das erstemal Musterung über mein Regiment hielt, begleitete mich dieses nach meinem Hause und salutierte mich mit einigen vor meinem Hause abgegebenen Salven, welche mehrere Gläser an meinem elektrischen Apparat durch die Erschütterung herunterwarfen und zerbrachen. Auch meine neue Ehrenstellung erwies sich als nicht weniger zerbrechlich, denn alle unsere Bestallungen wurden bald darauf durch die Abschaffung des Gesetzes in England vernichtet.

Als ich während dieser kurzen Dienstzeit als Oberst einmal im Begriff war, eine Reise nach Virginia anzutreten, setzten es sich die Offiziere meines Regiments in den Kopf, es gezieme sich für sie, mir zur Stadt hinaus und bis zur unteren Fähre das Geleit zu geben. Gerade als ich zu Pferd steigen wollte, langten sie, zwischen dreißig und vierzig an der Zahl, alle beritten und in ihren Uniformen, vor meiner Türe an. Ich war nicht vorher von ihrer Absicht in Kenntnis gesetzt gewesen, sonst würde ich die Ausführung derselben verhütet haben, da ich von Natur aus gegen jede Darlegung von Pomp bei irgendeiner Gelegenheit abgeneigt bin. Ich war über ihr Erscheinen ziemlich ärgerlich, konnte aber ihrer Begleitung nicht ausweichen. Was aber die Sache noch schlimmer machte, war, daß sie, als wir uns in Bewegung setzten, ihre Degen zogen und mit blanker Waffe den ganzen Weg entlangritten. Der Eigentümer erhielt von irgend jemand eine schriftliche Schilderung des Vorfalls zugesandt, welche ihm viel Ärgernis gab, denn eine solche Ehre war weder ihm bei seinem Aufenthalt in der Provinz, noch irgendeinem seiner Gouverneure angetan worden. Er sagte, dieselbe komme eigentlich nur Prinzen von königlichem Geblüt zu, was meinethalben richtig sein mag, denn ich kümmerte mich damals und kümmere mich noch heute nicht um die Etikette in derartigen Fällen. Diese törichte Angelegenheit steigerte übrigens noch bedeutend den Groll des Eigentümers gegen mich, welcher zuvor schon nicht gering war wegen meines Verhaltens in der Assembly hinsichtlich der Befreiung seines Grundbesitzes von der Besteuerung. Ich hatte diese stets sehr hitzig und nicht ohne scharfe Reflexionen über die Niederträchtigkeit und Ungerechtigkeit seines Sträubens bekämpft. Er verklagte mich beim Ministerium, daß ich das große Hindernis für den Dienst des Königs sei und durch meinen Einfluß im Hause die geeignete Form der Gesetzesanträge für die Geldbewilligung verhindere. Er machte das Beispiel jener Parade mit meinen Offizieren als einen Beweis dafür geltend, daß ich mich mit dem Gedanken trüge, die Regierung der Provinz seinen Händen mit Gewalt zu entreißen. Er wandte sich auch an Sir Everard Fauckener, den Generalpostmeister, daß er mich meines Amtes enthebe; dies hatte aber keine andere Folge, als daß es mir von Sir Everard einen sanften Tadel eintrug.

Den fortwährenden Händeln zwischen dem Gouverneur und dem Hause zum Trotz, an welchen ich als Mitglied einen so namhaften Anteil hatte, bestand jedoch noch immer ein höflicher Privatverkehr zwischen jenem Herrn und mir, und wir hatten niemals einen persönlichen Streit. Ich habe seither manchmal geglaubt, sein geringer oder auch gar nicht vorhandener Groll gegen mich wegen der Antworten, welche ich bekanntermaßen auf seine Botschaften zu verfassen hatte, dürfte die Folge seiner Standesgewohnheit sein, da er, zum Advokaten erzogen, in uns beiden nur die Anwälte zweier sich bekämpfender Parteien in einem Prozeß sah, worin er die Eigentümer und ich die Assembly vertrat. Er pflegte mich daher bisweilen in aller Freundschaft zu besuchen, um sich mit mir über schwierige Punkte zu beraten, und sogar zuweilen, obschon nicht oft, meinen Rat zu befolgen.

Wir handelten gemeinsam, um Braddocks Armee zu verproviantieren, und als die erschütternde Nachricht von dessen Niederlage eintraf, schickte der Gouverneur eiligst zu mir, damit ich mit ihm über Maßregeln mich beratschlage, um das Verlorengehen der westlichen Bezirke zu verhindern. Ich weiß nun nicht mehr, wozu ich riet; aber ich glaube, es war, daß an Dunbar geschrieben und darauf bestanden werde, er solle sich womöglich mit seinen Truppen an den Grenzen postieren und diese beschützen, bis er durch Verstärkungen aus den Kolonien imstande sein würde, seine Expedition fortzusetzen. Nach meiner Rückkehr von der Grenze verlangte der Gouverneur sogar von mir, ich solle die Führung einer solchen Expedition mit Provinzialtruppen übernehmen und Fort Duquesne unterwerfen, da Dunbar und seine Truppen anderweitig in Anspruch genommen seien. Er bot mir sogar an, mich als General abzusenden. Ich hatte keine so hohe Meinung von meinen militärischen Fähigkeiten, als er zu haben vorgab, und seine Beteuerungen müssen meines Erachtens weit über seine wirklichen Ansichten hinausgegangen sein. Allein, er mochte wahrscheinlich glauben, meine Popularität würde die Aushebung der Truppen und mein Einfluß in der Assembly die Bewilligung des Geldes zu deren Bezahlung erleichtern, und zwar vielleicht ohne den Grund und Boden der Eigentümer zu besteuern. Da er mich aber nicht so geneigt fand, hierauf einzugehen, als er erwartet hatte, ließ er den Vorschlag fallen, legte bald darauf seine Stelle als Gouverneur nieder und wurde durch Hauptmann Denny ersetzt.

Bevor ich in der Schilderung meines Anteils an den

öffentlichen Angelegenheiten unter der Verwaltung dieses neuen Gouverneurs fortfahre, dürfte es am Platze sein, hier auch eine Darstellung von der Entstehung und dem Fortschritt meines Rufes als Naturwissenschaftler zu geben.

Während meines Aufenthalts in Boston im Jahr 1746 traf ich dort einen Dr. Spence, welcher kurz vorher aus Schottland angekommen war und mir einige elektrische Experimente zeigte. Sie wurden unvollkommen ausgeführt, da er nicht sehr gewandt war; da sie aber einen mir noch ganz neuen Gegenstand betrafen, so überraschten und ergötzten sie mich in gleicher Weise. Bald nach meiner Heimkehr nach Philadelphia erhielt unsere Bibliotheksgesellschaft von Herrn Peter Collinson, Mitglied der Königlichen Gesellschaft in London, eine Glasröhre zum Geschenk mit einiger Unterweisung zu ihrem Gebrauch für die Veranstaltung derartiger Experimente. Ich ergriff begierig die Gelegenheit, das zu wiederholen, was ich in Boston gesehen hatte, und erlangte durch viele praktische Übung eine große Fertigkeit in der Veranstaltung jener Experimente sowie derjenigen, von denen wir eine Schilderung aus England erhalten hatten und denen ich noch einige neue hinzufügte. Ich sage ausdrücklich: durch viele praktische Übung, denn mein Haus wimmelte eine Zeitlang von Leuten, welche diese neuen Wunder zu besichtigen kamen. Um diese Last einigermaßen unter meine Freunde zu verteilen, ließ ich in unserer Glashütte eine Anzahl ähnlicher Röhren blasen und versah meine Freunde mit denselben, so daß wir endlich mehrere hatten, welche Vorstellungen gaben. Der bedeutendste unter diesen war Herr Kinnersley, ein Nachbar von mir, geschickt und ohne Beschäftigung; ich ermutigte ihn daher, die Experimente für Geld vorzuführen, und entwarf für ihn zwei Vorlesungen, worin die Experimente in solcher Reihenfolge angeordnet und mit entsprechenden Erläuterungen derart begleitet waren, daß das Vorangehende immer dazu beitragen sollte, das Folgende verständlich zu machen. Herr Kinnersley verschaffte sich zu diesem Zweck einen eleganten Apparat, woran all die kleinen Vorrichtungen, welche ich mir selber unvollkommen verfertigt hatte, zierlich von Mechanikern hergestellt waren. Seine Vorlesungen wurden zahlreich besucht und fanden viel Beifall; nach einiger Zeit machte er daher eine Reise durch die einzelnen Kolonien, gab in der Hauptstadt einer jeden seine Vorstellungen und verdiente sich einiges Geld. Auf den Westindischen Inseln jedoch konnten die Experimente, infolge der allgemeinen Feuchtigkeit der Luft, nur mit Mühe gemacht werden.

Da wir Herrn Collinson für sein Geschenk der Glasröhre u.s.w. zu Dank verpflichtet waren, so erachtete ich es für billig, ihn auch von unserem Erfolge im Gebrauch derselben zu benachrichtigen und schilderte ihm in mehreren Briefen unsere Experimente. Er veranlaßte, daß sie in der Königlichen Gesellschaft vorgelesen wurden, wo man sie anfangs nicht für bedeutend genug hielt, um sie in den »Verhandlungen« abzudrucken. Einen Aufsatz, welchen ich für Herrn Kinnersley schrieb, über die Identität des Blitzes mit der Elektrizität, schickte ich an Dr. Mitchell, einen meiner Bekannten und ebenfalls Mitglied jener Gesellschaft, welcher mir darüber berichtete, der Aufsatz sei vorgelesen, aber von den Sachverständigen belacht worden. Als man jedoch die Aufsätze dem Dr. Fothergill zeigte, hielt er sie für zu wertvoll, um totgeschwiegen zu werden, und riet an, sie drucken zu lassen. Herr Collinson gab sie nun Herrn Cave zur Veröffentlichung in seinem *Gentleman's Magazine*; dieser zog es jedoch vor, sie selbständig als Flugschrift zu drucken, und Dr. Fothergill schrieb die Vorrede dazu. Herr Cave hat sich, wie es scheint, hinsichtlich seines Vorteils nicht verrechnet, denn durch die nachträglich dazugekommenen Zusätze schwollen sie auf einen Quartband an, welcher fünf Auflagen erlebte und ihn kein Honorar kostete.

Es dauerte jedoch einige Zeit, bis diese Aufsätze in England sonderliche Beachtung fanden. Als jedoch ein Exemplar derselben zufällig in die Hände des Grafen von Buffon, eines in Frankreich und sogar in ganz Europa mit Recht berühmten Naturforschers, fiel, veranlaßte er Herrn Dalibard, sie ins Französische zu übersetzen, und sie wurden in Paris gedruckt. Ihr Erscheinen verletzte den Abbé Nollet, den Lehrer der Physik der königlichen Familie und ein gewandter Experimentator, welcher eine damals in allgemeiner Geltung stehende Theorie der Elektrizität aufgestellt und veröffentlicht hatte. Er vermochte anfangs gar nicht daran zu glauben, daß ein derartiges Werk aus Amerika komme, und meinte, es müsse von seinen Feinden in Paris fabriziert worden sein, um sein System in Verruf zu bringen. Als man ihm später versichert hatte, daß ein Mann namens Franklin wirklich in Philadelphia existiere, woran er gezweifelt hatte, schrieb und veröffentlichte er einen Band Briefe, welche hauptsächlich an mich gerichtet waren, worin er seine Theorie verteidigte und die Wahrheit meiner Experimente sowie der aus denselben hergeleiteten Behauptungen in Abrede stellte. Ich hegte einmal die Absicht, dem Abbé zu antworten, und begann wirklich die Erwiderung; allein in Anbetracht dessen, daß meine Schriften lediglich eine Schilderung von Experimenten enthielten, welche jedermann wiederholen und auf ihre Richtigkeit prüfen konnte und die, wenn nicht überprüfbar, auch nicht verteidigt werden konnten, oder ferner von Beobachtungen, welche ich nur als Vermutungen dargeboten und nicht als Lehrsätze aufgestellt hatte und zu deren Verteidigung mir daher gar keine Verpflichtung zugeschoben werden konnte; sowie in Erwägung, daß ein Streit zwischen zwei Personen, welche in verschiedenen Sprachen schreiben, durch verkehrte Übersetzungen und daraus entstehende Mißverständnisse bedeutend in die Länge gezogen werden könne – einer der Briefe des Abbé gründete sich fast ausschließlich auf einen Irrtum in der Übersetzung –, so beschloß ich, meine Aufsätze für sich selbst sprechen zu lassen. Auch war ich der Ansicht, es sei besser, diejenige Zeit, welche ich den öffentlichen Angelegenheiten absparen könne, auf Veranstaltung neuer Experimente als auf den Hader um die bereits gemachten zu verwenden. Ich erteilte daher Herrn Nollet nie eine Antwort, und der Erfolg gab mir keine Ursache, mein Stillschweigen zu bereuen, denn mein Freund, Herr Le Roy, Mitglied der Königl. Akademie der Wissenschaften, nahm sich meiner Sache an und widerlegte ihn. Mein Buch wurde ins Italienische, Deutsche und Lateinische übersetzt und die darin aufgestellte Lehre allmählich von allen Physikern in Europa angenommen und ihr der Vorzug vor derjenigen des Abbé gegeben, so daß dieser es erleben mußte, sich selbst als den letzten seiner Sekte zu sehen, außer Herrn B. in Paris, seinem Zögling und unmittelbaren Schüler.

Was meinem Buch zu um so schnellerer und allgemeinerer Berühmtheit verhalf, das war der Erfolg eines der darin vorgeschlagenen Experimente, welches von den Herren Dalibard und Delor in Marly angestellt wurde, nämlich den Blitz aus den Wolken zu ziehen. Dies erregte überall öffentliche Beachtung. Herr Delor, welcher einen physikalischen Apparat besaß und Vorträge über diesen Zweig der Naturwissenschaft hielt, unternahm es, das zu wiederholen, was er die *Experimente von Philadelphia* nannte, und nachdem dieselben vor dem König und dem Hofe ausgeführt worden waren, strömten alle Neugierigen von Paris dorthin, um sie ebenfalls anzusehen. Ich will diese Erzählung nicht durch eine Schilderung jenes großartigen Experiments oder der ungemeinen Befriedigung, welche ich bei dem Gelingen eines bald darauf mit einem Papierdrachen in Philadelphia angestellten erhielt, aufschwellen, da beide in den Geschichten der Elektrizität zu finden sind. Dr. Wright, ein englischer Arzt, schrieb während seines Aufenthalts in Paris an einen Freund, welcher der Königl. Gesellschaft angehörte, eine Schilderung der hohen Achtung, worin meine Experimente bei den Gelehrten im Ausland standen, und ihrer Verwunderung darüber, daß meine Schriften in England so wenig Beachtung fänden. Die Gesellschaft zog darauf die Briefe, welche ihr schon einmal vorgelesen worden waren, aufs neue in Beratung, und der berühmte Dr. Watson entwarf eine summarische Darstellung derselben und all dessen, was ich später noch zum gleichen Gegenstand nach England berichtet hatte, welches er mit einigem Lob für den Verfasser begleitete. Dieser Auszug wurde dann in den Verhandlungen der Königl. Gesellschaft abgedruckt. Als einige Mitglieder der Gesellschaft in London, namentlich der sehr scharfsinnige Herr Canton, die Wahrheit des Experiments, daß man mittelst einer zugespitzten Eisenstange sich einen Blitz aus den Wolken verschaffen könne, festgestellt und die Gesellschaft davon in Kenntnis gesetzt hatten, machte dieselbe bald mehr als reichlich die Geringschätzung, womit sie mich vorher behandelt hatte, wieder gut. Ohne daß ich mich irgend um diese Ehre beworben hatte, erwählte mich die Gesellschaft zu ihrem Mitglied, bestimmte, daß mir das übliche Eintrittsgeld, welches sich auf fünfundzwanzig Guineen belaufen haben würde, erlassen werde, und hat mir seither immer ihre »Verhandlungen« unentgeltlich zugeschickt. Sie überreichte mir ferner die goldene Medaille von Sir Godfrey Copley für das Jahr 1753, deren Übergabe von einer sehr hübschen, mir große Ehre erweisenden Rede des Präsidenten, Lord Macclesfield, begleitet war.

Unser neuer Gouverneur, Hauptmann Denny, brachte mir die vorerwähnte Denkmünze der Königl. Gesellschaft mit und überreichte sie mir bei einem Bankett, das ihm die Stadt gab. Er begleitete sie mit äußerst artigen Kundgebungen seiner Hochachtung für mich, da er, wie er sagte, längst schon mit meinem Charakter bekannt gewesen sei. Nach Tische, als die Gesellschaft nach damaliger Sitte sich mit Trinken gütlich tat, nahm er mich beiseite in ein anderes Zimmer und teilte mir mit, es sei ihm von seinen Freunden in England geraten worden, sich mit mir freundschaftlich zu stellen, als einem Manne, welcher imstande sei, ihm den besten Rat zu geben und am wirksamsten dazu beizutragen, daß ihm seine Verwaltung leichtgemacht werde. Er wünsche daher vor allen Dingen ein gutes Einverständnis mit mir und bitte mich, von seiner Bereitwilligkeit versichert zu sein, mir bei jeder Gelegenheit jeglichen Dienst zu erweisen, welcher nur in seiner Macht stehen würde. Er äußerte mir gegenüber auch manches über das Wohlwollen des Eigentümers gegenüber der Provinz und über den Vorteil, welchen es für uns alle und insbesondere für mich bedeuten würde, wenn der Widerstand, der so lange gegen seine Maßregeln fortgesetzt worden sei, endlich aufhören und die Harmonie zwischen ihm und dem Volke wiederhergestellt werde. Hierzu könne nach allgemeiner Ansicht niemand behilflicher sein als ich, und ich dürfe daher auf angemessene Anerkennungen und Belohnungen mich verlassen u.s.w. u.s.w.

Als die Trinker fanden, daß wir nicht sogleich wieder an die Tafel zurückkehrten, sandten sie uns eine Karaffe Madeira, von welcher der Gouverneur so reichlichen Gebrauch machte, daß er immer freigebiger mit seinen Ersuchen und Versprechungen wurde. Meine Antworten gingen dahin, daß meine Verhältnisse Gott sei Dank derartig seien, daß sie mir die Gewogenheit des Eigentümers unnötig machten; ich sei außerdem Mitglied der Assembly und könne daher unmöglich Belohnungen annehmen. Ich hätte übrigens keine persönliche Feindseligkeit gegen den Eigentümer, und sollten einmal die von ihm vorgeschlagenen Maßregeln zum Besten des Volkes erscheinen, so werde niemand dieselben eifriger annehmen und fördern als ich, denn meine frühere Opposition hätte sich nur auf den Umstand gegründet, daß die angeregten Maßregeln offenbar nur die Förderung der Interessen des Eigentümers zur großen Schädigung derjenigen des Volks angestrebt hätten. Ich erklärte mich ihm (dem Gouverneur) für seine mir kundgegebenen schmeichelhaften Gesinnungen sehr verbunden und bat ihn, er möge alles dessen, was in meiner Macht stehe, um seine Verwaltung so leicht wie möglich zu machen, gewiß sein, wobei ich zu gleicher Zeit hoffe, er habe nicht dieselben unglückseligen Weisungen mitgebracht, durch welche sein Vorgänger gefesselt gewesen sei. Hierüber erklärte er sich damals nicht deutlicher, allein, als er später in geschäftliche Unterhandlungen mit der Assembly trat, kamen jene Instruktionen wieder zum Vorschein. Die Zänkereien begannen von neuem. Ich war so rührig als jemals in der Opposition und führte die Feder, erst bei dem Gesuch um eine Mitteilung der Instruktionen und dann der Bemerkungen über dieselben, welche in den Abstimmungen aus jener Zeit und in der später von mir veröffentlichten »Geschichtlichen Übersicht« zu finden sind. Allein, zwischen uns persönlich entstand keine Spannung. Wir waren oft beisammen, denn er war ein hochgebildeter Mann, hatte die Welt gesehen und war im Gespräche sehr unterhaltend und angenehm. Von ihm erfuhr ich zum ersten Mal, daß mein alter Freund James Ralph noch am Leben sei und für einen der besten politischen Schriftsteller in England gelte, daß derselbe in den Händeln zwischen dem Prinzen Frederic und dem König verwendet worden sei und eine Pension von dreihundert Pfund erhalten habe; daß sein Ruf als Dichter unbedeutend sei, weil Pope in der Dunciade seine Dichtung verurteilt habe, daß aber seine Prosa derjenigen der besten Schriftsteller an die Seite gestellt werde.

Als die Assembly endlich die Eigentümer hartnäckig darauf bestehen sah, ihren Stellvertretern Handschellen durch Instruktionen anzulegen, welche nicht allein mit den Privilegien des Volkes, sondern auch mit dem Dienst an der Krone unverträglich waren, so beschloß sie, eine Bittschrift beim König gegen die Eigentümer einzureichen und bestimmte mich zu ihrem Agenten, um nach England hinüber zu reisen und die Bittschrift zu überreichen und zu unterstützen. Das Haus hatte dem Gouverneur einen Gesetzesantrag zugesandt, welcher eine Summe von sechzigtausend Pfund für des Königs Gebrauch (wovon zehntausend Pfund der Verfügung des damaligen Generals Lord Loudoun überwiesen wurden) bewilligt hatte und dessen Genehmigung der Gouverneur, seinen Instruktionen gemäß, absolut verweigerte. Ich hatte mich mit Kapitän Morris vom New Yorker Postschiff wegen meiner Überfahrt abgesprochen. Meine Ausrüstung war schon an Bord geschafft, als Lord Loudoun in Philadelphia ankam, seiner Versicherung zufolge ausdrücklich in der Absicht, eine Verständigung zwischen dem Gouverneur und der Assembly zu bewerkstelligen, damit die Truppen Seiner Majestät nicht durch deren Meinungsverschiedenheiten gehemmt werden möchten. Er wünschte daher, der Gouverneur und ich möchten ihn besuchen, damit er höre, was auf beiden Seiten zu sagen wäre.

Wir kamen zusammen und erörterten die Angelegenheiten. Von seiten der Assembly machte ich alle die verschiedenen Beweisgründe geltend, welche in den damaligen öffentlichen Dokumenten zu finden sind, meist von mir verfaßt waren und mit den Protokollen der Assembly gedruckt wurden. Der Gouverneur machte seine Instruktionen geltend, die von ihm eingegangene Verpflichtung, dieselben zu beobachten, und seinen Ruin, falls er denselben nicht gehorche, erschien jedoch nicht abgeneigt, sich selbst aufs Spiel zu setzen, wenn Lord Loudoun ihm hierzu raten würde. Dazu konnte sich Seine Lordschaft nicht entschließen, obwohl ich ihn einmal schon hierzu bestimmt zu haben glaubte. Endlich aber entschied er sich dafür, von der Assembly dringend Nachgiebigkeit zu verlangen. Er bat mich inständig, zu diesem Zwecke alle meine Bemühungen bei derselben anzuwenden, und erklärte, er könne für die Verteidigung unserer Grenzen keine von des Königs Truppen erübrigen; wenn wir nicht fortführen, für diese Verteidigung selbst zu sorgen, so müßten jene eben den feindlichen Angriffen ausgesetzt bleiben. Ich berichtete dem Hause über das Vorgefallene und legte demselben eine Anzahl von mir verfaßter Beschlüsse vor, worin wir unsere Rechte bekräftigten und hinzufügten, daß wir unsern Anspruch auf jene Rechte nicht aufgäben, sondern die Ausübung derselben bei dieser Gelegenheit der äußeren *Gewalt* wegen, gegen welche wir protestierten, nur suspendierten. Die Assembly willigte endlich ein, diese Gesetzesvorlage fallen zu lassen und eine andere, den Instruktionen der Eigentümer angemessene zu entwerfen. Diese ließ der Gouverneur natürlich passieren, und es stand nun dem Antritt meiner Reise nichts mehr im Wege. Mittlerweile war aber das Postschiff mit meinen Reisevorräten abgesegelt, was mich in einigen Schaden brachte. Meine einzige Belohnung bestand in Seiner Lordschaft Dank für meine Dienste, während das ganze Verdienst, die Beilegung des Streits erlangt zu haben, ihm gutgeschrieben wurde.

Lord Loudoun fuhr vor mir nach New York ab. Da der Zeitpunkt der Abfahrt der Postschiffe von seiner Verfügung abhing und damals deren zwei bereit waren, von denen das eine nach seiner Behauptung demnächst in See gehen sollte, so bat ich ihn, mich den genauen Zeitpunkt wissen zu lassen, damit ich das Schiff nicht durch irgendeinen Verzug von meiner Seite versäume. Seine Antwort war: »Ich habe verfügt, daß es nächsten Sonnabend absegeln soll, allein, ich kann Sie unter uns wissen lassen, daß, wenn Sie am Montag morgen dort sind, Sie noch rechtzeitig kommen werden; aber säumen Sie dann nicht länger!« Durch ein zufälliges Hindernis an einer Fähre wurde es Montag mittag, bevor ich in New York ankam. Ich war schon sehr in Sorge, das Schiff möchte abgegangen sein, da der Wind günstig war; allein, ich wurde bald durch die Nachricht erleichtert, daß das Schiff sehr wohl noch im Hafen läge und erst den nächsten Tag unter Segel gehen würde.

Man sollte nun denken, ich sei jetzt kurz davor gewesen, nach Europa abzureisen, und ich war selbst dieser Ansicht; aber ich war damals noch nicht so vertraut mit dem Charakter Seiner Lordschaft, dessen stärkster Grundzug *Unentschlossenheit* war. Ich will hierfür einige Beispiele geben. Ich kam ungefähr Anfang April in New York an und ich glaube, es war nahezu Ende Juni, ehe wir unter Segel gingen. Es waren damals zwei von den Paketbooten vorhanden, welche schon lange im Hafen gewesen waren, aber wegen der Briefe des Generals zurückgehalten wurden, welche immer »morgen« fertig werden sollten. Ein weiteres Paketboot traf ein und wurde ebenfalls zurückgehalten, und ehe wir noch absegelten, wurde noch ein viertes erwartet. Das unsrige war das erste, das abgeschickt werden sollte, weil es am längsten dagewesen war. Alle hatten Passagiere angenommen, von denen einige es kaum erwarten konnten, ihre Reise anzutreten. Die Kaufleute wurden ungeduldig wegen ihrer Briefe und der Weisungen, welche sie für die Versicherung (da es Kriegszeiten waren) der im Herbst abzusendenden Güter gegeben hatten; allein ihre Angst half nichts. Seiner Lordschaft Briefe waren nicht fertig, und doch traf jedermann, der ihm seine Aufwartung machte, ihn immer mit der Feder in der Hand an seinem Schreibpulte und schloß daraus, er müsse wohl übermäßig viel schreiben. Als ich eines Morgens hinging, um ihm einen Artigkeitsbesuch zu machen, traf ich in seinem Vorzimmer einen gewissen Innis, einen Boten aus Philadelphia, welcher mit einem Paket vom Gouverneur Denny an den General in großer Eile von dort gekommen war. Er übergab mir einige Briefe von meinen dortigen Freunden, welche mich zu der Erkundigung veranlaßten, wann er wieder zurückkehre und wo er wohne, damit ich durch ihn einige Briefe absenden könne. Er erklärte mir, er habe die Weisung, morgen um neun Uhr die Antwort des Generals an den Gouverneur abzuholen und dann unverweilt abzureisen. Ich übergab ihm daher meine Briefe noch an demselben Tage. Vierzehn Tage später traf ich ihn. »Ah, Ihr seid ja bald zurückgekehrt, Innis?« – *»Zurückgekehrt?* Mitnichten; ich bin noch nicht *fortgewesen!*« – »Wie kommt das denn?« – »Ich habe auf Befehl schon seit zwei Wochen hier jeden Morgen nach dem Brief Seiner Lordschaft gefragt, und derselbe ist noch nicht fertig.« – »Ist dies möglich, da er doch ein so großer Schreiber ist? Ich sehe ihn doch beständig an seinem Schreibtisch.« – »Ach ja«, meinte Innis, »aber er ist wie der heilige Georg auf den Wirtshausschildern: *er ist immer zu Pferde und reitet doch nie.*« Diese Bemerkung des Kuriers war offenbar wohlbegründet, denn während meines Aufenthalts in England hörte ich, daß Herr Pitt als einen Grund für die Abberufung dieses Generals und die Absendung der Generäle Amherst und Wolf angegeben habe, *daß der Minister nie von ihm gehört habe und nicht erfahren könne, was er treibe.*

Da man täglich erwartete, unter Segel zu gehen, und alle drei Paketschiffe nach Sandy Hook hinunterfuhren, um zu der dortigen Flotte zu stoßen, hielten es die Passagiere für das Geratenste, an Bord zu sein, damit die Schiffe nicht auf einen plötzlichen Befehl unter Segel gehen und sie selber zurückgelassen würden. Dort mußten wir, wenn ich mich recht erinnere, sechs Wochen verbringen, verzehrten unsere Seevorräte und sahen uns genötigt, uns mit neuen zu versehen. Endlich ging die Flotte unter Segel, den General mit seiner ganzen Armee an Bord, und steuerte nach Louisbourg, in der Absicht, jene Festung zu belagern und zu nehmen. Alle Paketboote waren dabei; sie hatten Befehl, das Schiff des Generals zu begleiten und sich zur Empfangnahme seiner Depeschen bereitzuhalten, sobald dieselben fertig sein würden. Wir waren fünf Tage in See, ehe wir einen Brief mit der Erlaubnis der Abfahrt erhielten, und dann erst verließ unser Schiff die Flotte und steuerte nach England. Die beiden anderen Paketboote behielt der General noch zurück und nahm sie mit sich nach Halifax, wo er einige Zeit blieb, um seine Truppen in fingierten Angriffen auf fingierte Forts einzuüben; dann änderte er seinen Entschluß hinsichtlich der Belagerung von Louisbourg und kehrte mit allen seinen Truppen sowie mit den beiden vorerwähnten Paketbooten und deren sämtlichen Passagieren wieder nach New York zurück! Während seiner Abwesenheit hatten die Franzosen und Indianer das Fort George an der Grenze dieser Provinz eingenommen, und die Wilden hatten viele von der Garnison nach der Kapitulation niedergemetzelt. Ich traf später in London den Kapitän Bonnell, welcher eines jener Paketboote befehligte. Er erzählte mir, nachdem er einen Monat lang zurückgehalten worden sei, habe er Seine Lordschaft benachrichtigt, daß sein Schiff in einem solchen Grade bewachsen sei, daß ihn dies unweigerlich am raschen Segeln, einer Haupterfordernis für ein Paketboot, hindern müsse, weshalb er um Urlaub bitte, um das Schiff aufzudocken und seinen Boden reinigen zu lassen. Er wurde gefragt, wie lange dies erfordern würde. Er antwortete: drei Tage, und der General erwiderte: »Wenn Sie es in einem Tag tun können, will ich Ihnen Urlaub geben, sonst nicht; denn Sie müssen unbedingt übermorgen unter Segel gehen!« So erhielt er denn niemals Urlaub, obwohl er später volle drei Monate lang von Tag zu Tag zurückgehalten wurde.

Ich sprach in London auch einen von Bonnells Passagieren, welcher gegen den General sehr aufgebracht war, weil derselbe ihn hintergangen und so lange in New York zurückbehalten, dann mit sich nach Halifax und wieder zurückgeschleppt hatte, daß er schwur, er wolle ihn auf Schadenersatz verklagen. Ob er dies getan hat oder nicht, habe ich nie erfahren, aber nach der Schilderung, welche der Mann von der Schädigung in seinen Geschäften entwarf, muß diese sehr bedeutend gewesen sein. Im ganzen staunte ich, wie man einem derartigen Mann ein solch wichtiges Geschäft wie die Führung einer großen Armee habe übertragen können. Da ich aber seitdem mehr von der großen Welt, von den Mitteln, wie solche Stellen erlangt, und von den Gründen, aus welchen sie vergeben werden, gesehen habe, so ist meine Verwunderung bedeutend gemindert. General Shirley, welchem nach dem Tode Braddocks das Kommando der Armee zufiel, würde meines Erachtens, wenn er auf seiner Stelle gelassen worden wäre, einen weit besseren Feldzug gemacht haben, als derjenige Loudouns von 1757 es war, welcher über alle Begriffe leichtsinnig, kostspielig und schmachvoll für unsre Nation war. Shirley war zwar kein Berufssoldat, aber von Hause aus verständig und scharfblickend, für den guten Rat anderer zugänglich, befähigt zur Ersinnung tüchtiger Pläne und rasch und rührig genug, um dieselben zur Ausführung zu bringen.

Loudoun dagegen ließ, anstatt mit seiner großen Armee die Kolonien zu verteidigen, dieselben gänzlich bloßgestellt, während er in Halifax müßig paradierte. Dadurch ging nicht nur Fort George verloren, sondern er zerrüttete alle unsere kaufmännischen Operationen und schlug unserem Handel die schwersten Wunden durch das lange Embargo, das unter dem Vorwand, dem Feind den Erwerb von Proviant unmöglich zu machen, auf die Lebensmittelausfuhr gelegt wurde. Der wahre Grund für das Embargo war aber die Absicht, den Preis der Lebensmittel zugunsten der Armeelieferanten herabzudrücken, an deren Gewinn er beteiligt war, wie man ihm, vielleicht nur auf bloßen Verdacht hin, nachsagte. Als endlich das Embargo aufgehoben war, wurde die Flotte von Carolina noch beinahe drei Monate länger in Charlestown zurückgehalten, weil der General versäumt hatte, eine Benachrichtigung dorthin zu schicken; der Boden der Schiffe war hierdurch so sehr vom Bohrwurm beschädigt worden, daß ein großer Teil derselben auf der Heimreise versank. Shirley war, wie ich glaube, aufrichtig froh, als man ihn eines solch lästigen Amtes enthob, wie es die Führung einer Armee für einen mit dem Militärwesen nicht vertrauten Mann sein muß. Ich traf ihn bei dem Bankett, welches die Stadt New York dem Lord Loudoun bei der Übernahme seines Kommandos gab. Shirley, obschon dadurch außer Dienst gesetzt, wohnte demselben ebenfalls bei. Es war eine große Gesellschaft von Offizieren, Bürgern und Fremden anwesend, so daß man viele Stühle in der Nachbarschaft hatte entleihen müssen, worunter auch ein sehr niedriger war, welcher Herrn Shirley zufiel. Da ich neben ihm saß und dies bemerkte, sagte ich: »Mein Herr, man hat Ihnen einen zu niedrigen Sitz gegeben.« »Einerlei, Herr Franklin«, erwiderte er, »ich finde *einen niedrigen Sitz* am behaglichsten.«

Während ich in der obenerwähnten Weise in New York zurückgehalten wurde, bekam ich alle die Rechnungen über die Vorräte an Kriegsbedarf etc., welche ich Braddock geliefert hatte, da einige von diesen Rechnungen nicht früher von den Personen, welche ich zu meiner Unterstützung in dem Geschäft angestellt, hatten beigeschafft werden können. Ich überreichte sie Lord Loudoun mit der Bitte, mir den entfallenden Betrag zahlen zu lassen. Er ließ sie regelrecht von dem entsprechenden Beamten prüfen, welcher jeden Artikel mit seinem Beleg verglich, die Rechnung dann für richtig anerkannte und die mir zustehende Summe feststellte, für welche mir Seine Lordschaft eine Anweisung an den Zahlmeister zu geben versprach. Dies wurde jedoch von einem Tag zum anderen verschoben, und ich vermochte mein Geld nicht zu erhalten, obwohl ich mich nach Abrede oft deshalb meldete. Endlich, gerade vor meiner Abreise, erklärte mir der General, er habe bei genauerer Erwägung beschlossen, seine Abrechnungen nicht mit denjenigen seiner Vorgänger zu vermengen. »Und wenn Sie einmal in England sind«, sagte er, »so brauchen Sie Ihre Rechnungen nur beim Schatzamt vorzuzeigen, und Sie werden unverweilt bezahlt werden.« Ich machte, wiewohl ohne Erfolg, die große und unerwartete Ausgabe, zu welcher ich durch den langen gezwungenen Aufenthalt in New York veranlaßt worden war, als einen Grund geltend, warum ich gleich bezahlt zu werden wünschte, und bemerkte zugleich, daß es nicht recht sei, mir bei Erlangung des von mir vorgeschossenen Geldes weitere Mühe und weiteren Aufschub zu verursachen, da ich für meine Dienste nicht einmal eine Kommissionsgebühr berechnet habe; worauf er mir erwiderte: »Oho, mein Herr! glauben Sie ja nicht, uns weismachen zu können, daß Sie dabei nichts verdienen! Wir verstehen solche Geschäfte besser und wissen, daß jeder, der sich mit Armeelieferungen befaßt, dabei auch Mittel findet, seine eigenen Taschen zu füllen.« Ich versicherte ihm, daß dies bei mir nicht der Fall sei und daß ich keinen Heller für mich genommen hätte; allein er schien mir offenbar nicht zu glauben, und ich habe in der Tat seither erfahren, daß mit solchen Geschäften oft ungeheure Vermögen gemacht werden. Für mein Guthaben aber bin ich bis auf den heutigen Tag noch nicht bezahlt worden, wovon später die Rede sein wird.

Ehe wir unter Segel gingen, hatte sich der Kapitän unseres Paketbootes viel auf die Geschwindigkeit seines Schiffes zugute getan; als wir aber auf die hohe See kamen, erwies es sich, zu seiner nicht geringen Demütigung, als das schwerfälligste von sechsundneunzig Segeln. Nach manchen Mutmaßungen über die Ursache davon hieß der Kapitän eines Tages, als wir in der Nähe eines anderen, beinahe ebenso schwerfälligen Schiffs waren und von demselben noch überholt wurden, alle Leute an Bord nach hinten kommen und so nahe wie möglich am Flaggenstock sich aufstellen. Es waren einschließlich der Passagiere ungefähr vierzig Personen. Während wir noch hier standen, verbesserte das Schiff sichtlich seine Fahrt und ließ seinen Nachbarn bald weit hinter sich, was deutlich bewies, daß, wie auch unser Kapitän argwöhnte, das Schiff vorne zu stark beladen war. Die Wasserfässer waren, wie sich ergab, sämtlich im Vorderschiff verstaut worden; diese ließ er daher nach hinten bringen, worauf das Schiff seinen Charakter wieder annahm und sich bald als der beste Segler in der Flotte bewährte. Der Kapitän behauptete, sein Schiff sei einmal mit einer Geschwindigkeit von dreizehn Knoten gesegelt, was auf dreizehn Meilen per Stunde berechnet wird. Wir hatten den Kapitän Kennedy von der Marine als Passagier an Bord, welcher behauptete, dies sei unmöglich, und kein Schiff segle je so schnell; es müsse daher irgendein Irrtum in der Einteilung der Logleine oder irgendein Versehen beim Auswerfen des Logs stattgefunden haben. Hieraus entspann sich zwischen den beiden Kapitänen eine Wette, welche bei dem ersten genügend starken Wind entschieden werden sollte. Kennedy untersuchte hierauf genau die Logleine und beschloß, nachdem er über deren Richtigkeit Gewißheit erlangt hatte, das Log selbst auszuwerfen. Und als nun einige Tage später der Wind frisch und günstig wehte und der Kapitän des Paketboots, Lutwidge, seine Ansicht äußerte, daß das Schiff nun dreizehn Knoten gehe, machte Kennedy das Experiment und gab zu, daß er seine Wette verloren habe.

Ich gebe die obige Tatsache um der nachstehenden Beobachtung willen. Man hat es für eine Unvollkommenheit in der Kunst des Schiffsbaus angesehen, daß man erst in der Praxis wissen kann, ob ein neues Schiff ein guter Segler sein wird oder nicht, weil sich herausstellte, daß, wenn man das Modell eines gut segelnden Schiffes bei einem neuen genau kopierte, dieses sich im Gegenteil oft als merkwürdig schwerfällig bewährte. Ich fürchte, dies rührt teilweise von den verschiedenen Ansichten her,

welche unter den Seeleuten über die Methoden des Ladens, Auftakelns und Segelns eines Schiffes im Schwange
sind. Jeder hat sein eigenes System, und dasselbe Schiff
wird, wenn es nach dem Urteil und der Weisung des einen
Kapitäns geladen worden ist, besser oder schlechter segeln, als wenn dies nach der Weisung eines andern geschehen ist. Überdies kommt es kaum jemals vor, daß ein
Schiff von ein und derselben Person entworfen, für die
See ausgerüstet und gesegelt wird. Der eine erbaut den
Rumpf, der andere betakelt, ein dritter ladet und segelt
das Schiff. Keiner von diesen hat den Vorteil, daß er alle
die Ideen und Erfahrungen der andren kennt, und ist
daher außerstande, aus einer Kombination des Ganzen die
richtigen Schlüsse zu ziehen. Ich habe selbst in der einfa-
chen Operation des Segelns auf hoher See oft verschiedene Ansichten bei den Offizieren beobachtet, welche die
aufeinanderfolgenden Wachen befehligten, wenn auch
der Wind derselbe war. Der eine wollte die Segel schärfer
oder flacher in den Winde gebracht haben als der andere,
so daß sie keine sichere Regel zu haben schienen, um sich
darnach zu richten. Dennoch könnte nach meinem Dafürhalten eine Reihe von Experimenten veranstaltet werden,
zunächst um die geeignetste Gestalt des Rumpfes für
rasches Segeln zu bestimmen; sodann um die besten Dimensionen und geeignetsten Orte für die Masten sowie
die Gestalt und Menge der Segel und deren Stellung je
nach der Beschaffenheit des Windes, und endlich um die
Verteilung der Ladung zu ermitteln. Wir leben in einem
Zeitalter der Experimente, und ich meine, eine genau
angestellte und gut kombinierte Reihe von solchen Versuchen würde von großem Nutzen sein. Ich bin daher
überzeugt, daß über kurz oder lang irgendein scharfsin-
niger Philosoph dies unternehmen wird, wozu ich ihm
den besten Erfolg wünsche.

Wir wurden auf unsrer Fahrt mehrfach verfolgt, entgingen jedoch durch unsere überlegene Segelkraft jeder

Nachstellung und konnten nach dreißig Tagen schon loten. Wir hatten eine genaue Observation, und der Kapitän glaubte sich unserem Hafen, Falmouth, so nahe, daß wir nach einer guten Fahrt über Nacht am Morgen schon auf der Höhe der Mündung jenes Hafens sein und durch die nächtliche Fahrt auch der Aufmerksamkeit der feindlichen Kaperschiffe entgehen könnten, welche oft in der Nähe des Eingangs des britischen Kanals kreuzten. Es wurde daher an Segeln ausgesetzt, was nur tunlich war, und da wir frischen und günstigen Wind hatten, so liefen wir gerade vor demselben und kamen tüchtig vom Fleck. Der Kapitän bestimmte nach seiner Observation den Kurs so, daß wir seines Erachtens die Scilly-Inseln in weiter Entfernung passieren mußten; allein es scheint zuweilen eine starke Strömung von der hohen See den St. Georgs-Kanal hinauf stattzufinden, welche die Seeleute täuscht und auch den Untergang von Sir Cloudsley Shovels Geschwader veranlaßte. Diese Strömung war wahrscheinlich auch die Ursache dessen, was uns begegnete. Wir hatten eine Wache im Bug, welcher man oft zurief: *»Schau gut da vorn vor dir aus!«* und die ebensooft mit *»Ja, Ja!«* antwortete. Aber vielleicht waren dem Burschen die Augen zugefallen und er zu jener Zeit halb im Schlafe, so daß er, wie öfters geschehen soll, nur noch mechanisch antwortete, denn er bemerkte nicht, daß gerade vor uns ein Licht war, welches der Mann am Steuerruder und die übrige Wachtmannschaft vor den Leesegeln nicht sehen konnten und daher nur bei einem zufälligen Gieren des Schiffs entdeckt wurde. Dies verursachte große Bestürzung, da wir dem Licht schon ganz nahe waren, und es mir so groß wie ein Wagenrad erschien. Es war Mitternacht und unser Kapitän lag tief im Schlafe; allein, Kapitän Kennedy sprang auf Deck, durchschaute die Gefahr und hieß das Schiff bei ausgesetzten Segeln ganz umwenden. Dieses Manöver war zwar für die Maste gefährlich, aber es brachte uns klar und wir entgingen dem Schiffbruch, denn wir liefen bereits auf die Klippen zu, auf denen der Leuchtturm errichtet war. Diese Rettung brachte mir eine hohe Meinung von dem Nutzen der Leuchttürme bei und bestärkte mich in dem Entschluß, zur Erbauung weiterer in Amerika aufzufordern, falls ich noch lebend dorthin zurückkehren sollte.

Am Morgen ergab sich durch die Peilungen u.s.w., daß wir in der Nähe unsers Hafens waren, aber der Anblick des Landes wurde uns durch einen dichten Nebel entzogen. Gegen neun Uhr etwa begann der Nebel sich zu verziehen und schien gerade aus dem Wasser emporgehoben zu werden wie der Vorhang in einem Theater, daß wir unter ihm der Stadt Falmouth, der Schiffe in deren Hafen und der Felder in deren Umgebung ansichtig wurden. Dies war ein höchst erfreulicher Anblick für Menschen, welche schon so lange nichts anderes mehr vor Augen gehabt hatten als den einförmigen Anblick eines weiten öden Ozeans, und er bereitete uns desto größeres Vergnügen, weil wir uns nun der Sorgen entschlagen konnten, welche der Kriegszustand mit sich führte.

Ich brach mit meinem Sohne sogleich nach London auf. Wir verweilten unterwegs nur eine kurze Zeit, um Stonehenge auf der Ebene von Salisbury und Lord Pembrokes Haus und Garten zu Wilton mit ihren höchst merkwürdigen Altertümern zu besichtigen.

Am 27. Juli 1757 langten wir in London an.

IV

Londoner Stadtansicht, Mitte des 18. Jahrhunderts.

*S*obald ich mich in einer Wohnung eingerichtet hatte, welche mir Herr Charles besorgt hatte, machte ich einen Besuch bei Dr. Fothergill, welcher mir angelegentlich empfohlen worden war und dessen Rat ich bezüglich meines Vorgehens einholen sollte. Er war gegen eine unmittelbare Beschwerde bei der Regierung und glaubte, man sollte sich erst an die Eigentümer persönlich wenden, welche möglicherweise durch die Vermittlung und Überredung einiger privater Freunde veranlaßt werden könnten, die Streitigkeiten auf freundschaftliche Weise beizulegen. Ich machte sodann meinem alten Freunde und Korrespondenten, Herrn Peter Collinson, meine Aufwartung. Dieser teilte mir mit, daß John Hanbury, der mit Virginia in Handelsverbindung stehende große Kaufmann, sich erbeten habe, von meiner Ankunft benachrichtigt zu werden, damit er mich zu Lord Granville bringe, welcher damals Präsident des Geheimen Rats war und mich sobald wie möglich zu sprechen wünschte. Ich erklärte mich bereit, am folgenden Morgen mit ihm dahin zu gehen.

Demzufolge holte mich Herr Hanbury ab und brachte mich in seinem Wagen zu jenem adeligen Herren, welcher mich mit großer Artigkeit empfing. Nach einigen Fragen über den gegenwärtigen Stand der Angelegenheiten in Amerika und einigen Erörterungen hierüber äußerte er zu mir: »Ihr Amerikaner hegt falsche Vorstellungen über das Wesen Eurer Verfassung; Ihr bestreitet, daß die Instruktionen, welche der König seinen Gouverneuren gibt, Gesetze seien, und haltet Euch für befugt, dieselben nach Eurem Gutdünken zu beachten oder zu mißachten. Allein, jene Weisungen gleichen durchaus nicht den sogenannten Tascheninstruktionen, welche einem ins Ausland gehenden Gesandten mitgegeben werden, um sein Benehmen in gewissen unbedeutenden Punkten des Zeremoniells zu lenken. Sie werden vielmehr zuerst abgefaßt von Richtern, welche in den Gesetzen ganz zu Hause sind; dann werden sie im Geheimen Rat erwogen, debattiert und vielleicht verbessert und hierauf erst vom König unterzeichnet. Sie sind alsdann, insofern sie sich auf Euch beziehen, das *Gesetz des Landes,* denn der König ist der *Gesetzgeber der Kolonien.«* Ich erklärte Seiner Lordschaft, dies sei mir eine ganz neue Doktrin. Ich hätte nach unserer Verfassung immer geglaubt, unsere Gesetze sollten von unseren Assemblies gemacht und dem König zwar schon zwecks seiner königlichen Zustimmung vorgelegt werden; habe der König aber diese einmal gegeben, so könne er sie nicht wieder aufheben oder abändern. Und wie die Assemblies keine dauernd gültigen Gesetze ohne seine Zustimmung erlassen könnten, so dürfe er auch kein Gesetz für sie ohne ihre Zustimmung machen. Er versicherte mir, ich sei damit gänzlich im Irrtum. Ich war jedoch hierin nicht seiner Meinung. Da die Unterredung mit Seiner Lordschaft mich einigermaßen in Unruhe darüber versetzt hatte, welcher Art die Ansichten des Hofes betreffs unserer Angelegenheiten sein möchten, so schrieb ich die ganze Unterhaltung nieder, sobald ich in meine Wohnung zurückgekehrt war. Ich erinnerte mich, daß etwa zwanzig Jahre früher eine Klausel in einem vom Ministerium im Parlament eingebrachten Gesetzesantrag den Vorschlag gemacht hatte, den Instruktionen des Königs Gesetzeskraft in den Kolonien zu geben; allein, die Klausel war vom Unterhause verworfen worden, wofür wir die Volksvertreter als unsere und der Freiheit Freunde verehrten, bis 1765 aus ihrem Betragen gegen uns hervorging, daß sie dem König jenen Punkt der Souveränität nur verweigert hatten, um ihn für sich selbst in Anspruch zu nehmen.

Nachdem Dr. Fothergill mit den Eigentümern gesprochen hatte, verstanden sie sich nach einigen Tagen dazu, mit mir in Herrn T. Penns Haus in Spring Garden zusammenzutreffen. Das Gespräch bestand anfangs aus gegenseitigen Erklärungen der Geneigtheit zu einem vernünftigen Abkommen; allein, ich vermute, jede Partei hatte ihre eigenen Ansichten über das, was unter *vernünftig* zu verstehen sei. Wir gingen hierauf zur Erwägung unserer einzelnen Beschwerdepunkte über, welche ich aufzählte. Die Eigentümer rechtfertigten so gut sie konnten ihre eigene Handlungsweise und ich diejenige der Assembly. Es stellte sich nun heraus, daß wir in unseren Ansichten sehr weit auseinander gingen, ja im Grunde so weit voneinander abwichen, daß dadurch alle Hoffnung auf Verständigung zerschlagen wurde. Es wurde jedoch beschlossen, daß ich ihnen die hauptsächlichsten unserer Beschwerdepunkte schriftlich mitteilen sollte, welche sie dann in Erwägung zu ziehen versprachen. Ich tat dies bald darauf; allein, sie händigten die Schrift ihrem Rechtsbeistand, Ferdinando John Paris, aus, welcher für sie alle ihre rechtlichen Geschäfte in ihrem großen Prozeß mit dem ihnen benachbarten Eigentümer von Maryland, Lord Baltimore, der schon siebzig Jahre währte, besorgte und für sie in ihrem Streite mit der Assembly alle ihre Urkunden und Botschaften verfaßte. Paris war ein stolzer, aufbrausender Mann. Da ich gelegentlich schon in den Antworten der Assembly seine Zuschriften mit einiger Schroffheit behandelt hatte, weil sie in der Argumentation schwach und im Ausdruck hochfahrend waren, so hatte er einen tödlichen Haß gegen mich gefaßt, welcher bei jeder persönlichen Begegnung zutage trat. Ich lehnte daher den Vorschlag der Eigentümer ab, daß Herr Paris und ich die Hauptpunkte unserer Beschwerden untereinander besprechen sollten, und weigerte mich, mit irgend jemand anders zu unterhandeln als mit ihnen. Sie übergaben sodann auf seinen Rat meine Schrift den Händen des Ersten und des Zweiten Kronanwalts, um deren Ansicht und Rat darüber einzuholen; aber sie lag bei diesen unbeantwortet ein ganzes Jahr weniger einer Woche. Ich richtete während dieser Zeit häufige Gesuche um eine Antwort an die Eigentümer, ohne jedoch irgendeine andere zu erlangen, als daß sie die Ansicht der beiden Kronanwälte noch nicht erhalten hätten. Wie diese lautete, als sie dieselbe endlich erhielten, habe ich niemals erfahren, denn sie teilten mir dieselbe nicht mit, sondern schickten der Assembly eine lange, von Paris verfaßte und unterzeichnete Botschaft, welche sich über den Mangel an Form in meiner Schrift beklagte, dieselbe als eine Grobheit von meiner Seite auslegte, eine schwächliche Rechtfertigung ihrer eigenen Handlungsweise zu geben versuchte und schließlich die Geneigtheit zu einem gütlichen Ausgleich erklärte, falls die Assembly *eine redliche Person* herübersenden wollte, um mit ihnen zu diesem Zweck zu unterhandeln, wodurch sie also zu verstehen gaben, daß ich eine solche nicht sei.

Der Vorwurf des Mangels an Förmlichkeit und der Grobheit stützte sich wahrscheinlich darauf, daß ich sie in meiner Schrift nicht mit ihren angemaßten Titeln als wirkliche und absolute Eigentümer der Provinz Pennsylvania angeredet, sondern dies unterlassen hatte, weil ich es in einem Dokument, dessen Absicht nur dahin ging, schriftlich auf eine zuverlässige Weise alles das zusammenzufassen, was ich gesprächsweise *mündlich* vorgebracht hatte, nicht für notwendig hielt. Da aber während dieser Hinhaltung die Assembly den Gouverneur Denny bewogen hatte, eine Akte passieren zu lassen, welche das Vermögen und die Ländereien der Eigentümer in gleicher Weise wie die Ländereien des Volks zur Besteuerung heranzog, was ja der Hauptpunkt des Streits war, so unterließ die Assembly die Beantwortung jener Botschaft.

Sobald jedoch diese Akte herüberkam, beschlossen die Eigentümer auf den Rat von Paris, zu verhindern, daß sie die königliche Zustimmung erhielt. Sie richteten daher durch den Geheimen Rat eine Bittschrift an den König, und es wurde eine Untersuchung anberaumt, bei welcher zwei Advokaten von ihnen zur Anfechtung der Akte und zwei von mir zur Verteidigung derselben beauftragt waren. Sie machten geltend, die Akte beabsichtige, den Besitz der Eigentümer zu belasten und denjenigen des Volks zu verschonen, daß sie aber unausbleiblich ruiniert werden würden, wenn man die Akte inkraft lasse und die Eigentümer, die beim Volke verhaßt seien, der Gnade und Ungnade des letzteren in Bemessung und Verteilung der Steuern preisgebe. Wir erwiderten, die Akte beabsichtige nichts derartiges und werde auch eine solche Wirkung nicht haben. Die Steuerschätzer seien rechtschaffene und verständige Männer und eidlich verpflichtet, billig und gerecht zu schätzen, und irgendwelcher Vorteil, welchen jeder von ihnen für die Erleichterung seiner eigenen Steuer davon erwarten dürfte, daß er diejenige der Großgrundbesitzer erhöhe, sei allzu unbedeutend, um dieselben zum Meineid zu verführen. Dies ist, soviel ich mich entsinne, der wesentliche Inhalt dessen, was von beiden Seiten geltend gemacht wurde, ausgenommen, daß wir entschieden die verderblichen Folgen hervorhoben, welche eine Aufhebung des Gesetzes mit sich bringen müßte, insofern das Geld, hunderttausend Pfund Sterling, zu des Königs Gebrauch gedruckt und bereitgestellt, in seinem Dienste ausgegeben worden und nun unter der Bevölkerung verbreitet sei. Eine Ungültigkeitserklärung desselben würde es also in den Händen der dermaligen Besitzer zum Verderben vieler und zur gänzlichen Entmutigung künftiger Geldbewilligungen wertlos machen. Dabei wurde die Selbstsucht der Eigentümer, welche eine derartige Katastrophe lediglich aus der unbegründeten Befürchtung heraufbeschwören wollten, daß ihre Besitzungen zu hoch besteuert würden, in den stärksten Ausdrücken hervorgehoben. Auf das hin stand Lord Mansfield, einer der Geheimen Räte, auf, winkte mir und nahm mich in das Zimmer des Sekretärs, während die Anwälte noch plädierten, und fragte mich, ob ich wirklich der Ansicht sei, daß dem Vermögen der Eigentümer durch die Durchführung der Akte keine Schädigung widerfahren würde. Ich versicherte ihn dessen auf das Bestimmteste. »Dann werden Sie keinen Anstand nehmen, eine Verpflichtung zur Sicherheit dieses Punktes zu übernehmen«, sagte er. »Nicht den mindesten«, erwiderte ich. Er rief hierauf Paris herein, und nach einigem Hin- und Herreden wurde der Vorschlag Seiner Lordschaft beiderseits angenommen, und durch den Sekretär des Geheimen Rates zu diesem Zweck eine Urkunde aufgesetzt. Diese unterzeichnete ich mit Herrn Charles, welcher ebenfalls ein Agent der Provinz für ihre gewöhnlichen Geschäfte war, worauf Lord Mansfield in das Sitzungszimmer des Geheimen Rats zurückkehrte, wo man schließlich die Akte passieren ließ. Es wurden zwar noch einige Abänderungen anempfohlen, wir bemühten uns aber, daß dieselben in ein späteres Gesetz aufgenommen werden sollten. Die Assembly betrachtete sie jedoch nicht als nötig, denn nachdem eine Jahressteuer auf Grund der Akte erhoben worden war, ehe der Beschluß des Geheimen Rates eintraf, bestellte sie einen Ausschuß, um das Verfahren der Steuerschätzer zu prüfen, und wählte in diesen Ausschuß mehrere besondere Freunde der Eigentümer. Nach einer vollständigen Untersuchung unterzeichnete dieser Ausschuß einmütig eine Erklärung, er finde, daß die Steuer mit vollkommener Gerechtigkeit eingeschätzt worden sei.

Die Assembly betrachtete mein Eingehen auf den ersten Teil der Verpflichtung als einen wesentlichen der Provinz erwiesenen Dienst, da es den Kredit des damals über die ganze Provinz verbreiteten Papiergeldes gesichert hatte, und erstattete mir bei meiner Heimkehr ihre Danksagung in üblicher Form. Die Eigentümer aber waren erbost über Gouverneur Denny, weil er die Akte hatte passieren lassen, und drohten, ihm wegen der Verletzung seiner Instruktionen, zu deren Befolgung er sich verpflichtet hatte, einen Prozeß anzuhängen. Da er es aber auf das Drängen des Generals und für den Dienst Seiner

Majestät getan hatte und einige einflußreiche Gönner und Fürsprecher bei Hofe besaß, so kümmerte er sich nicht um die Drohungen, welche übrigens niemals ausgeführt wurden.

ANHANG

Zum Text der Ausgabe

Da die Entstehungs- und Editionsgeschichte des Originaltextes sowie die der vorliegenden Ausgabe zugrundeliegenden editorischen Überlegungen ausführlich im Nachwort zur Sprache kommen, soll hier an gesonderter Stelle auf die Grundzüge der vorgenommenen Textredaktion eingegangen werden, die bei einer Ausgabe fremdsprachiger Texte in Übertragungen deutscher Dichter immer eine Gratwanderung zwischen zweierlei editorischen Prinzipien bedeutet. So wurden auf der einen Seite die Texte Gottfried August Bürgers sowie die von Berthold Auerbach herausgegebene Fassung nach den in der Germanistik üblichen Prinzipien lediglich in der Orthographie behutsam modernisiert. Auf der anderen Seite ergab sich durch die von L. W. Labaree 1964 besorgte amerikanische kritische Ausgabe der *Lebenserinnerungen* nach den Originalhandschriften im Sinne einer Ausgabe des Franklinschen Textes auf dem neuesten Stand der Forschung die Notwendigkeit, ergänzend, klärend, sachlich richtigstellend und in mancher Hinsicht rhetorisch zur Wiederherstellung der Authentizität (u. a. durch Modernisierung der Interpunktion) einzugreifen.

Das optische Kennzeichnen dieser Eingriffe in die deutschen Vorlagen oder eine Wiedergabe der Paralleltexte – die klassische wissenschaftliche Editionstechnik – wiederum hätten sowohl dem Ziel der vorliegenden Ausgabe als auch dem Geist des Textes selbst wie dem der Übertragungen widersprochen: Benjamin Franklins *Lebenserinnerungen* sind als instruktives Lesevergnügen geplant und ausgeführt worden – sie sollten es, in einer Ausgabe, die die sprachlichen Schönheiten dichterischer Übertragungen des 18. und 19. Jhs. mit der sachlichen Genauigkeit einer kritischen Ausgabe zu verbinden sucht, auch bleiben.

Bildnachweis

S. 2: © Yale University Art Gallery. Gift of Avery Rockefeller. *S. 6:* Henry E. Huntington Library and Art Gallery, San Marino, Calif. *S. 114:* Zeitgenössischer Kupferstich von Daniel Chodowiecki. Archiv Gerstenberg, Frankfurt am Main. *S. 138:* Kupferstich von W. Birch. Library of Congress, Washington, D. C. *S. 244:* Blick auf London vom Greenwich Park. Bildarchiv Preußischer Kulturbesitz, Berlin.

Anmerkungen

Die Anmerkungen sind der Ausgabe der *Autobiography* der Yale University Press (1964) verpflichtet.

7 *im Haus des Bischofs von St. Asaph:* Franklin hielt sich vom 30. Juli bis zum 13. August 1771 im Haus von Jonathan Shipley, des Bischofs von St. Asaph, in Wales auf. Er schrieb während dieser Zeit den ersten Teil seiner Autobiographie.

der Reise, die ich deshalb unternahm: Diese Reise nach Ecton in Northamptonshire und Banbury in Oxfordshire fand im Juli 1758 statt.

bei einer neuen Ausgabe ihrer Werke die Fehler der ersten zu verbessern: Der gelernte Buchdrucker Franklin benutzt hier eine Vorstellung aus seinem Handwerk; sehr häufig verwendet er für ein moralisches Vergehen den Fachausdruck *erratum*.

9 *der vorher Personen einer gewissen Klasse bezeichnete:* Franklin führt hier seinen Familiennamen auf die soziale Gruppe der «franklins» zurück, Landbesitzer von vornehmer, aber nicht adeliger Herkunft, die in der sozialen Rangordnung gleich hinter den «gentlemen» kamen. Im Prolog zu den *Canterbury Tales* (1387) von Geoffrey Chaucer (?1345–1400) findet sich ein Portrait eines solchen »franklin«. Die Bedeutung *frank* = »frei« spielt in Franklins Überlegungen wohl auch eine Rolle.

10 *am 6. Januar 1702 alter Zeitrechnung:* Dies bezieht sich auf den Julianischen Kalender; England und die Kolonien stellten sich erst 1752 auf den Gregorianischen Kalender um, der in manchen Ländern bereits seit 1582 in Geltung war.

11 *die folgenden Zeilen . . . sind dafür ein Beispiel:* Das Originalmanuskript und die Buisson-Ausgabe enthalten diese Beispiele nicht, wohl aber Le Veillards Übersetzung. Sie sind in der Ausgabe von Labaree aus den Schriften von Franklins Onkel ergänzt worden.

12 *Sie besaßen eine englische Bibel:* Mary I. (1516–1558), Katholikin und älteste Tochter Heinrichs VIII., folgte ihrem protestantischen Halbbruder Edward VI. 1553 auf dem Thron. Sie versuchte mit aller Macht, den Katholizismus im reformierten England wiederherzustellen, und verdiente sich so den Beinamen »Bloody Mary«. Eine ihrer Maßnahmen war das Verbot der reformierten Bibelübersetzung.

einige Prediger als Nonkonformisten: Nonkonformisten, auch »Dissenters«, wurden solche Protestanten genannt, die sich der Autorität der anglikanischen Staatskirche widersetzten. Ihren Ursprung hat diese Gruppierung in der Weigerung protestantischer Geistlicher, das »Book of Common Prayer« zu akzeptieren, wie dies zum ersten Male 1662 in dem »Act of Uniformity« gefordert wurde.

13 *Cotton Mather:* Cotton Mather (1663–1728), in der frühen Geschichte von Massachusetts politisch aktiver presbyterianischer Geistlicher, der vor allem wegen seiner Rolle in den Salemer Hexenprozessen von 1692 bekannt wurde. Seine *Magnalia Christi Americana* (1702) sind das wichtigste literarische Werk aus der Frühzeit der amerikanischen Kolonien.

20 *Bunyan:* John Bunyan (1628–1688), englischer puritanischer Geistlicher, der zahlreiche religiöse Erbauungsbücher verfaßte. *The Pilgrim's Progress* (1678), eine Allegorie von der mühseligen Wanderung des Menschen zum himmlischen Reich, nimmt – wie Franklin im folgenden erkennt – wegen seiner deutlich romanhaften Tendenzen eine besondere Rolle in der Entwicklung des englischen Romans ein.

R. Burton: Unter dem Pseudonym Richard oder Robert Burton veröffentlichte der englische Verleger Nathaniel Crouch (?1632–?1725) zahlreiche popularisierende Kompilationen historischer Werke. Die von Franklin mit *Historical Collections* bezeichneten Texte lassen sich bibliographisch nicht genau erfassen; eine Äußerung eines Zeitgenossen über Crouch läßt aber erkennen, welcher Art diese »historischen Sammlungen« gewesen sein dürften: »Er faßte unsere besten englischen Geschichtsbücher in zwölf billigen Bänden [›penny books‹] zusammen, die voll wundersamer Begebenheiten, Raritäten und Merkwürdigkeiten waren.«

Plutarch: Plutarch (45–120), griechischer Schriftsteller, verfaßte die bekannten Parallelbiographien von 23 griechischen und römischen Berühmtheiten, die vielen englischen Dramatikern (wie z. B. Shakespeare) als Stoffsammlung dienten. Eine englische Übersetzung von Sir Thomas North kam 1579 heraus.

Defoe . . . Dr. Mather: Daniel Defoe (?1660–1731), englischer Schriftsteller und Romancier, dessen *Essay on Projects* (1697) eine Sammlung von Vorschlägen für wirtschaftliche und kulturelle Verbesserungen ist. (Vgl. auch Anm. zu S. 34.) Dr. Mather ist Cotton Mather (vgl. Anm. zu S. 13); sein Werk *Bonifacius. An Essay Upon the Good, that is to be Devised and Designed by those Who Desire . . . to do Good while They Live* (1710) regte Franklin zur Gründung seines »Junto« (vgl. Anm. zu S. 87) an.

21 *im Stil der Grub Street Balladen:* Grub Street hieß eine Straße in London unweit der Guildhall (ihr heutiger Name ist Milton Street), in der verarmte Schriftsteller lebten, die für kümmerliches Geld Gebrauchsliteratur produzierten. Der Straßenname wurde zur generischen Bezeichnung dieser Art von Literatur. George Gissing

griff 1891 mit seinem Roman *New Grub Street* das Thema des erfolglosen Berufsschriftstellers auf.

22 *Edinborough:* Dies ist die Schreibweise Franklins, die den zweiten Bestandteil des Namens in anglisierter Form wiedergibt. Die heute sanktionierte Schreibweise (Edinburgh) enthält die schottische Form.

23 *»Spectator«:* The Spectator, englische Zeitschrift, die von Joseph Addison (1672–1719) und Richard Steele (1672–1729) geschrieben und herausgegeben wurde; sie erschien vom 1. März 1711 bis zum 6. Dezember 1712 täglich. Der Prosastil der Zeitschrift, die zu sozialen, religiösen, moralischen und kulturellen Fragen Stellung nahm, wurde beispielhaft.

25 *ein Werk von Tryon:* Thomas Tryon, *The Way to Health, long Life and Happiness, or a Discourse of Temperance.* London, 1691.

26 *ein Rechenbuch von Cocker:* Edward Cocker (1631–1675) verfaßte mehrere arithmetische Werke; es ist nicht bekannt, welches von diesen Franklin benutzte.

Schiffahrtskunde von Seller und Sturmy: John Seller, *An Epitome of the Art of Navigation.* London, 1681. Samuel Sturmy, *The Mariner's Magazine; or, Sturmy's Mathematical and Practical Arts.* London, 1669.

Locke . . . der Herren von Port-Royal: John Locke (1632–1704), englischer Empirist; sein Hauptwerk, *Essay Concerning Human Understanding* (1690), war außerordentlich einflußreich. Antoine Arnauld und Pierre Nicole von Port-Royal, *Logic: or the Art of Thinking;* eine englische Übersetzung des lateinischen Originals von 1662 erschien 1687. Das Kloster Port-Royal war der Sitz einer jansenitischen Gelehrtengemeinde.

es war die von Greenwood: James Greenwood, *An Essay towards a Practical English Grammar.* London, 1711. Franklin empfahl 1749 dieses Buch für die geplante Akademie.

Xenophons »Denkwürdigkeiten des Sokrates«: Xenophon (ca. 430–ca. 354), griechischer Schriftsteller und Soldat; seine Darstellung von Sokrates' Leben und Philosophie, *Apomnemoneumata Socratous,* wurde 1712 von Edward Bysshe als *The Memorable Things of Socrates* übersetzt.

Die Lektüre des Shaftesbury und des Collins: Anthony Ashley Cooper, dritter Earl von Shaftesbury (1671–1713), Moralphilosoph und religiöser Skeptiker; seine Schriften wurden 1711 unter dem Titel *Characteristicks of Men, Manners, Opinions, Times* veröffentlicht. Anthony Collins (1676–1729), englischer Deist; sein Hauptwerk ist *A Discourse of Freethinking* (1713).

28 *»mit dem Scheine der Bescheidenheit zu reden«:* Franklin zitiert hier aus Alexander Popes (1688–1744) Lehrgedicht *Essay on Criticism* (1711), Z. 574/5 und 567.

»Denn unbescheiden heißt auch unverständig sein«: Diese Zeilen werden oft Pope zugeschrieben; sie stammen aus dem *Essay on Translated Verse* (1684) von Wentworth Dillon, Earl of Roscommon (?1633–1685), Z. 113 f.

29 *»Boston-News Letters«: The Boston News-Letter* war die erste Zeitung der amerikanischen Kolonien; sie wurde am 24. April 1704 begründet und bestand bis 1776. *The New England Courant* von James Franklin, die am 7. August 1721 begründet wurde und bis 1726 bestand, war nach *The Boston Gazette* (1719–1741) und *The American Weekly Mercury* (1719–1749) die vierte Neugründung.
Ich schrieb indessen . . . noch verschiedene andere Stücke: Es handelt sich um die vierzehn sogenannten »Dogood Letters«, die zwischen dem 12. April und dem 8. Oktober 1722 erschienen und Franklins früheste schriftstellerische Betätigung darstellen. Im Gewand einer Landpfarrerswitwe attackierte der sechzehnjährige Franklin allerlei soziale und kulturelle Mißstände.

30 *beleidigte die Assembly:* Gemeint ist die »General Assembly«, die in William Penns Verfassung für seine Kolonie mit dem »Council« die Regierungsgeschäfte führte. Beide Gremien wurden durch allgemeine Wahlen konstituiert. Diese Institution, die vor allem in den späteren Teilen der Lebensdarstellung Franklins sehr häufig auftaucht, wird in der Fassung von Auerbach fast ausschließlich als »Assembly« wiedergegeben. Aus Gründen der Einheitlichkeit wird diese Praxis auch hier befolgt.

34 *Defoe . . . Richardson:* Daniel Defoe (vgl. Anm. zu S. 20) und Samuel Richardson (1689–1761), englische Schriftsteller, die mit ihren narrativen Texten zu den Begründern des englischen Romans zählen. Defoes *Robinson Crusoe* erschien 1719, *Moll Flanders* 1722, *Religious Courtship* 1722, *The Family Instructor* 1715–1718. Richardsons *Pamela, or Virtue Rewarded* erschien 1740/41.

36 *wie Cotton den Virgil:* Charles Cotton (1630–1687), *Scarronides, or the First Book of Virgil Travestie.* London, 1664.

41 *einer von den französischen Propheten:* Eine Gruppe von französischen Flüchtlingen in England im Jahre 1706, die sich Trancen und Erleuchtungen hingaben.

42 *Robert Homes:* In mehreren Fällen gibt Franklin in seinem Manuskript Eigennamen unkorrekt wieder; so schreibt er den Namen seines Schwagers durchgehend als »Holmes«.

44 *aus beiden Regierungen:* Sir William Keith (1680–1749), der Statthalter, von dem in dieser Episode die Rede ist, war von 1717–1726 Gouverneur der Kolonien Pennsylvania und Delaware.

54 *»Ihr sollt euren Bart nicht gar abscheren«:* 3. Buch Mose, Kap. 19, Vers 27.

58 *bis er den Pope las:* vgl. Anm. zu S. 28 u. 230.

62 *die Eigentümer:* Einige der britischen Kolonien (neben Pennsylvania auch noch Maryland und Carolina) waren »proprietory colonies«, d. h. sie entstanden als Schenkungen der britischen Krone an begünstigte Einzelpersonen oder Gruppen, die sogenannten »proprietors« (Grundeigentümer), die somit das gesamte Gebiet als ihr Eigentum besaßen. Der Quäker William Penn war »Eigentümer« der Kolonie, die nach ihm benannt wurde. Charles II. hatte ihm 1681 als Anerkennung der Verpflichtungen in Höhe von £ 16 000, die er gegenüber Penns Vater, dem Admiral Sir William Penn, hatte, das Gebiet übertragen. Penn betrachtete seine Kolonie als ein »heiliges Experiment« und bemühte sich um politische Liberalität und religiöse Toleranz; seine Behandlung der Indianer bildete eine rühmliche Ausnahme in seiner Zeit. Unter seinen Nachfahren, die die Provinz eher als lukrative Einnahmequelle betrachteten, gingen die ursprünglichen noblen Ziele verloren, und es kam zu langen und bitteren Kämpfen zwischen den Kolonien und den in London residierenden »Eigentümern«, von denen Franklin im weiteren Verlauf seiner Lebensdarstellung sehr anschaulich berichtet. Pennsylvania verlor erst mit der amerikanischen Unabhängigkeitserklärung seinen Status als »proprietory colony«. Der Begriff »proprietor« wird durchgehend als »Eigentümer« wiedergegeben.

63 *fünfzehn Pistolen:* Spanische Goldmünze im Wert von ca. 16–18 Schillingen, die seit ungefähr 1600 in Gebrauch war.
Wilkes: Robert Wilkes (?1665–1732), berühmter Londoner Schauspieler vor allem in komischen Rollen. Er war an der Leitung des Haymarket Theatre und des Drury Lane Theatre beteiligt.
Rechtsgelehrte im Temple: Gemeint sind »Inner Temple« und »Middle Temple«, ursprünglich Sitz des Templerordens, seit dem 14. Jh. aber (wie auch »Lincoln's Inn« und »Gray's Inn«) Sitz von Rechtskollegien, die u. a. für die Ausbildung und Zulassung von Anwälten zuständig sind.

64 *Wollastons »Natürliche Religion«:* William Wollaston (1616–1724), anglikanischer Geistlicher und Schulmann, Verfasser des moralistischen Traktates *The Religion of Nature Delineated* (Erstdruck 1722).
dem Doktor Mandeville: Bernard de Mandeville (1670–1733), Arzt und Satiriker, veröffentlichte 1714 die zynische Allegorie *The Fable of the Bees, or Private Vices, Public Benefits,* nach der die Gesellschaft wie ein Bienenstock von einem System wechselseitiger Habgier bestimmt ist.

65 *Sir Hans Sloane:* Sir Hans Sloane (1660–1753), englischer Arzt und Naturforscher; 1693–1712 Sekretär der »Royal Society« und nach dem Tod Isaac Newtons von 1727–1741 auch deren Präsident (vgl. Anm. zu S. 224); 1719–1735 Präsident des »Royal College of Physicians«. Seine Sammlung von Büchern, Manuskripten und

Kuriositäten bildete 1753 den Grundstock für die Gründung des »British Museum«. Die Initiative zu diesem Kontakt ging keineswegs von Sloane aus; vielmehr schrieb Franklin ihm am 2. Juni 1725 einen Brief, in dem er Sloane seine »Kuriositäten« zum Verkauf anbot.

66 *Young:* Edward Young (1683–1765), englischer Dichter, dessen bekanntestes Werk, *The Complaint, or Night Thoughts on Life, Death, and Immortality* von 1742–1745 erschien. Franklin spielt hier wahrscheinlich auf die vierte von insgesamt sieben zeitkritischen Satiren Youngs an, die unter dem Titel *The Love of Fame, the Universal Passion* zwischen 1725 und 1728 erschienen.

71 *das Kollegium . . . Don Saltero:* Mit dem »Kollegium« ist wahrscheinlich Chelsea Hospital gemeint, ein Hospiz für entlassene Soldaten, das 1682 nach einem Entwurf des berühmten Architekten Christopher Wren erbaut wurde. Don Saltero ist James Salter, ein ehemaliger Diener von Sir Hans Sloane, der 1695 ein Kaffeehaus mit Kuriositätensammlung in Cheyne Walk, Chelsea, eröffnete und dort z. B. das Schwert Wilhelms des Eroberers und die Tränen Hiobs ausstellte.

72 *Thevenots:* Melchisédech de Thévenot, *The Art of Swimming. Illustrated by Proper Figures . . . Done Out of the French.* London, 1699.

83 *Boyles-Lesungen:* Es handelt sich um die »Boyle Lecture Sermons«, die 1691 auf Betreiben des Chemikers und Naturphilosophen Roger Boyle (1627–1691) begründet wurden und sich mit religiösen und theologischen Fragen beschäftigten.

84 *»Alles was da ist . . .«:* Die erste Zeile des Zitates stammt aus Alexander Popes (1688–1744) Lehrgedicht *Essay on Man* (1733), I, 284; der Rest stammt aus John Drydens (1631–1700) Drama *Oedipus* (1678), III, 1, 244–248.

86 *als irgendeine Krone:* Eine Münze im Wert von ungefähr fünf Schillingen.

87 *den wir Junto nannten:* Dieser »Klub«, der 1727 begründet wurde und zuerst unter der Bezeichnung »Leather Aprons« (= Lederschürzen, ein Hinweis darauf, daß seine Mitglieder Handwerker waren) bekannt wurde, bestand bis ungefähr 1767. Er übte, vor allem auch durch seine vielen »Ableger«, einen bedeutenden kulturellen Einfluß aus. Er ist direkter Vorläufer der »American Philosophical Society«, die Franklin 1743 begründete. Vgl. Anm. zu S. 20.

89 *den Druck von vierzig Bogen ihrer Geschichte:* William Sewel, *The History of the Rise, Increase, and Progress of the Christian People called Quakers: Intermixed with Several Remarkable Occurrences.* Philadelphia, 1718. Die Quäker oder »Freunde« (»Society of Friends«) wurden 1648–1650 von George Fox begründet; da William Penn, der Gründer der Kolonie Pennsylvania, Quäker war, spielten sie

(wie aus Franklins Schilderungen hervorgeht) in der frühen Geschichte Pennsylvanias eine entscheidende Rolle.

90 *daß die einzige Zeitung . . . Bradford:* Es handelt sich bei dieser Zeitung um *The American Weekly Mercury*, die am 22. Dezember 1719 von Andrew Bradford gegründet wurde und bis 1746 existierte (vgl. auch Anm. zu S. 29). Sie druckte hauptsächlich Material aus englischen Zeitungen nach. Franklin veröffentlichte in ihr 1729 seine 32 »Busy Body Papers«, die nach dem Vorbild Addisons (vgl. Anm. zu S. 23 u. S. 128) soziale, moralische und religiöse Themen behandelten. Keimer wurde in der Maske des »Critico« von Franklin satirisch porträtiert.

91 *übernahm es also sogleich:* Keimer druckte die erste Nummer seiner Zeitung, *The Universal Instructor in all Arts and Sciences: and Pennsylvania Gazette*, ein recht prosaisches Blatt, am 24. Dezember 1728. Als Franklin und Meredith es am 2. Oktober 1729 übernahmen, kürzten sie den Titel zu *The Pennsylvania Gazette* und produzierten bald eine der lebhaftesten und lesenswertesten Zeitungen in den Kolonien. Franklin selbst verfaßte viele Beiträge vor allem zu politischen Gegenwartsfragen und führte die Wettervorhersage als regelmäßigen Bestandteil einer Zeitung ein. Seine Verbindung mit der Zeitung endete 1766; das Blatt selbst existierte noch bis 1815.
die Händel zwischen dem Statthalter Burnet und der Assembly: William Burnett, den Franklin 1724 in New York kennengelernt hatte, war 1728 Gouverneur von Massachusetts geworden. Bei dem erwähnten Streit mit der Assembly ging es um Burnetts Forderung nach einem festen Gehalt. Franklin, der die Seite der Assembly vertrat, begann hier eigentlich seine öffentliche Betätigung in der Politik. Der Streit fand durch den Tod Burnetts im Jahre 1729 sein Ende.

95 *daß ich ein anonymes Pamphlet . . . druckte: A Modest Inquiry into the Nature and Necessity of a Paper-Currency* erschien am 3. April 1729.

96 *im letzten Krieg:* In einem für die *Lebenserinnerungen* typischen Vorgriff spielt Franklin hier auf den Britisch-Französischen Krieg (1754–1763) an, während dessen er die britische Armee unter General Braddock mit Fahrzeugen und Proviant versorgte. (Siehe Seite 197 ff.)
Druck des Papiergeldes von Newcastle: Die Grafschaften Newcastle, Kent und Sussex am Fluß Delaware (das Gebiet des heutigen US-Bundesstaates Delaware) hatten, bei unterschiedlicher Verfassung, den gleichen Status als »proprietory Colonies« wie Pennsylvania. Andrew Hamilton war Präsident der Assembly in beiden Kolonien.

100 *die sonst keine Annehmlichkeit aufzuweisen hätte:* Franklins Äußerungen mögen heutzutage etwas befremdlich klingen, sie entsprachen

aber durchaus der allgemein akzeptierten Verhaltensnorm seiner Zeit.

102 *Freibrief*: Im Original lautet dieser Begriff *charter* und bezeichnet ein Dokument, durch das die oberste Staatsgewalt einzelnen Bürgern, Gruppen oder Institutionen besondere Rechte oder Privilegien einräumt, bzw. den Status von Vereinigungen oder Institutionen offiziell anerkennt.

nordamerikanischen Leihbibliotheks-Gesellschaften: Die »Library Company of Philadelphia«, die als sehr distinguierte Einrichtung noch heute besteht, war in der Tat die erste Bibliothek auf Subskriptionsbasis in Nordamerika. Kleinere, meist private oder halböffentliche Buchsammlungen vor allem religiöser Natur waren natürlich auch schon vor 1731 zugänglich gewesen.

103 *[Zwei Briefe]:* Diese beiden Briefe sind im Originalmanuskript Franklins nicht enthalten. Vgl. dazu das Nachwort.

noch andere Notizen: Es handelt sich um die »outline« oder »Inhalts-übersicht«, die im Nachwort diskutiert wird.

115 *Fortsetzung der Schilderung meines Lebens:* Der Friedensvertrag mit Großbritannien war am 3. September 1783 in Paris unterzeichnet worden. Franklin bat den Kongreß, sofort nach Amerika zurückkehren zu dürfen, blieb jedoch noch bis Juli 1785 als Gesandter in Frankreich, bis er von Thomas Jefferson abgelöst wurde. Franklin war 78 Jahre alt, als er diesen Teil seiner Autobiographie schrieb.

118 *eine heranwachsende junge Familie:* Franklin hatte zwei Söhne, William (geb. 1731) und Francis Folger (geb. 1732, gest. 1736; vgl. Anm. zu S. 149), und eine Tochter, Sarah (geb. 1743).

»Siehest du einen Mann redlich in seinem Beruf«: Sprüche Salomonis, 22, 29.

119 *dem König von Dänemark:* Es handelt sich um Christian VI., der 1768 in England war. Franklin war 1767 Ludwig XV. vorgestellt worden und am 20. März 1778 wurde er mit den anderen amerikanischen Gesandten von Ludwig XVI. empfangen. Bei den verbleibenden zwei Königen handelt es sich wahrscheinlich um George II. und George III. von England.

»Wer vorwärts kommen will . . .«: Das englische Sprichwort ist in der Form »He that will thrive must ask leave of his wife« zuerst bei John Heywood belegt. (*A Dialogue containing the number in effect of all the Proverbs in the English Tongue,* 1546.)

125 *dem Rate des Pythagoras:* Eine Randnotiz im Manuskript enthält die entsprechenden Verse: »Laß dir vom Schlaf nicht eher die Augen schließen, bevor du nicht dreimal dein Handeln an diesem Tag überprüft hast: wo bin ich fehlgegangen, was habe ich getan, welche gute Tat habe ich unterlassen?«

128 *aus Addisons Cato:* Joseph Addison (1672–1719), klassizistischer

englischer Schriftsteller und Politiker, der mit Richard Steele
(1672–1729) die einflußreichen Zeitschriften *The Tatler* (1709–
1711) und *The Spectator* (1711–1712) schrieb und herausgab (vgl.
Anm. zu S. 23). Das Zitat stammt aus *Cato, A Tragedy* (1713), V, 1,
Z. 15–18.

Motto aus Cicero: Das Zitat stammt aus den *Tusculanea Disputationes*,
V. ii, 5: »O Philosophie, du Führerin unseres Lebens und Vertrei-
berin unserer Laster! Ein Tag aber gut und nach deinen Lehren
verbracht, ist einer Ewigkeit von Schuld vorzuziehen.«

129 *Thomsons Gedichten:* James Thomson (1700–1748), schottischer Ly-
riker und Dramatiker, dessen Blankversgedicht *The Seasons* (1726–
30) ein neues Naturgefühl in die englische Lyrik einbrachte. Das
Zitat stammt aus der ersten, 1726 entstandenen »Jahreszeit«: »Winter«, Z. 218–223.

142 *»Kalender des armen Richard«: Poor Richard's Almanack* war zwar
nach englischen Vorbildern (wie z. B. *Poor Robin's Almanack*,
1663 ff.) angelegt, wurde aber bald zum bekanntesten und belieb-
testen Almanach in Amerika. Seine fiktiven Rollenfiguren Richard
und Bridget Saunders sowie seine Sprichwörter und Maximen
wurden zu Gemeingut. Von 1748 an enthielt der Almanach keine
Beiträge Franklins mehr; Franklin verkaufte ihn 1758, und er
wurde noch bis 1796 weitergeführt.

Diese Sprichwörter: Franklin verfaßte diese Sammlung von Sprichwörtern und Maximen 1757 auf einer Reise nach England; sie
wurde im Almanach für 1758 zum erstenmal gedruckt. Die »Rede
des Vaters Abraham« wurde unter dem Titel *Der Weg zum Reichtum
(The Way to Wealth)* noch im 18. Jahrhundert weit über hundertmal
in sieben verschiedenen Sprachen nachgedruckt und erfreute sich
auch später noch großer Beliebtheit. Zwei Beispiele mögen den
Geist des Yankee-Puritanismus dieser Sammlung andeuten: »Früh
zu Bett und früh wieder auf, macht einen Mann gesund, reich und
weise«; »Wenn Du Schulden machst, gibst du einem anderen Macht
über Deine Freiheit.«

143 *auf einen Bogen in Plakatformat gedruckt:* Der englische Begriff ist
»broadside« oder »broadsheet«; er bezeichnet zunächst ein Druck-
format (ein ungeschnittener Bogen, 1°, der nur auf einer Seite
bedruckt wird) und danach auch bestimmte Formen populärer
Literatur (wie z. B. Balladen), die in diesem Format gedruckt
wurden.

149 *verlor ich einen meiner Söhne:* Dieser Sohn war Francis Folger (geb.
1732). Franklin veröffentlichte in seiner Zeitung eine Notiz, daß
sein Sohn nicht an den Folgen der Pockenimpfung gestorben sei,
daß er vielmehr wegen einer noch nicht überstandenen inneren
Krankheit nicht habe geimpft werden können. Dieses vielleicht

etwas befremdlich anmutende Vorgehen Franklins hängt damit zusammen, daß die Frage der Pockenimpfung zu dieser Zeit heftig umstritten war. In der Nachbarkolonie Massachusetts z. B. zog sich Cotton Mather (vgl. Anm. zu S. 13), der sich aufgrund seiner naturwissenschaftlichen und medizinischen Interessen eifrig für die Impfung einsetzte, den Volkszorn zu, als einer seiner Söhne beinahe an der Impfung starb; man warf Mather sogar eine Bombe ins Haus. Mather, der Mitglied der »Royal Society« war, sandte dieser einen Bericht über den Vorfall, der dann in den »Transactions« veröffentlicht wurde. Zum endgültigen Durchbruch verhalfen der Pockenimpfung erst die 1796 erfolgreich durchgeführten Experimente des englischen Arztes Edward Jenner (1749–1823).

151 *so hielt ein neues Mitglied:* Vermutlich Isaac Norris (1701–1766), ein reicher Kaufmann und Büchersammler. Er arbeitete später in der Assembly, deren Sprecher er von 1750–1764 war, eng mit Franklin in dessen Kampagnen gegen die Eigentümer zusammen.

Mährischen Brüder: Die sogenannten »mährischen Brüder« lassen sich bis auf den Märtyrer Jan Hus (1371–1415) zurückverfolgen, dessen Anhänger 1457 in Kunewald in Böhmen eine religiöse Vereinigung gründeten, die sich bald auch nach Mähren ausdehnte. Nach den Wirren des Dreißigjährigen Krieges erfuhr die Sekte eine Neubelebung, als 1722 einige ihrer Anhänger, die vor religiöser Verfolgung in Österreich geflohen waren, Zuflucht auf den Gütern des Grafen Nikolaus Ludwig von Zinzendorf (1700–1760) in der Nähe von Dresden fanden, dort die Ansiedlung Herrnhut gründeten und sich 1727 ein Statut gaben. Zinzendorf wurde zum religiösen Führer dieser »Herrnhuter« und 1736 aus Sachsen verbannt, worauf er als Missionar in Europa umherzog und 1742 nach Pennsylvania kam, wo er die dortige Siedlung der Herrnhuter mit dem Namen Bethlehem mitbegründete. (Vgl. Anm. zu S. 213.)

162 *im Dienste der Eigentümer:* vgl. Anm. zu S. 62.

164 *die verbündete Miliz:* Gemeint ist die »association of volunteers«, der Zusammenschluß von Freiwilligen zu einer Bürgermiliz, die Franklin 1747/48 begründete, nachdem die von den pazifistischen Quäkern beherrschte Assembly von der Notwendigkeit einer solchen Miliz zur Landesverteidigung nicht zu überzeugen gewesen war.

165 *Es wurde ins Deutsche übersetzt:* Die religiöse Toleranz, die in der Quäkerkolonie William Penns geübt wurde, zog schon im 17. Jahrhundert religiöse Minderheiten aus Deutschland (wie die Mennoniten oder die Herrnhuter) an; 1683 entstand ihre erste Ansiedlung, Germantown. Im Verlauf des 18. Jahrhunderts strömten dann etwa 200 000 Deutsche nach Pennsylvania.

jene Sekte beleidigen: Zu den nicht systematisch ausgebauten oder festgehaltenen religiösen Grundhaltungen der Quäker (vgl. Anm. zu S. 89) gehörte eine zutiefst pazifistische Überzeugung, die z. B. die meisten Quäker (mit Ausnahme der sog. »Free Quakers«) aus Gewissensgründen von aktiver Teilnahme selbst am amerikanischen Unabhängigkeitskrieg abhielt.

167 *»Freunde«:* Der eigentliche Name der religiösen Sekte der Quäker (vgl. Anm. zu S. 89) lautet »Society of Friends« (Gemeinschaft der Freunde).

168 *William Penn:* Der englische Quäker William Penn (1644–1718) begründete 1681 die Kolonie Pennsylvania. (Vgl. Anm. zu S. 62, 89, 165 u. 167.)

171 *Sekte . . . der »Tunker«:* Umgangssprachliche Bezeichnung für die Sekte der »German Baptist Brethren«, die auf ihrer Taufpraxis beruht. Diese 1708 von Alexander Mack (1679–1735) begründete Sekte, die heute noch existiert, weist Ähnlichkeiten mit den Mennoniten auf. Ihre erste Ansiedlung in Pennsylvania erfolgte 1719. Michael Welfare ist der anglisierte Namen von Michael Wohlfahrt.

172 *»der neuerfundenen Pennsylvanischen Feuerherde . . .«:* Franklins Erfindung, die er selbst schon im Winter 1739/40 verwendet hatte, war weniger ein Ofen im heutigen Sinne als vielmehr ein gußeiserner Einsatz für offene Kamine. Der »Franklin stove«, wie er heute noch in Amerika zu finden ist, stellt eine erhebliche Weiterentwicklung dar.

176 *Apparat des Dr. Spence:* Archibald Spencer (?1698–1760) – auch hier ist Franklins Schreibweise des Namens im Manuskript unkorrekt –, der in Edinburgh als Geburtshelfer tätig gewesen war, bevor er mit Vorträgen über Elektrizität die amerikanischen Kolonien bereiste. Franklin hatte ihn 1743 in Boston kennengelernt.

186 *in der Craven Street:* Eine Nebenstraße des Strand, unweit von Charing Cross. Franklin wohnte dort während seiner verschiedenen Aufenthalte in England zwischen 1757 und 1762 sowie zwischen 1764 und 1775.

190 *den Häuptlingen der Sechs Nationen:* Die ursprünglichen »Five Nations« waren ein Verbund von fünf Irokesenstämmen (Mohawk, Cayuga, Oneida, Seneca und Onondaga), der wegen seiner Kampfkraft in den Kolonialkriegen eine wichtige Rolle spielte; 1722 kamen die Tuscarora als sechste »Nation« hinzu. Die britische Regierung befürchtete, daß die Irokesen, die über ihre Behandlung durch die New Yorker Handelsgesellschaften empört waren, sich auf die Seite der Franzosen schlagen könnten. James Fenimore Cooper (1789–1851) greift in einigen seiner »Leatherstocking Tales« diese Thematik auf (*The Last of the Mohicans*, 1826; *The Pathfinder*, 1840; *The Deerslayer*, 1841).

191 *John Penn:* Wie schon früher mit dem Namen seines Schwagers (vgl.

Anm. zu S. 42) unterläuft Franklin in seinem Manuskript ein Fehler; er gibt den Vornamen John Penns als Thomas an.

193 *»Betrachte rings dir die bewohnte Welt . . .«:* Franklin zitiert hier John Drydens (vgl. Anm. zu S. 84) Übersetzung der zehnten Satire Juvenals (1693), Z. 1–3.

196 *Krieg mit Frankreich:* Gemeint ist der Britisch-Französische Krieg 1754–1763; vgl. Anm. zu S. 96. Bei dem erwähnten Gouverneur handelt es sich um Robert Hunter Morris (ca. 1700–1764), der 1754–1756 »deputy governor« (stellvertretender Statthalter) von Pennsylvania war und sein Amt nach der von Franklin beschriebenen Auseinandersetzung niederlegen mußte.

Massachusets: Die Schreibweise Franklins ist möglicherweise durch die Massachuset-Indianer, die dem Staat den Namen gaben, beeinflußt.

208 *unserer französischen Freunde:* Frankreich war seit der zweiten Schlacht von Saratoga (New York) vom 7. Oktober 1777 wichtiger Verbündeter Amerikas im Unabhängigkeitskrieg gegen England. Als Franklin im Oktober 1776 als Gesandter nach Frankreich geschickt wurde, war eine seiner Hauptdirektiven, Verhandlungen mit Frankreich über den Ausbau der politischen und militärischen Hilfe zu führen. Der entscheidende Sieg George Washingtons bei Yorktown am 19. Oktober 1781, der den Krieg praktisch entschied, wäre ohne französische Unterstützung nur schwer möglich gewesen.

213 *Gnadenhütten, ein von Herrnhutern besiedeltes Dorf:* Die Herrnhuter (vgl. Anm. zu S. 151) waren 1735 nach Georgia und 1740 nach Pennsylvania gekommen und hatten 1741 als ihr Zentrum die Siedlung Bethlehem gegründet, die 1742 durch einen großen Auswandererstrom fest etabliert wurde. Die Indianer zerstörten die Siedlung Gnadenhütten, die ca. 25 km von Bethlehem entfernt in den Bergen lag, am 24. November 1755 und vertrieben die danach dort stationierten Truppen am 1. Januar 1756.

214 *Minisinks:* Dies ist der Name für das Tal des Delaware-Flusses zwischen den heutigen Städten Stroudsburg und Milford in Pennsylvania.

224 *Mitglied der Königlichen Gesellschaft in London:* Die »Royal Society« entstand aus einem Gelehrtenzirkel, der sich seit 1645 im Gresham College in London traf. Als Gründungsjahr wird allgemein 1660 angesehen, obwohl die Gesellschaft erst zwei Jahre später von Charles II. ihre Gründungsurkunde als »Royal Society of London for Improving Natural Knowledge« erhielt. Die »Transactions« – Veröffentlichungen der Gesellschaft – erschienen seit 1665; sie wurden 1800 in »Proceedings« – Forschungsberichte – umbenannt. Entscheidend für den Einfluß, den die Royal Society gewann, war neben dem Format ihrer ersten Präsidenten (Wissenschaftler vom Rang ei-

nes Roger Boyle [vgl. Anm. zu S. 83] oder Isaac Newton) vor allem ihr erklärtes Ziel, *alle* Wissenschaften zu umfassen, so daß sich unter ihren ersten Mitgliedern auch Literaten wie John Dryden befanden.

in der Veranstaltung jener Experimente: In diesen frühen Stadien des Experimentierens mit Elektrizität handelt es sich meist um Reibungselektrizität, die man dadurch erzeugte, daß man eine Glasröhre oder -kugel mit der Hand oder einem Tuch rieb. Franklin begann seine Experimente im Winter 1746; die Begegnung mit Spencer war schon 1743 erfolgt (vgl. Anm. zu S. 176).

225 *Quartband . . . welcher fünf Auflagen erlebte:* Wissenschaftler in England zeigten in der Tat schon sehr früh Interesse an Franklins Experimenten, deren Bedeutung sie erkannten. Auszüge aus seinen Briefen aus dem Jahr 1747 wurden schon im folgenden Jahr in den »Transactions« abgedruckt. Das erwähnte Pamphlet, die erste Ausgabe von Franklins grundlegendem wissenschaftlichem Werk, *Experiments and Observations on Electricity*, erschien im April 1751; spätere Erweiterungen erschienen 1753, 1754 und 1769. Franklins experimentelle Ergebnisse werden von modernen Naturwissenschaftlern überaus hoch eingeschätzt, da sie die Grundlagen für die spätere Entwicklung der Elektrizitätsforschung legten.

227 *eines bald darauf mit einem Papierdrachen in Philadelphia angestellten:* Franklin führte dieses berühmt gewordene Experiment im Juni 1756 durch. Seine eigene Darstellung ist ungewöhnlich zurückhaltend; die ausführlichste Darstellung findet sich in Joseph Priestleys (1733–1804) *The History and Present State of Electricity* (1767), der sich auf mündliche Auskünfte Franklins berufen konnte.

230 *in der später von mir veröffentlichten »Geschichtlichen Übersicht«:* Franklin bezieht sich hier auf Richard Jacksons Schrift *An Historical Review of the Constitution and Government of Pennsylvania*, die 1759 mit Franklins Unterstützung veröffentlicht wurde.

weil Pope in der Dunciade seine Dichtung verurteilt habe: Vgl. Anm. zu S. 28. Ralph hatte einige Autoren verteidigt, die Pope in der ersten Ausgabe (1728) seines satirischen Gedichtes *The Dunciad* angegriffen hatte, worauf er dann seinerseits in einer späteren Fassung (*Variorum Dunciad*, 1729) zum Ziel des Spottes wurde: »Silence, ye Wolves! while Ralph to Cynthia howls, / And Makes Night hideous – Answer ye Owls!« (III, 159 f.) (»Still, ihr Wölfe! Während Ralph Cynthia anheult / und die Nacht gar schrecklich macht – antwortet, ihr Eulen!«) Pope widmete Ralph zusätzlich noch eine umfangreiche sarkastische Fußnote (*The Poems of Alexander Pope*, ed. by John Butt, London, 1963, S. 409 f.).

231 *Lord Loudoun:* weiteres Beispiel (vgl. Anm. zu S. 42 u. 191) unkorrekter Namenswiedergabe im Manuskript; Franklin schreibt: Lord Loudon.

Zeittafel

1706 17. Januar: Benjamin Franklin wird als zehntes Kind und jüngster Sohn von Josiah und Abiah Franklin, geb. Folger, in Boston geboren.

1718 Franklin beginnt eine Buchdruckerlehre bei seinem Bruder James.

1722 2. April–8. Oktober: In der Zeitung *The New England Courant*, die James Franklin 1721 begründet hatte, erscheinen anonym die sog. »Dogood Papers« (Briefe der Witwe Tugut), in denen Franklin im Gewand einer Landpfarrerswitwe allerlei Mißstände attackiert.

1723 11. Februar–7. Mai: Nach der Verhaftung von James Franklin wegen kritischer Attacken gegen die Obrigkeit erscheint *The New England Courant* unter Benjamin Franklins Namen.
September/Oktober: Franklin bricht nach Streitigkeiten mit seinem Bruder seine Ausbildung ab und geht nach Philadelphia; dort arbeitet er für den Drucker Samuel Keimer.

1724 Auf Betreiben von Gouverneur Keith, der ihm falsche Hoffnungen auf finanzielle Unterstützung macht, reist Franklin am 5. November nach England, wo er sich bis 1726 aufhält; er arbeitet in London als Drucker zuerst bei Palmer und dann bei Watts.

1725 Franklin schreibt und druckt *A Dissertation on Liberty and Necessity* (Abhandlung über Freiheit und Notwendigkeit).

1726 Franklin verläßt England am 21. Juli und kommt am 11. Oktober nach Philadelphia zurück. Er arbeitet zunächst als Gehilfe des Kaufmanns Thomas

Denham, nach dessen Tod wieder als Drucker bei Keimer.

1727 Begründung des »Junto«, einer Vereinigung bildungsbeflissener junger Handwerker, die eine Art Vorläuferin der »American Philosophical Society« wird.

1728 Franklin macht sich – mit Hugh Meredith als Partner – als Drucker selbständig.

1729 4. Februar–27. März: In *The American Weekly Mercury* erscheinen die sog. »Busy-Body Papers« (Schriften eines Wichtigtuers), in denen Franklin moralische und religiöse Themen satirisch behandelt.

3. April: *A Modest Inquiry into the Nature and Necessity of a Paper-Currency* (Eine bescheidene Untersuchung über Natur und Notwendigkeit des Papiergeldes).

2. Oktober: Franklin kauft Samuel Keimers Zeitung und nennt sie *The Pennsylvania Gazette*.

1730 29. Januar: Franklin wird zum Drucker für die »Pennsylvania Assembly« bestellt.

14. Juli: Partnerschaft mit Meredith beendet.

1. September: Heirat mit Deborah Read Rogers.

1731 Geburt des ersten Sohnes, William.

8. November: Gründung der »Philadelphia Library Company«, der ersten Bibliothek auf Subskriptionsbasis in Amerika. Die Buchdruckerei floriert, so daß Franklin in Charlestown, South Carolina, eine Niederlassung eröffnen kann.

1732 Franklin arbeitet am *Poor Richard's Almanack* (Almanach des armen Richard) für das Jahr 1733; der Almanach erscheint bis 1758.

20. Oktober: Geburt eines zweiten Sohnes, Francis Folger.

1735 Franklin engagiert sich in den Kontroversen um Rev. Samuel Hemphill, der wegen unorthodoxer

Lehrmeinungen von den strenggläubigen Presbyterianern angegriffen wurde.

1736 15. Oktober: Franklin wird Sekretär der Assembly.
21. November: Tod des Sohnes Francis Folger.
7. Dezember: Gründung der »Union Fire Company«, einer Vorstufe der Feuerversicherungsgesellschaft, die Franklin 1752 gründet.

1737 5. Oktober: Franklin wird Postmeister von Philadelphia; er behält dieses Amt bis 1753.

1739 Beginn der Freundschaft mit dem Prediger George
Whitefield. Im Winter dieses Jahres erprobt Franklin zum erstenmal den sog. »Franklin stove«, einen
gußeisernen Einsatz für offene Kamine, durch den
deren Heizleistung erheblich verbessert wurde.

1741 Januar–Juni: *The General Magazine and Historical
Chronicle*, die zweite Monatsschrift, die in Amerika
erscheint.

1742 Franklin etabliert eine Niederlassung seiner Druk-
kerei in New York.

1743 14. Mai: *Proposal for Promoting Useful Knowledge*
(Vorschlag zur Förderung nützlichen Wissens); dies
führt 1744 zur Gründung der »American Philosophical Society«, deren erster Sekretär Franklin wird.
Mai/Juni: Begegnung mit Archibald Spencer und
dessen Elektrizitätsexperimenten in Boston.
31. August: Geburt der Tochter Sarah.

1746 Franklin beginnt seine Experimente mit der Elektrizität.

1747 28. März: Erster Brief zu den Elektrizitätsexperimenten an Peter Collinson in London.
November: *Plain Truth: Or, Serious Considerations on
the Present State of the City of Philadelphia, and the
Province of Pennsylvania* (Die nackte Wahrheit oder
Ernsthafte Überlegungen zur gegenwärtigen Lage
der Stadt Philadelphia und der Provinz Pennsylvania).

24. November: Gründung der Miliz von Pennsylvania gegen den Widerstand der pazifistischen Quäker.

1748 Franklin zieht sich ganz aus dem Druckereigeschäft zurück, nachdem er einen langfristigen Vertrag mit David Hall abgeschlossen hat, der ihm jährlich £ 1000 zahlt.

4. Oktober: Franklin wird in den »Philadelphia Common Council« gewählt.

1749 Oktober: *Proposals Relating to the Education of Youth in Pennsylvania* (Vorschläge betreffs der Erziehung der Jugend in Pennsylvania).

13. November: Franklin ist Mitbegründer einer Akademie, aus der sich die Universität von Pennsylvania entwickelt; er bleibt bis 1756 Präsident dieser Akademie und bis an sein Lebensende einer ihrer Kuratoren.

1750 Franklin ist am Friedensvertrag mit den Indianern in Carlisle beteiligt.

1751 April: In London erscheint eine erste Sammlung von Franklins wissenschaftlichen Arbeiten, *Experiments and Observations on Electricity* (Experimente und Beobachtungen zur Elektrizität).

11. Mai: Franklin ist Mitbegründer des »Pennsylvania Hospital«, des ersten erfolgreichen allgemeinen und öffentlichen Krankenhauses in Amerika.

13. August: Beginn der Arbeit in der Assembly; Franklin wird bis 1764 jedes Jahr wiedergewählt. *Observations Concerning the Increase of Mankind* (Beobachtungen bezüglich der Vermehrung der Menschheit).

1. Oktober: Wahl zum Stadtrat, »alderman«, von Philadelphia.

1752 25. März: Gründung einer Feuerversicherungsgesellschaft (»The Philadelphia Contributionship«), deren Präsident Franklin ist.

Sommer: Drachenexperiment; Erfindung des Blitzableiters.

1753 25. Juli: Verleihung des Grades eines Magister Artium der Universität Harvard.

10. August: Franklin wird – zusammen mit William Hunter – stellvertretender Generalpostmeister der amerikanischen Kolonien.

12. September: Verleihung des Grades eines Magister Artium der Universität Yale.

30. November: Verleihung der Copley-Medaille durch die Londoner »Royal Society«.

1754 Franklin schlägt dem Delegiertenkongreß in Albany eine Einigung der Kolonien vor; sein Plan wird weitgehend akzeptiert.

1755 April–Mai: Franklin versorgt die britische Armee unter General Braddock bei ihrem Marsch gegen feindliche Indianer während des Britisch-Französischen Krieges (1754–1763) mit Proviant und Fahrzeugen.

Franklin verfaßt für die Assembly Stellungnahmen gegen die »proprietors«, die in London sitzenden Eigentümer u. a. der Kolonie Pennsylvania.

30. Juni: Vorsitzender des Verwaltungsrates des »Pennsylvania Hospital«.

Dezember: Organisation der Verteidigung gegen die Indianer in Northampton County.

1756 Januar/Februar: Bau von drei Forts an der Grenze zum Indianerland. Oberst der Miliz von Pennsylvania.

20. April: Verleihung des Grades eines Magister Artium des College of William and Mary, Virginia.

29. April: Mitglied der Londoner »Royal Society«.

1757 3. Februar: Ernennung zum Repräsentanten der Assembly in England.

20. Juni–17. Juli: Fahrt nach England in Begleitung des Sohnes William. Während der Reise verfaßt

Franklin das Vorwort zu *Poor Richard's Almanack*, das 1758 als *The Way to Wealth* (Der Weg zum Reichtum) veröffentlicht wird.

August: Beginn der Tätigkeit für die Assembly, die Franklin bis 1762 in England festhält; er soll mit den »proprietors«, Thomas und Richard Penn, und mit der englischen Regierung Verhandlungen vor allem über die strittige Frage der Besteuerung des Besitzes der »proprietors« in Pennsylvania führen.

September/November: Krankheit.

1758 Veröffentlichung von *The Way to Wealth*. Franklin fördert den Druck von Richard Jacksons *Historical Review of the Constitution and Government of Pennsylvania* (Historischer Überblick über die Verfassung und Regierung Pennsylvaniens), worin die Haltung der Assembly verteidigt wird.

Sommer: Besuch der Geburtsstätten seiner Familie.

1759 12. Februar: Ehrendoktorwürde der Universität von St. Andrews, Schottland.

August–Oktober: Reise durch Nordengland und Schottland; Begegnung mit David Hume, Lord Kames und anderen führenden Persönlichkeiten in Edinburgh; Ehrenmitglied der »Philosophical Society of Edinburgh«.

1760 17. April: Veröffentlichung des sog. Kanada-Pamphletes (*The Interest of Great Britain Considered, with Regard to Her Colonies, and the Acquisition of Canada and Guadaloupe*), in dem Franklin sich dafür ausspricht, daß England nach dem Krieg Kanada behalten soll.

Franklin tritt den »Associates of Dr. Bray« bei; diese Vereinigung bemühte sich u. a. um die Einrichtung von Pfarrbüchereien, die ohne Gebühr benutzt werden konnten.

August: Franklin erreicht die Einwilligung des »Privy Council« (Geheimer Staatsrat der britischen

Krone; Vorläufer des Regierungskabinetts) zur Besteuerung des Besitzes der »proprietors« in Pennsylvania.

September/Oktober: Reise durch Wales und Südwestengland.

Dezember: Mitglied des Direktoriums der »Royal Society«.

1761 Reise durch Holland und Flandern mit dem Sohn William.

1762 30. April: Ehrendoktorwürde der Universität Oxford.

13. Juli: Beschreibung des neu erfundenen Musikinstrumentes, der »glass armonica«.

1. November: Rückreise nach Amerika.

1763 Bau eines neuen Hauses, das allerdings erst 1765 fertig wird.

April–November: Reisen durch die Kolonien im Zusammenhang mit seinem Amt als stellvertretender Generalpostmeister.

14. Dezember: Die allgemeinen Unruhen in den Grenzgebieten wegen der Indianeraufstände führen zum sog. »Paxton Massacre«, bei dem weiße Rowdies eine Gruppe konvertierter Conestoga-Indianer niedermetzeln.

1764 30. Januar: *A Narrative of the Late Massacres* (Ein Bericht über die jüngsten Massaker); Forderung nach gerechter und christlicher Behandlung der Indianer.

Februar: Franklin zerstreut einen Aufruhr der »Paxton Boys« in Philadelphia.

April: *Cool Thoughts on the Present Situation of Public Affairs* (Nüchterne Gedanken über die augenblickliche Lage der öffentlichen Angelegenheiten); der englische König soll die »proprietors« entschädigen und die Regierung von Pennsylvania übernehmen.

Mai: Sprecher der Assembly.

Oktober: Verlust des Sitzes in der Assembly, dennoch erneut zu deren Repräsentant in London bestimmt.

10. Dezember: Ankunft in London; Beginn der zweiten, langen Tätigkeit in England, die bis 1775 dauert. Franklin soll auf das Ende der Regierungsgewalt der »proprietors« hinwirken. Er wird während dieser Zeit allgemein als Sprecher aller Kolonien akzeptiert, zumal er nach und nach auch formal zum Vertreter anderer Kolonien ernannt wird (Georgia 1768, New Jersey 1769, Massachusetts 1770).

1765 Februar: Verhandlungen mit George Grenville über die geplante Stempelakte (»Stamp Act«).

22. März: Verabschiedung der Stempelakte; Franklin, der sich um ihre Durchsetzung bemüht, verkennt ihre Auswirkung in Amerika; man wirft ihm vor, er habe an ihrer Entstehung mitgewirkt. Franklin veröffentlicht anonyme Beiträge in Londoner Zeitungen gegen die Stempelakte.

1766 Franklin wird vom Unterhaus des englischen Parlaments zu seiner Haltung zur Stempelakte befragt und verteidigt erfolgreich die ablehnende Haltung der Kolonien.

18. März: Aufhebung der Stempelakte.

Juni–August: Reise durch Deutschland; am 19. Juli wird Franklin zum Mitglied der Göttinger Akademie der Wissenschaft ernannt.

1767 2. Juli: Verabschiedung des »Townshend Act«, der zahlreiche wichtige Gebrauchsgüter, die die Kolonien einführen müssen, mit Zöllen belegt.

August–Oktober: Reise nach Paris; Kontakte mit französischen Wissenschaftlern und Intellektuellen.

1768 Franklin veröffentlicht in der Zeitung *London Chronicle* den Artikel »Causes of American Discontents before 1768« (Gründe der amerikanischen Unzufriedenheit vor 1768).

1769   2. Januar: Franklin wird Präsident der »American Philosophical Society« und wird bis zu seinem Tod jährlich wiedergewählt.

Juli–August: Zweite Reise nach Frankreich.

1770   Intensive Zeitungskampagne gegen die mittels des »Townshend Act« erhobenen Zölle, die bis auf die Teesteuer wieder aufgehoben werden.

1771   Juli/August: Während des Aufenthaltes in Twyford Beginn der Arbeit an den *Lebenserinnerungen*.

August/November: Reise durch Irland und Schottland.

1772   Juni/Juli: Reise durch den Seen-Distrikt in Cumberland.

16. August: Franklin wird eines der acht ausländischen Mitglieder der französischen Akademie der Wissenschaften.

2. Dezember: Franklin schickt die Briefe des pro-britischen Gouverneurs von Massachusetts, Thomas Hutchinson, die an Freunde in England gerichtet waren, nach Boston, wo sie in revolutionären Kreisen einen Aufruhr verursachen, weil sie der britischen Regierung empfehlen, drastischere Maßnahmen gegen die Kolonien zu ergreifen.

1773   10. Mai: Verabschiedung des »Tea Act« zum Schutz der »East India Company«.

September: Veröffentlichung von politischen Satiren gegen die englische Kolonialpolitik: »Rules by Which a Great Empire May be Reduced to a Small One« (Regeln, durch die man ein großes Weltreich zu einem kleinen machen kann) und »An Edict by the King of Prussia« (Ein Edikt des Königs von Preußen).

16. Dezember: Boston Tea Party – amerikanische Patrioten, die sich als Mohawk-Indianer verkleidet haben, werfen 342 Kisten Tee, die Eigentum der »East India Company« und mit der Tee-Steuer be-

legt sind, in den Bostoner Hafen. Dieses symbolische Ereignis, Ausdruck des Widerstandes der Kolonisten gegen die britische Regierung, trägt entscheidend zur Stärkung der Unabhängigkeitsbewegung bei.

1774 22. Januar: Franklin erfährt von der Boston Tea Party.

29. Januar: Verhör vor dem »Privy Council« (Geheimer Staatsrat) wegen der Hutchinson-Briefe.

31. Januar: Verlust des Amtes als stellvertretender Generalpostmeister.

Dezember: Letzte Verhandlungen u. a. mit Lord Chatham zur Rettung der Kolonien, deren Widerstand auch durch die »Coercive Acts« nicht gebrochen worden war. Die »Coercive Acts« (auch »Intolerable Acts« genannt) waren Maßnahmen der britischen Regierung zur Erhaltung ihrer Vorherrschaft in Massachusetts; es handelte sich u. a. um die Schließung des Bostoner Hafens, die Einsetzung einer englandtreuen Verwaltung, Änderungen in der Rechtsprechung und die Erweiterung von Einquartierungsmöglichkeiten für britische Truppen.

19. Dezember: Tod von Deborah Franklin.

1775 5. Mai: Ankunft in Philadelphia.

6. Mai: Delegierter für Pennsylvania beim zweiten »Continental Congress«, der Versammlung der Vertreter der Kolonien (später der Bundesstaaten), die der Etablierung der Bundesregierung von 1789 vorausging.

30. Juni: Mitglied des Sicherheitsausschusses von Pennsylvania; aktive Mitarbeit bei den Kriegsvorbereitungen gegen England.

21. Juli: Entwurf eines Statutes für das Bündnis der Kolonien.

26. Juli: Ernennung zum Generalpostmeister nach den neuen Statuten der Konföderation.

1776 4. Juli: Franklin ist neben Thomas Jefferson, John Adams und anderen Mitverfasser und Mitunterzeichner der Unabhängigkeitserklärung.

8. Juli: Mitglied der verfassungsgebenden Versammlung von Pennsylvania.

26. Oktober: Abreise nach Paris als einer von drei Gesandten, die Verhandlungen über französische Unterstützung führen sollen.

21. Dezember: Beginn des langen Aufenthaltes in Frankreich, der bis 1785 dauert und während dessen Franklin zum Liebling der Pariser Gesellschaft und der französischen Intellektuellen wird. Die amerikanischen Gesandten sollen zunächst politische und militärische Hilfe Frankreichs sichern; sie sollen danach auch einen Friedensvertrag mit England aushandeln und Freundschafts- und Handelsverträge mit anderen europäischen Nationen abschließen.

1777 Franklin erwirkt die ersten (noch geheimen) Zusagen Frankreichs. Ab Mai wohnt Franklin in einem Haus in Passy bei Paris.

1778 6. Februar: Der Vertrag mit Frankreich wird offiziell unterzeichnet.

Ab Februar 1778 bis 1784 ist Franklin generalbevollmächtigter Gesandter der Vereinigten Staaten am französischen Hof. Franklin entfaltet in seinem Haus in Passy ein reges intellektuelles Leben; er druckt auf seiner eigenen Presse kleine Gelegenheitsschriften (»bagatelles«).

1779 Während der Sommermonate Aktivitäten mit dem Ziel einer Ausweitung der finanziellen und militärischen Unterstützung durch Frankreich.

Im Dezember wird von Benjamin Vaughan in London die erste Sammlung von Franklins nichtwissenschaftlichen Schriften herausgebracht: *Political, Miscellaneous, and Philosphical Pieces; . . . Written by Benjamin Franklin, LL.D. and F.R.S.*

1781 8. Juni: Franklin wird zum Friedensunterhändler mit England ernannt. Amerikanischer Sieg bei Yorktown.
Weitere akademische Ehrungen: Mitglied der »American Academy of Arts and Sciences«; ausländisches Mitglied der Akademie in Padua.

1782 Beginn der langwierigen Friedensverhandlungen mit England, die Franklin zusammen mit John Adams und John Jay führt; amerikanische Hauptforderung ist die Anerkennung der Unabhängigkeit. Veröffentlichung von *Information to Those Who Would Remove to America* (Informationen für diejenigen, die nach Amerika auswandern möchten).

1783 3. September: Der Friedensvertrag mit England wird unterzeichnet. Franklin ist faszinierter Augenzeuge von Ballonflügen und wird Ehrenmitglied der »Royal Society of Edinburgh«.

1784 Franklin verhandelt über Handelsverträge mit Preußen und anderen europäischen Staaten.
Veröffentlichung von *Remarks Concerning the Savages of North America* (Bemerkungen bezüglich der Wilden Nordamerikas). Fortführung der Arbeit an den *Lebenserinnerungen*. Beschäftigung mit dem Mesmerismus. Mitglied der Madrider Akademie der Wissenschaften.
12. Mai: Offizielle Ratifizierung des Pariser Friedensvertrages.

1785 14. September: Rückkehr nach Philadelphia. Franklin wird Präsident des Staatsrates von Pennsylvania; er wird bis 1788 jährlich wiedergewählt.
Franklin wird Mitglied der Lyoner Akademie und Ehrenmitglied der »Manchester Literary and Philosophical Society«.

1787 Mai–September: Franklin ist Mitglied für Pennsylvania in der »Federal Constitutional Convention«,

der verfassungsgebenden Versammlung der neuge-
gründeten Vereinigten Staaten.

Franklin wird Ehrenmitglied der »Medical Society«
in London und Präsident der »Pennsylvania Society
for the Abolition of Slavery« (Gesellschaft zur Abschaffung der Sklaverei).

1788 Arbeit an den *Lebenserinnerungen.*

1789 Arbeit am letzten Teil der *Lebenserinnerungen*; Ko-
pien der ersten drei Teile gehen an Freunde in
Frankreich und England.

Stellungnahme gegen die Sklaverei.

Mitglied der Kaiserlichen Akademie der Wissenschaften in Petersburg.

1790 3. Februar: Als letzte öffentliche Amtshandlung unterzeichnet Franklin als Präsident der »Abolition
Society« eine Petition an den Kongreß gegen Sklaverei und Sklavenhandel.

23. März: Artikel gegen den Sklavenhandel in der
Federal Gazette.

17. April: Franklin stirbt im Alter von 84 Jahren
und drei Monaten und wird auf dem Friedhof der
Christ Church in Philadelphia begraben.

Nachwort

I

Zur Entstehungs- und Editionsgeschichte des Textes

Benjamin Franklins *Lebenserinnerungen* sind unbestritten eine der ersten großen und einflußreichen Autobiographien der Neuzeit. Sie sind es mehr dem Geist der Sache als dem Buchstaben des Titels nach, den Franklin selbst nie endgültig festlegte und der im Laufe der Zeit Variationen erfahren hat, die von *Memoiren* über *Leben* bis hin zum modernen Begriff *Autobiographie* reichen. Und sie sind es auf eine Weise, die das Werk bis auf den heutigen Tag problematisch und kontrovers, aber auch beispielhaft und lehrreich erscheinen lassen. Als problematisch erweist sich schon die scheinbar simple Frage nach dem authentischen Text der Autobiographie, nach ihren Varianten, Übersetzungen, Rückübersetzungen und nach der ganzen komplizierten Überlieferungsgeschichte. Kontrovers war und blieb die Frage nach den inhaltlichen Tendenzen, den Gestaltungsintentionen, der »Ideologie« des Werkes. Und ebenso lehrreich wie beispielhaft für das Genre ist weit über alle inhaltliche Tugendlehre hinaus jene eigentümliche Mischung von subjektivem Lebensbericht, faktischer Zeitdokumentation, kaum verhüllter Selbstzelebration und moralisch-didaktischem Anspruch, mit denen Franklin uns zu konfrontieren weiß.

Der Autor schrieb seinen Lebensbericht in vier Anläufen während der Jahre 1771 bis 1789/90 in England, Frankreich und Amerika und berichtete dabei von einer Zeit, die sich von der Vorgeschichte seiner Familie in England bis hin zu seiner immer bedeutungsvolleren öffentlichen Karriere gegen Ende der fünfziger Jahre des achtzehnten Jahrhunderts erstreckte. Den ersten Teil verfaßte Franklin nach eigener Darstellung im Sommer 1771 in England während eines Besuches, den er seinem langjährigen Freund Jonathan Shipley, dem Bischof von St. Asaph, auf dessen Landsitz Twyford House abstattete. Ob dieser Teil, der immerhin mehr als ein Drittel der gesamten Autobiographie umfaßt und der sich intensiv mit den Jugendjahren Franklins beschäftigt, wirklich in nur wenigen Tagen entstand, oder ob Franklin noch in London, wohin er bald zurückkehrte, an der Schrift arbeitete, kann nicht mehr mit letzter Sicherheit geklärt werden. Ebensowenig kann endgültig festgestellt werden, was es mit all jenen Anekdoten auf sich hat, die sich um Franklins Aufenthalt in Twyford und um die enthusiastischen Reaktionen der Familie des Bischofs ranken, der er angeblich am Abend das tagsüber Verfaßte vorzulesen pflegte.

Der zweite Teil der Autobiographie entstand erst dreizehn Jahre später (1784) in Frankreich, und zwar in Passy (heute ein Stadtteil von Paris), wo sich Franklin als Abgesandter Amerikas mit einer Delegation im Hôtel de Valentinois aufhielt. Den dritten Teil verfaßte Franklin im Jahr 1788 (nach seiner Rückkehr aus Frankreich) in Philadelphia und der vierte Teil entstand aller Wahrscheinlichkeit nach im Winter 1789/90 ebenfalls in Philadelphia. Die ersten drei Teile des Werks wurden vom Autor als separate Blöcke ausgewiesen und mit Hinweisen auf Entstehungsort und Abfassungsdatum versehen, während sich der vierte Teil einfach an das Vorhergehende anschloß, und primär deshalb von der Forschung als eine Art separate Einheit betrachtet wird, weil er zwar im Originalmanuskript, nicht aber in den beiden wichtigen Abschriften des Manuskripts, von denen noch die Rede sein wird, enthalten war. Franklins Gesundheitszustand verschlechterte sich rapide im Laufe des Winters 1789/90, und er starb am 17. April 1790, ohne seine *Lebenserinnerungen*, mit denen er sich wohl bis zum Ende beschäftigt hatte, vollenden zu können.

Die Standard-Ausgaben dieser Autobiographie enthalten zudem noch drei Dokumente unterschiedlicher Herkunft und Funktion. Da ist zum einen eine Art Inhaltsübersicht in Stichworten, die unter dem Titel *outline* bekannt geworden ist. Es handelt sich dabei um eine knappe Skizze der Themen und Episoden, die der Autor zu behandeln gedachte; eine Skizze, die er vermutlich erst kurz nach dem Beginn seiner Arbeit in Twyford angefertigt und später mit Korrekturen versehen hat. Es ist kein Original der *outline* erhalten geblieben, und wir verdanken die Kenntnis dieses Dokuments u. a. einer Abschrift, die einem Brief aus dem Jahre 1782 von Abel James an Franklin beigefügt war. Obwohl die Divergenzen zwischen skizzenhaftem Entwurf und späterer Ausführung eine gewisse Aufmerksamkeit auf sich ziehen und obwohl gerade jene letzten Stichworte interessant sind, zu deren Behandlung es dann in den *Lebenserinnerungen* nicht mehr kam, ist die Inhaltsübersicht nicht von überragender Bedeutung; sie wurde deshalb in der vorliegenden Ausgabe nicht wiedergegeben. Wichtiger sind da schon die beiden anderen Dokumente, zwei Briefe an Franklin, die hier im Text der *Lebenserinnerungen* am Ende des ersten Teils eingefügt sind. Es handelt sich zum einen um den erwähnten Brief aus dem Jahre 1782 von Abel James, einem geachteten Kaufmann aus Philadelphia, der in den Besitz des ersten Teils sowie der Inhaltsskizze dieser Autobiographie, die Franklin in Amerika zurückgelassen hatte, gelangt war; und zum anderen um einen Brief aus dem Jahre 1783 von Benjamin Vaughan, einem Freund Franklins, den er unter Verweis auf die *outline* und auf den Brief von James um eine Beurteilung der Fortführung des Projekts gebeten hatte. Auch diese beiden Briefe sind zwar nicht Teil des Originalmanuskripts der Autobiographie, aber es gibt genügend Indizien, daß Franklin die

Briefe in seinem Lebensbericht zwischen dem ersten und dem zweiten Teil eingefügt wissen wollte. In beiden Schreiben wird er nämlich aufgefordert, das einmal begonnene Werk unter allen Umständen fortzusetzen, und sie dienen ihm daher als äußere wie innere Motivation, die Arbeit in Passy wiederaufzunehmen.

Die Entstehungsgeschichte der Franklinschen Autobiographie bietet also das komplexe Bild einer Schrift, die – über einen Zeitraum von fast zwei Jahrzehnten in mehreren Anläufen abgefaßt und mit äußeren Materialien angereichert – von fünf Jahrzehnten eines zuhöchst ereignisreichen, fast schon unruhigen Lebens Zeugnis abzulegen sucht. Nicht zuletzt aufgrund dieser verzweigten und diskontinuierlichen Entstehungsgeschichte ist das Werk dann auch immer wieder von Kritikern als wucherndes Monstrum, ja sogar als formale Katastrophe bezeichnet worden. Nun muß sich der Eindruck komplexer Vielfalt und verwirrender Zufälligkeit noch steigern, wenn man einen Blick auf die Editionsgeschichte des Buches wirft, die zum Kuriosesten zählt, was die Überlieferung und Verbreitung autobiographischer Schriften zu bieten hat. Es ist aber gerade diese Editionsgeschichte, mit der sich jeder, insbesondere auch der deutschsprachige Leser, in den Grundzügen auseinandersetzen muß, wenn er genauer einschätzen will, was er heute unter dem Titel Benjamin Franklins *Lebenserinnerungen* in Händen hält.

Den ersten, 1771 in England verfaßten Teil führte Franklin mit sich, als er 1775 nach Philadelphia zurückkehrte. Die vorrevolutionären Wirren und Franklins umfassende politische Aktivitäten ließen den Gedanken an eine Autobiographie wohl ganz in den Hintergrund treten. Erst als der Autor im Oktober 1776 in wichtiger Mission nach Frankreich aufbrach, besann er sich auf das Manuskript. In Erwartung weiterer Auseinandersetzungen zwischen Engländern und Amerikanern hinterließ Franklin sein Manuskript und andere Papiere in der Obhut eines gewissen Joseph Galloway, wo er sie sicherer als in seinem eigenen Haus glaubte. Doch Galloway lief sehr bald zu den Engländern über, und als sein Haus 1778 von Truppen besetzt wurde, gerieten auch Teile von Franklins Papieren in fremde Hände und wurden verschleppt oder beschädigt. Das Manuskript des ersten Teils der Autobiographie tauchte erst wieder auf, als Galloways Frau, die in Philadelphia zurückgeblieben war, im Februar 1782 starb. Es war Abel James, der Verfasser des Ermunterungsbriefes, der als einer der Nachlaßverwalter von Mrs. Galloway auf das Manuskript gestoßen war und Franklin davon in Kenntnis setzte, wobei er ihn zugleich drängte, die Arbeit an dem Werk fortzusetzen. Erst als Franklin nach erfolgreicher Mission in Frankreich 1785 nach Amerika zurückkehrte, konnte er sein Manuskript wieder in Besitz nehmen und mit dem zweiten Teil, den er in der Zwischenzeit in Passy verfaßt hatte, zusammenfügen. Der Autor revidierte einige Passagen des ersten Teils, verfaßte in den Jahren 1788 und 1789/90 die Teile drei und vier und hielt nun die Schrift, wie wir sie heute kennen, in Händen.

Vor der Abfassung des knappen vierten Teils jedoch hatte Franklin zusätzlich zum Original von seinem Enkel Benjamin Franklin Bache zwei heute verschollene Abschriften der ersten drei Teile anfertigen lassen, die er Ende 1789 an seinen alten englischen Freund Benjamin Vaughan und über La Rochefoucauld an seinen französischen Freund Louis Guillaume Le Veillard senden ließ. (Mittlerweile ist der Verdacht aufgetaucht, daß es sich nur beim ersten Teil um eine Abschrift, beim zweiten und dritten Teil jedoch um eine Art primitive mechanische Kopie gehandelt hat.) Er bat in Begleitschreiben um eine Beurteilung der Schrift und zugleich darum, sie unter keinen Umständen verbreiten oder kopieren zu lassen. Obwohl damit für klare Verhältnisse gesorgt schien, sollten später gerade diese Abschriften oder »fair copies« zu einer Quelle nicht endenwollender Verwirrung und Kontroversen werden.

In seinem Testament hatte Franklin einen anderen Enkel, William Temple Franklin, der mit ihm in Frankreich gewesen war, als Erben und Nachlaßverwalter seiner Papiere und Manuskripte eingesetzt. William Temple plante nun nach dem Tode des Großvaters, dessen Autobiographie sowie seine anderen Schriften zu veröffentlichen, ließ sich mit diesem Projekt jedoch reichlich Zeit. Er informierte zunächst Le Veillard von seiner Erbschaft und seinen Absichten, verblieb noch eine Weile in Amerika und brach dann unter Mitnahme des Originalmanuskripts nach England auf. Als er schließlich sein Veröffentlichungsprojekt näher ins Auge faßte, muß es ihm sinnvoll erschienen sein, aus drucktechnischen Gründen eher Le Veillards Abschrift denn das Original zur Druckvorlage zu machen. Folglich kontaktierte er im Winter 1791 Le Veillard in Paris und tauschte dort das Originalmanuskript gegen Le Veillards Abschrift ein, wobei wohl unbemerkt blieb, daß er nun nicht mehr über den vierten Teil der Schrift verfügte, der ja nur in der Originalfassung existierte. Als Temple Franklin 1818 nach langem, kaum noch verständlichem Zögern die Autobiographie seines Großvaters in London herausbrachte, bestand sie plötzlich aus fünf Teilen, die keineswegs mehr mit den Teilen des Originals korrespondierten. Temple Franklin ließ zwar den ersten Teil als Einheit bestehen, faßte jedoch die Briefe von James und Vaughan mit dem zweiten und dritten Teil des Originals zu einem neuen Teil Zwei zusammen, unterschlug den alten Teil Vier, der ihm aufgrund des Manuskripttausches nicht mehr vorlag, und fügte als neue Teile Drei, Vier und Fünf eigene biographische Fassungen an, die Franklins Lebensbeschreibung über denjenigen Punkt hinaus fortführten, an dem der Autobiograph selbst einzuhalten gezwungen war. Dazu kam noch, daß Temples Version eine Vielzahl von Abänderungen gegenüber dem Original aufwies, was allerdings erst nach der spä-

teren Wiederauffindung des Originalmanuskripts entdeckt werden konnte.

Während des langen Zögerns von Temple Franklin
hatte der Text in den Jahren nach 1790 jedoch eine Reihe
unvorhergesehener und bis auf den heutigen Tag nicht
gänzlich geklärter editorischer Abenteuer durchlaufen.
Es waren nämlich die verschiedensten unautorisierten
Fassungen in französischer und englischer Sprache und
später in weiteren Übersetzungen und Rücküberserzungen erschienen; Fassungen, deren Herkunft nicht in allen
Fällen geklärt werden konnte. Da gab es z. B. neben einer
französischen Übersetzung, die Le Veillard selbst angefertigt hatte oder hatte anfertigen lassen (ohne sie allerdings
drucken zu lassen), eine 1791 bei Jacques Buisson in Paris
erschienene französische Fassung des ersten Teils der
Autobiographie, deren Quelle unbekannt blieb. Da angenommen werden konnte, daß nur das Original und die
beiden Bache-Abschriften existierten, richtete sich der
Verdacht, eine Vorlage für Buisson zur Verfügung gestellt zu haben, sofort gegen die Besitzer dieser Texte,
insbesondere aber gegen Le Veillard. Aufgrund von Be-
weisketten, die zu komplex sind, um hier wiedergegeben
werden zu können, erwies sich der Verdacht jedoch als
wenig begründet. Deshalb ist von der Forschung in neu-
erer Zeit auch angenommen und zumindest teilweise belegt worden, daß eine weitere unautorisierte Abschrift des
ersten Teils der Autobiographie angefertigt worden sein
muß, als sich das Manuskript in den Jahren 1776 bis 1785
in fremden Händen, Franklin selbst aber in Frankreich
befand. Wie dem auch sei, von 1791 an folgte eine unautorisierte und korrupte Ausgabe der Autobiographie (oder von Teilen derselben) nach der anderen, wobei
die französischen Fassungen meist deutlich auf Buisson
zurückverwiesen und sich selbst die beiden ersten englischen Ausgaben von 1793 (Parsons und Robinson) gro-
teskerweise als Rücküberserzungen der Buisson-Ausgabe

aus dem Französischen herausstellten. Für den deutschen Leser ist dies bedeutsam, da auch die ersten deutschen Übersetzungen des Werks auf eben solche korrupten französischen und englischen Fassungen zurückgingen.

Temple Franklins Ausgabe von 1818 konnte, wie schon angedeutet, das Dilemma um den ursprünglichen und von Franklin selbst intendierten Text der *Lebenserinnerungen* nicht lösen, obwohl sie fast fünfzig Jahre lang für die »definitive edition« gehalten wurde. Dies wurde überdeutlich, als sich die bizarre Überlieferungsgeschichte der Schrift in der zweiten Hälfte des neunzehnten Jahrhunderts weiter fortsetzte. In den Jahren 1865/67 suchte John Bigelow, damals amerikanischer Gesandter in Frankreich, nach dem Originalmanuskript und fand es in der Tat auch im Besitz der Erben Le Veillards, denen er es 1867 abkaufte. Ein Jahr später und fast ein Jahrhundert, nachdem Franklin zuerst mit der Abfassung des Manuskripts begonnen hatte, veröffentlichte Bigelow zum erstenmal alle vier Teile des Originals in Philadelphia. Die Veröffentlichung machte sofort deutlich, daß Temple Franklins gefeierte Ausgabe von 1818 höchst problematisch war. Allzu deutlich sprangen die vielen Eingriffe und Abänderungen ins Auge, denen der Text unterworfen worden war. Angesichts dieses Tatbestandes war die weitere Frage von geringerer Bedeutung und blieb zudem letztlich offen, ob die Korrekturen mehr auf Benjamin Bache zurückgingen, der die Abschrift verantwortete, oder ob sie eher mit Franklins Einwilligung während dieser Abschrift erfolgt waren oder ob sie vielleicht ganz auf Temple Franklins Bemühen zurückgingen, der Welt eine seines Erachtens würdige und bereinigte Schrift seines berühmten Großvaters zu präsentieren. Die letztgültige Autorität von Temple Franklins Ausgabe war in jedem Fall erschüttert. Leider aber war auch bald die Autorität von Bigelow erschüttert, dessen 1868er Ausgabe die Kritik an Temple Franklin ja erst richtig in Gang gesetzt hatte. Bigelow hatte sich nämlich seinerseits editorische Freiheiten erlaubt, die nicht von einem allzu verantwortlichen Umgang mit dem Original zeugten. Die Verwirrung um Franklins Autobiographie schien damit komplett zu sein. Es gab ein vierteiliges »Original« in unzuverlässiger Ausgabe durch Bigelow. Es war keine Spur mehr zu finden von den beiden Bache-Abschriften, die an Vaughan und Le Veillard gegangen waren. Es gab eine stark bereinigte und erweiterte Fassung von Temple Franklin. Und es wimmelte förmlich in vielerlei Sprachen von zweifelhaften Übersetzungen und Rückübersetzungen dieser Autobiographie oder ausgewählter Teile derselben. Dennoch haben wir heute drei Ausgaben des Textes, die eine akzeptable Grundlage für die Forschung bieten, obwohl sie keineswegs alle Probleme einer endgültigen Lösung zuführen können. Es ist dies erstens Max Farrands *Parallel Text Edition* von 1949, die vier wichtige Varianten des Textes (oder von Teilabschnitten) im Vergleich abdruckt: das Originalmanuskript, die Temple Franklin Ausgabe, die französische Übersetzung von Le Veillard und die französische Fassung von Buisson. Es ist dies zweitens die von Leonard W. Labaree und anderen besorgte Ausgabe der Yale University Press von 1964, die sich an das Originalmanuskript hält. Und es ist dies drittens die erst 1981 herausgekommene *Genetic Text* Ausgabe von J. A. Leo Lemay und P. M. Zall, die das Original mit allen eingetragenen Abänderungen wiedergibt.

Für den deutschen Leser und für die vorliegende Ausgabe nun ist diese Überlieferungsgeschichte der *Lebenserinnerungen* von besonderem Interesse. Gottfried August Bürgers Übersetzung der *Jugendjahre* (1792), eine weitere, zwei Jahre danach in Weimar erschienene Übersetzung einiger Schriften Franklins, Herders überschwengliche Verehrung und Goethes immer wieder betonte Wertschätzung des Amerikaners beziehen sich nämlich alle auf Fassungen der *Lebenserinnerungen* (freilich auch auf andere

Schriften) aus dem Umfeld der zweifelhaften französischen und englischen Übersetzungen und Rückübersetzungen sowie ihrer Übertragungen ins Deutsche. Um diese Rezeption des 18. und des frühen 19. Jahrhunderts nachvollziehen zu können, sollte man mit dem Text vertraut sein, der in ihrem Zentrum stand. Bürgers Übersetzung *Benjamin Franklins Jugendjahre*, die auf die unautorisierte Buisson-Ausgabe zurückgeht, bietet sich aus mehreren Gründen als die interessanteste frühe Version in Deutschland an: war sie doch zum einen die erste deutsche Übertragung des populären ersten Teils der Autobiographie überhaupt, zum anderen eine auf Jahre hinaus vielgelesene Version und schließlich wohl auch die in sich selbst gelungenste frühe Fassung der Schrift im Deutschen. Aus diesen Gründen wurde sie hier als Vorlage für den ersten Teil verwendet, wobei sie vom Überarbeiter dem Original in Labarees Fassung angeglichen wurde. Erstaunlich war bei diesem Unternehmen u. a. die Erfahrung, daß Bürgers Übersetzung trotz der weiten Entfernung vom Urtext diesen keineswegs in völlig entstellter Form wiedergab, sondern eher – von Abweichungen im Detail abgesehen – den Ton und die stilistische Einheit von Franklins Schrift recht gut traf.

Nach einer Vielzahl von anderen deutschen Versionen bestimmte dann die von Berthold Auerbach und Friedrich Kapp 1876 besorgte Fassung aller vier Teile der *Lebenserinnerungen* die deutsche Rezeption. Es handelte sich dabei um eine Übersetzung (textgleich mit einer 1887 bei Reclam herausgekommenen Übersetzung, für die ein Dr. Karl Müller verantworlich zeichnete) von Bigelows 1868er Ausgabe, die von Kapp stolz als »die erste treue Wiedergabe der einzig vollständigen und echten Originalhandschrift des unsterblichen Werks« angekündigt wurde. Dieser Übersetzung folgen bis auf den heutigen Tag viele moderne deutsche Fassungen von Franklins *Lebenserinnerungen*, wobei sich durch die Menge der oft nur minimal voneinander abweichenden Überarbeitungen langsam gewisse Abnutzungserscheinungen bemerkbar machen. In einer ebenfalls nach der kritischen Ausgabe von Labaree neu überarbeiteten Form wurde sie der vorliegenden Ausgabe für die Teile Zwei, Drei und Vier zugrundegelegt, wobei das editorische Konzept, Bürgers Übersetzung von 1792 mit der 1876er Version von Auerbach und Kapp zu verbinden, darauf abzielt, die zu verschiedenen Zeiten jeweils einflußreichste deutsche Fassung zu Worte kommen und dabei ahnen zu lassen, was für die verschiedenen Epochen das unbestreitbare Faszinosum von Franklins Schrift ausmachte.

II

Franklins Autobiographie als Genre zwischen Tradition und Moderne

Das Leben Benjamin Franklins ist längst zum vielkommentierten historischen Faktum geworden, dem die Autobiographie – insbesondere, da sie nur einen Ausschnitt aus seinem Leben zum Gegenstand hat – kaum noch etwas hinzuzufügen vermag. Aus diesem Grunde wecken die *Lebenserinnerungen* wohl oft auch weniger unser Interesse als historische Quelle, sondern mehr als ein Werk, das von bestimmten strukturellen Genrevorgaben sowie von zeittypischen Formexperimenten geprägt wurde, die sich in der Selbstdarstellung eines herausgehobenen Individuums exemplarisch erfüllen.

Der Kritiker James Olney hat unlängst betont, daß Autobiographien als solche immer ein Beziehungsgeflecht von *bios*, *autos* und *graphein*, also von Leben, Selbst und Akt der Vermittlung, darstellen und daß es für die wechselnde kulturhistorische Einstellung zu diesem Genre von entscheidender Bedeutung ist, welches der drei Elemente dominant gesetzt wird und welche Elemente als problematisch empfunden werden. Während die Tradition, so Olney, bevorzugt das *bios* als objektivierbare Lebenssumme in das Zentrum der Aufmerksamkeit rückte, tendiert die Moderne eher dazu, das eigentliche Zentrum wie auch das Kernproblem der Autobiographie in der strukturgebenden Instanz des *autos* zu sehen. Ein Zeitalter wie das unsrige aber, dem Strukturalismus und Poststrukturalismus geläufige Erscheinungen sind, geht eher noch weiter, indem es im Akte des *graphein* die entscheidende generative Kraft des autobiographischen Prozesses wittert und dabei *bios* und *autos* zu bloßen Funktionen desselben umdeutet. Nun spiegelt zwar Franklins Schrift einerseits die zeittypische Konzentration auf das dargestellte Leben als Einheit, die dann als Beweisstück für eine moralisch-philosophische Wahrheit herangezogen wird; aber sie läßt zugleich auch schon das Selbst, welches diese Einheit verantwortet, ja sogar den Akt der Selbsterfassung und Selbststilisierung im Vorgang des Schreibens in den Blick treten, und wird damit zu einem komplexen Dokument, das zum einen der Tradition verpflichtet bleibt, zum anderen aber in einzigartiger Weise bereits die Dimensionen der modernen Autobiographie ahnen läßt.

Traditionell wirkt bei Franklin zunächst, daß er seine Lebensbeschreibung als Exemplum präsentiert, und zwar als Exemplum für diejenigen, die es in der Welt zu etwas bringen möchten. Ein erfolgreiches Leben, so lautet die zugrundegelegte Annahme, ist weniger ein Zufallsprodukt als das Ergebnis eines exakten Kalküls, und der Verlauf eines solchen Lebens hat Beweiskraft für die Richtigkeit und den Nutzen bestimmter Maximen, die es zu akzeptieren gilt. Franklin betont diesen Zusammenhang bereits deutlich in den einleitenden Passagen, welche den Modellcharakter seines Lebensexperiments unterstreichen und dieses Modell der Welt zur Nachahmung empfehlen. Er akzentuiert dieselbe Botschaft und Funktion,

wenn er im weiteren Verlauf immer wieder die Schilderung einzelner Episoden seines Lebens mit einer mora-
lisch-didaktischen Sentenz abschließt und so die Lehre
seiner Existenz auf den Begriff zu bringen sucht. Er treibt
die Verdeutlichung und Systematisierung dieser Lehre
weiter voran, wenn er im zweiten Teil der *Lebenserinnerungen* sein Projekt moralischer Perfektionierung darlegt und
seine Philosophie der Tugend in den Zusammenhang
einer expliziten Kunstlehre von der Tugend stellt, die er
einst in der geplanten Schrift »The Art of Virtue« zusam-
menfassen wollte. Und er hebt schließlich zur augen-
fälligen Verdeutlichung seiner Anschauungen solche Sze-
nen aus seinem Leben hervor, die ein hohes Verweis-
potential enthalten; so etwa, wenn er in die Schilderung
seines ersten Aufenthalts in Philadelphia die ganze Diffe-
renz zwischen dem jugendlichen Niemand, der er einmal
war, und dem hocherfolgreichen Erwachsenen, der er
einmal werden sollte, einbringt.

Franklin zeigt in all dem, daß er die Lektion beherzigt
hat, die er selbst einmal in der Gestalt der Silence Dogood
der Welt erteilt hatte, als diese im zweiten Brief der *Dogood
Letters* schrieb, daß Lebensgeschichten kaum zu etwas gut
seien, außer sie enthielten irgend etwas Bewundernswer-
tes und Vorbildliches. In diesem Zusammenhang benennt
der Autor auch gleich einen Adressaten für seine vorbild-
hafte Darstellung. Der erste Teil der Schrift ist in Form
eines Briefes an seinen Sohn abgefaßt. Da der Sohn,
William Franklin, damals schon 40 Jahre alt war und als
Gouverneur von New Jersey eine erfolgreiche Karriere
beschritten hatte, kann man sich kaum vorstellen, daß er
und nur er der gemeinte Adressat war (oder aber etwa der
kaum elfjährige Enkel William Temple Franklin, wie häufig spekuliert wurde). Es ist vielmehr so, daß Franklin
nicht zuletzt einer Zeitkonvention folgte und unter dem
Namen seines Sohnes der Jugend, wenn nicht der Welt
schlechthin, sein Leben als Exempel präsentieren wollte.

Und wie die Welt auf sein Leben als Vorbild reagierte, dokumentiert der Autor gleich mit, indem er die beiden Briefe von Abel James und Benjamin Vaughan dem ersten Teil der *Lebenserinnerungen* anfügt. Beide betonen den überaus erfreulichen Nutzeffekt der Schrift, wobei Vaughan die Lektion als Lehre für alle großen Männer, ja für die Menschheit schlechthin und zudem noch als ausgezeichnete Werbung für das aufstrebende Amerika verstanden wissen will.

Wie immer man die Botschaft der Autobiographie inhaltlich verstehen mag – als Kredo des »self-made man«, als Tugendlektion für die Jugend, als säkularisierte Morallehre einer aufgeklärten Zeit, oder doch eher als Glaubensbekenntnis einer bürgerlichen Gesellschaft, die entdeckt hat, daß tugendhaftes Verhalten zu materiellem Erfolg führt –, es ist die Dimension des Moralischen und Didaktischen, die Nutzbarmachung einer Lebensgeschichte für philosophische Zwecke, welche Franklins Autobiographie in den traditionellen Kontext einer Literatur stellt, die sich auf ein dargestelltes Leben als objektivierbare und funktionalisierbare Einheit konzentriert. Diese Dimension hat Franklins Text ansatzweise mit einer ganzen Reihe von Vorläufern gemeinsam: so etwa den Biographien, Autobiographien und Tagebüchern des frühen puritanischen Amerika, den »conduct books« der englischen Tradition, den Modellbiographien Plutarchs und den Konfessionen eines Augustinus oder eines Rousseau. Was er weniger mit solchen Vorläufern gemeinsam hat, steckt jedoch in der Präsentation des *autos* und des *graphein* sowie ihrer Interrelation im Prozeß autobiographischer Selbstvermittlung.

Franklin ist sich der Tatsache bewußt, daß hinter jeder autobiographischen Darstellung ein Selbstbild steht, das – wahr oder unwahr, fiktiv oder faktisch – auf ein *autos* in seiner integrierenden und Konsistenz gebenden Funktion zurückgeht, die eher ein vorgängiges Verständnis des

Selbst auf das Leben projiziert als es von dort zu empfangen. So betont er lieber gleich zu Anfang, daß bei ihm vieles mit der Freude an der Selbstdarstellung zusammenhänge und daß diese unter anderem auch dazu diene, seiner Eitelkeit Genüge zu tun. Und so entschärft er später ein Gutteil des scheinbar heiligen Ernstes, mit dem das Franklinsche Ich sein Projekt moralischer Vervollkommnung angeht, indem er Formen der Kritik an diesem Projekt und an diesem Ich in seine Schilderung einbezieht. In dem Zusammenhang müssen selbstironische Bemerkungen gesehen werden, wie die, daß dies alles wie eine Art moralische Geckenhaftigkeit (»foppery in morals«) erscheinen möge oder daß die Demut (»humility«), die er anstrebe, eine recht paradoxe Tugend sei, da er es noch dahin bringen werde, zum Schluß stolz auf seine eigene Demut zu sein. Mehr noch: der Autobiograph Franklin gibt indirekt zu, seinem Verhalten und seinen Schilderungen ein von ihm manipuliertes Selbstbild zugrundezulegen, wenn er an einer Stelle sagt, daß man besser auch kleinere Charakterfehler eingestehe, um seine (unvollkommenen) Freunde nicht allzu sehr zu brüskieren, und wenn er an anderer Stelle betont, daß oft schon der Anschein einer Tugend genüge, um ein vorteilhaftes Bild von sich selbst zu entwerfen. Der Autor steigert solche Einsichten dann zur ironisch-philosophischen Sentenz, wenn er am Ende einer Episode, die ihn wankend in seinen Prinzipien sieht, betont, daß es der große Vorteil eines Vernunftwesens sei, sich vernünftige Gründe für alles und jedes erfinden zu können, was man gerne sein oder tun möchte.

All dies ist deutliches Indiz dafür, daß der Franklin dieser Autobiographie über weite Strecken eine Rollenmaske anlegt, zu der er selbstironische Distanz hält und die keineswegs einfach mit dem wirklichen Franklin gleichgesetzt werden kann. Es mag zwar sein, daß der Autor, wie gewisse Kritiker es formuliert haben, der

Erfinder der *public relations* in eigener Sache war, aber er war sich zugleich auch der grundsätzlichen Durchschaubarkeit und der Funktionalität aller *public relations*-Bemühungen bewußt. Aus diesem Grunde greift die Kritik einiger amerikanischer Landsleute an Franklin auch zu kurz. Bekanntlich hat Mark Twain in seinem Sketch »The Late Benjamin Franklin« kein gutes Haar an der Gallionsfigur des republikanischen Amerika gelassen. So schrieb Twain, freilich kaum in vollem Ernst, über den Autobiographen Franklin: »Das Subjekt dieser Memoiren war von übler Veranlagung und hat schon früh sein Talent dazu prostituiert, Maximen und Aphorismen zu erfinden, die darauf zielten, Leid auf die heranwachsenden Generationen aller folgenden Zeiten zu häufen.« Die Vorwürfe der Selbstgefälligkeit, des schrankenlosen Opportunismus, der Heuchelei und des moralischen Utilitarismus waren schon vorher bei Hawthorne, Melville, John Adams und Charles Francis Adams angeklungen. Der Engländer D. H. Lawrence überhöhte sie noch in seinem Franklin-Portrait in *Studies in Classic American Literature*, wo er den Tugendlehrer und Weltweisen Franklin allzu ernst nimmt und dann frontal angreift: »Er war ein kleines Vorbild, war der Benjamin ... der schnupftabakfarbene kleine Mann! ... Das Gerede von der unsterblichen Seele war eine Art billiger Versicherungspolice.«

Allen diesen Kritikern ist gemeinsam, daß sie in Franklin wenig von der doppelbödigen Persönlichkeit, von dem Rollenspieler und Ironiker erkennen, der er doch auch war. Sie gehen mit der Waffe scharfer Ironie gegen einen Autor vor, der dieser nicht bedurfte, hatte sie doch häufig genug in Form von Selbstironie schon vorweggenommen. Und eine der Wurzeln dieser Selbstironie ist bei Franklin die Ahnung, daß in jeder Selbstdarstellung ein *autos* am Werke ist, das eher kreativ als re-kreativ vorgeht; das nicht nur der Konsistenz einer vorliegenden Lebensgeschichte nachspürt, sondern sie gerade umgekehrt *post factum* konstituiert; das sich zu seinem Produkt häufig genug so verhält wie der Romanautor zu seinen literarischen Kunstprodukten. Vieles in Franklin muß daher als Pose verstanden werden und manches als ironisches Spiel zwischen Wunsch, Rollenerfüllung, Idealisierung, Schein und Wirklichkeit. Wer wollte leugnen, daß der Autor mitunter auch ein parteiisches Bild von sich selbst entwarf, in dessen Vollzug sich das Ich als Zentrum von Selbstfiktionalisierungen betätigte – und daß hinter diesem Vorgehen schon ein Hauch der modernen Einsicht spürbar wird, daß ein autobiographisches Ich gar nicht ehrlich sein kann, sondern unablässig ein erwünschtes Lebensbild synthetisieren muß, um sich darin als dargestellte Einheit bejahen zu können?

Eine vielleicht nicht ganz so große, aber doch ähnliche Distanz zu der naiven Fraglosigkeit, die ihm oft unterstellt wird, hält Franklin in seiner Reflexion des *graphein* ein. Vieles in der Autobiographie deutet darauf hin, daß sich der Autor durchaus jenes Einflusses bewußt war, den die Umstände, die aktuelle Bewußtseinslage, ja sogar der Zeitpunkt der Abfassung seiner *Lebenserinnerungen* auf deren Inhalt gehabt haben müssen. So reflektiert er immer wieder auf seine Arbeitsweise und seine Techniken der Darstellung und betont, daß er eine Auswahl von Episoden aus seinem Leben treffe oder daß er um bestimmter Zwecke willen dieses verkürzt, jenes aber eingehender darstelle. Solche Reflexion der Vorgehensweise erstreckt sich bis hin zu dem vielzitierten Kommentar: »Ich ersehe aus meinen weiten Abschweifungen, daß ich alt werde. Ehemals schrieb ich mit mehr Methode. Aber man kleidet sich auch nicht für eine Privatzusammenkunft wie für einen Prachtball. Dies ist jedoch vielleicht nur Nachlässigkeit.« So verwendet er weiterhin bewußt bestimmte Techniken der perspektivischen Manipulation, etwa wenn er sich bei seinem ersten Eintritt in die Stadt Philadelphia ganz aus der Zukunftsperspektive des kommenden Erfolges betrachtet und auf diesen literarischen Kunstgriff als besonders wirkungsvoll hinweist. So sucht er schließlich den ständigen Dialog mit der »Nachwelt« als Adressat seiner Schrift, beklagt zu Beginn des zweiten und des dritten Teils das Fehlen von Unterlagen, die seine Erinnerung auffrischen oder bestätigen könnten, und spielt auf die Tatsache an, daß die zeitlich immer größer werdende Distanz zu den geschilderten Ereignissen deren Bild wohl auch verändern werde.

Es ist zudem auffallend, wie sich etwa ab der Mitte der *Lebenserinnerungen* der Charakter der Schrift zu ändern beginnt. Es stehen jetzt weniger die Jugendjahre im Zentrum der Aufmerksamkeit und folglich auch weniger der Prozeß der bewußt durchlaufenen Selbstformung, die wiederum den Kernpunkt des moralischen Exempels abgegeben hatte. Die didaktischen Einschübe und die Reflexion von Techniken und Maximen tugendhafter Lebensführung treten zurück zugunsten des Berichts von historischen Geschehnissen und politischen Ereignissen, in die Franklin immer stärker hineingezogen wird. Infolgedessen beginnen jetzt historisch belegbare Episoden aus dem öffentlichen Leben des Autobiographen und Querverweise auf Dokumente, Akten und Daten seiner öffentlichen Funktionen eine größere Rolle zu spielen. Dies alles zeigt den Wechsel der Orientierung von der selbst-zentrierten Autobiographie zur weltgetränkten Zeitdokumentation der Memoiren an; ein Wechsel, der nicht von ungefähr kommt, sondern wesentlich durch die Entstehungsgeschichte der *Lebenserinnerungen* bedingt ist. Man muß bedenken, daß schon der zweite Teil der Schrift zu einem Zeitpunkt entstand (1784), als die Ereignisse der amerikanischen Revolution hinter Franklin lagen, und daß der dritte und vierte Teil zu einer Zeit geschrieben wurden (1788 und danach), als fast das gesamte Panorama eines über achtzigjährigen, legendären Lebens vor dem Verfasser lag. Obwohl zumeist von den zur Geschichte geronnenen Ereignissen bei Franklin gar nicht groß die Rede ist, beeinflussen diese dennoch indirekt den Akt des *graphein*. Der Verfasser weiß eben schon, daß sein Leben am Ende ein öffentlich bedeutsames und historisch-politisch verwobenes wurde, und tendiert daher unaufhaltsam dazu, es in der Form weltorientierter Memoiren zu beschreiben.

In diesem Zusammenhang ist auch immer wieder gefragt worden, was uns wohl alles dadurch verloren gegangen sein mag, daß die *Lebenserinnerungen* lange vor der Zeit abbrechen, in der die Karriere Franklins auf ihren Höhepunkt kommen sollte. Ich glaube, daß die – freilich immer spekulative – Antwort auf diese Frage gemischt ausfallen müßte. Sicherlich würde der nie geschriebene Teil der *Lebenserinnerungen* eine geschätzte, wenn auch mit Vorsicht zu genießende Quelle für den Historiker abgeben. Ob aber für den Freund des Schriftstellers Franklin Wesentliches hinzugekommen wäre, darf bezweifelt werden. Schon bei den vorliegenden vier Teilen wird allzu deutlich, daß die Liebe und Sorgfalt Franklins primär der Darstellung der Jugendjahre gegolten hatte, deren Schilderung der Autor auch noch am ehesten einem stimmigen strukturellen Plan unterwarf. Nachdem dieser Plan sich erfüllt hatte, nahm Franklins Interesse an der Schrift ab oder verlagerte sich zumindest so, daß nun die Tendenz zur Memoirenliteratur überwog, die häufig in ihrer episodisch-faktischen Reihung von Ereignissen einen künstlerischen Entwurf vermissen läßt.

Blicken wir aus der Perspektive der Verschachtelung von *bios, autos* und *graphein* noch einmal zurück auf Franklins *Lebenserinnerungen*, so zeigt sich uns ein Werk, das in der Geschichte der Autobiographie eine Reihe von eigentümlichen Zwischenstellungen einnimmt. Es steht zum einen zwischen Autobiographie und Memoiren und verbindet in unaufdringlicher Weise die Tendenzen der beiden Genres zu einer zwar nicht vollkommenen, aber doch

akzeptablen Einheit. Es verknüpft zum anderen die tradi-
tionelle Akzentuierung einer Lebensgeschichte als Beleg
für übergeordnete Wahrheiten (seien diese nun moralischer, philosophischer oder religiöser Natur) mit einer
Reflexion auf das Selbst und seine vermittelnde Tätigkeit
als synthetisierende, formgebende Elemente im autobiographischen Prozeß. Und es markiert schließlich einen
Punkt der kulturhistorischen Entwicklung, an dem sich
ein Teil des Menschenbildes der Aufklärung manifestiert:
die Geschichte eines Individuums ist – neben allen Funktionen, die sie sonst noch haben mag – auch die Geschichte vom Selbstzweck und Selbstwert des einzelnen,
der seinen Halt und seinen Sinn in sich selbst entdeckt hat.
Franklins *Lebenserinnerungen* werden so zum Dokument
der Tradition wie auch der Moderne und eine Herausfor-
derung für beide Epochen, da sie das Überkommene nicht
ganz außer Kraft setzen und doch zugleich das Neue
schon entstehen lassen.

III

Zur Rezeption Benjamin Franklins in Deutschland

Die Popularität und der Ruhm Franklins waren überwäl-
tigend im Europa der Aufklärung, wo er so lange Zeit
seines Lebens zugebracht hatte. Man kann wohl ohne
Übertreibung sagen, daß Franklin gegen Ende des achtzehnten Jahrhunderts für gebildete Europäer die bekann-
teste Persönlichkeit war, die mit jenem Amerika identifi-
ziert wurde, das so plötzlich in den Horizont welt-
geschichtlicher Bedeutung getreten war. Dabei war es
zunächst der Naturwissenschaftler Franklin, der die Aufmerksamkeit der Welt auf sich gezogen hatte. Unangese-
hen bestimmter Kontroversen, die sich um seine Theorien
auf dem Gebiet der Elektrizität rankten, wurde Franklin
schnell zum Kreis jener bedeutenden Wissenschaftler ge-

zählt, die die experimentellen Naturwissenschaften auf nahezu allen Gebieten vorantrieben. Noch zu seinen Lebzeiten wurde er als Mitglied in mehr als einem Dutzend der großen wissenschaftlichen Gesellschaften der Zeit geführt, so u. a. in der Londoner »Royal Society« und ihren französischen und deutschen Pendants in Paris und Göttingen. In Deutschland war es kein Geringerer als Kant, der in einem Aufsatz von 1756 für ihn den Beinamen »Prometheus der neuern Zeit« verwendete; ein Epitheton, das folgenden Generationen, insbesondere in Frankreich und Deutschland, geläufig bleiben sollte. Zu diesem Ruf gesellte sich bald der Ruhm des Politikers Franklin, der nach der amerikanischen Unabhängigkeitserklärung, nach dem siegreich beendeten Revolutionskrieg und nach seiner entscheidenden Mission in Frankreich als Befreier vom Joch der Unterdrückung und als Vater der ersten republikanischen, aus dem Geiste der Aufklärung geborenen Revolution gefeiert wurde. Beides, den Ruhm des Naturwissenschaftlers wie den Ruhm des Befreiers, faßte Jacques Turgot dann später in seiner berühmten Laudatio auf Franklin in dem Epigramm zusammen: »Eripuit coelo fulmen sceptrumque tyrannis« (»Er entriß dem Himmel den Blitz und das Szepter den Tyrannen«).

Das Erscheinen der Autobiographie half, die Bedeutungssphäre von Franklins Weltruf noch umfassender zu gestalten. Jetzt war es der Schriftsteller und Moralist, der Weltweise, der Tugendlehrer und aufgeklärte Humanist, der in noch stärkerem Maße, als dies durch seine früheren essayistisch-moralischen Schriften geschehen konnte, die Aufmerksamkeit fesselte. Aus dem breiten Spektrum der europäischen Franklin-Rezeption, die mit der Autobiographie im Zusammenhang steht, kann hier nur ein kleiner Ausschnitt präsentiert werden. So soll nur von einer deutschen Rezeptionslinie die Rede sein, die augenfällig beweist, daß es gerade die Großen ihrer Zeit waren, die sich in Deutschland mit Franklin auseinandersetzten und dabei eine eulogische Tradition begründeten, die trotz mancher Abstriche bis in unsere Tage einflußreich geblieben ist.

Novalis erwähnte Franklin mehrfach in seinen Briefen aus den Jahren 1791 bis 1793 und zählte ihn schon zu diesem frühen Zeitpunkt unter die herausragenden Gestalten der modernen Geistesgeschichte, zu denen er u. a. auch Newton, Bacon, Luther, Galilei, Leibniz, Spinoza, Michelangelo, Lessing und (in einem prophetischen Vorverweis) Schiller rechnete. Die *Lebenserinnerungen* kannte Novalis in Bürgers Fassung der *Jugendjahre*, die er in einem Brief von 1793 seinem Bruder nahelegte als »Bekanntschaft . . . die, so alltäglich sie scheint, doch so herrlich und fruchtbar ist«. Christian Gottfried Körner empfahl in einem Brief seinem Freund Schiller, bei der Beschäftigung mit neueren »Memoires« Franklins Schrift nicht zu übersehen, und fragte sich im übrigen nach einer deutschen Übersetzung dieser Autobiographie. Johann Gottfried Herder beschäftigte sich gleich zu Anfang seiner ersten Sammlung der *Briefe zur Beförderung der Humanität* (1793) mit Franklin, den er einen seiner »Lieblinge in unserm Jahrhundert« nannte. Mit dem ersten Teil der *Lebenserinnerungen* durch die französische Buisson-Fassung vertraut, hob er bei Franklin den »gesunden Verstand«, den »hellen und schönen Geist«, die »sokratische Methode« und »den Sinn der Humanität« hervor. Herder nannte Franklin in durchaus positivem Sinne »den edelsten Volksschriftsteller unseres Jahrhunderts« und betonte – wie auch später immer wieder geschehen – die leichte, kluge und zuweilen heitere Art, mit der dieser »werkthätige Geist« zum Lehrer der Menschheit wurde. Obwohl Herders Lob bisweilen überschwenglich klingt, bewies er doch auch gutes Augenmaß für die Charakteristika Franklins, wenn er seine Qualitäten in den Begriffen »Vielverschlagenheit und ruhige Beherztheit« zusammenfaßte. Herder betonte drei Aspekte, die lange Zeit für die Auseinandersetzung mit Franklin in Deutschland bestimmend bleiben sollten. Zum einen hob er den Moralisten und Tugendlehrer hervor, bei dem er schon ansatzweise den wechselseitigen Zusammenhang zwischen Tugendhaftigkeit und weltzugewandten Nützlichkeitsbestrebungen, zwischen Ethos und wirtschaftlichem Erfolg erkannte; ein Zusammenhang, der auch von der neueren Kritik, so etwa im Gefolge Max Webers, immer wieder betont worden ist. Zum anderen verwies Herder mit seinem Vergleich von Franklins Lebensbeschreibung und Rousseaus *Confessions* (1781, postum) auf das historische Umfeld einer autobiographischen Literatur, die mit Franklins Schrift gewisse Strukturzüge teilte, aber nie ganz deckungsgleich mit ihr war. Und schließlich war es Herder, der in Deutschland bestimmte Anregungen des Autors Praxis werden ließ, indem er etwa Franklinsche Grundkonzepte in seinem Entwurf der *Humanitätsbriefe* Gestalt annehmen ließ oder aber eine deutsche Fassung der »Fragen zu Errichtung einer Gesellschaft der Humanität« erstellte, die dann zum selbstgegebenen Regelkanon der sogenannten »Freitagsgesellschaft« wurden (der u. a. auch Goethe angehörte). Herder löste damit ein, was er selbst als Maxime in den *Humanitätsbriefen* verkündet hatte: »Er [Franklin] der Menschheit Lehrer, einer großen Menschengesellschaft Ordner sey unser Vorbild.«

Das Lob Franklins und seiner Autobiographie sollte in Deutschland nicht mehr so schnell verstummen. Neben den bisher Genannten trugen u. a. Lichtenberg, Johann Georg Forster, Klinger, Schubart, Friedrich Heinrich Jacobi und Friedrich Schlegel zu verschiedenen Zeiten dazu bei, daß der Autor der populären *Jugendjahre* und einer Vielzahl anderer Schriften, die man bereits kannte oder jetzt kennenlernte, eine ständige Präsenz im Bewußtsein der Gebildeten blieb. Letztlich aber war es wohl Goethe, dessen Franklin-Verehrung in der Folgezeit das meiste

Interesse auf sich ziehen sollte. Mit ein wenig spekulativem Mut hätte man wohl früh voraussagen können, daß sich mit Franklin und Goethe zwei kongeniale Geister begegnen würden: hier wie da dieselbe umfassende Perspektive, dieselbe Vielseitigkeit der Interessen und Bemühungen, die ganz prononciert auch die Naturwissenschaften mit einschlossen; hier wie da derselbe wache Verstand, der in einer Vielzahl scheinbar getrennter Lebensbereiche ähnlichen universalen Gesetzmäßigkeiten nachspürte; hier wie da der Rückbezug aller Erkenntnis auf das Leben und eine umfassende Vorstellung von Humanität, die nicht zu trennen, sondern zu vereinigen gedachte; hier wie da die Durchdringung von Theorie und Praxis, von Begriff und Anschauung, die in den beiden Persönlichkeiten lebendige Gestalt annahm; und hier wie da eine ethische Grundeinstellung, die Selbstanalyse und Menschenkenntnis, Selbstvervollkommnung und gesellschaftliche Aufgabe zu verbinden suchte. So konnte es nicht wunder nehmen, daß Goethe, der nach eigenem Bekunden seit seinen frühen Jahren die wissenschaftlichen Entdeckungen Franklins verfolgt hatte, aber auch den Essayisten und Volksschriftsteller Franklin kannte, voll von aufrichtigem Lob für den berühmten Amerikaner war. Goethe zitierte Franklin immer wieder, so z. B. einen Auszug aus den Schriften, die 1794 zusammen mit dem ersten Teil der *Lebenserinnerungen* in Weimar erschienen waren, im historischen Teil der *Farbenlehre*. Insbesondere aber kehrte er in seiner Lektüre immer wieder zur Autobiographie zurück und las sie dabei, wie wir aus seinen Briefen und Tagebüchern wissen, in den verschiedensten Fassungen: zu Anfang der neunziger Jahre in den deutschen und französischen Versionen, die auf unautorisierte Ausgaben zurückgingen, und in den Jahren 1810, 1817 und 1828 in den bereits erwähnten Übersetzungen und Rückübersetzungen sowie zuletzt wohl in einer Fassung, die auf die erweiterte Ausgabe von Temple Franklin zurückging.

Dergleichen Beschäftigung mit den *Lebenserinnerungen* schlug sich natürlich in Goethes eigener autobiographischer Schrift, *Dichtung und Wahrheit*, deren Plan und Ausführung nicht unbeeinflußt von Franklin blieb, deutlich nieder. Hier vergleicht Goethe auch am Ende des dreizehnten Buches Franklin mit dem von ihm hochgeschätzten Justus Möser (1720–1794), wobei die Laudatio noch einmal vieles, wenngleich nicht alles, was Goethe an Franklin faszinierte, aufführt:

»Man müßte eben alles, was in der bürgerlichen und sittlichen Welt vorgeht, rubrizieren, wenn man die Gegenstände erschöpfen wollte, die er behandelt. Und diese Behandlung ist bewundernswürdig . . . Immer ist er über seinen Gegenstand erhaben, und weiß uns eine heitere Ansicht des Ernstesten zu geben; bald hinter dieser bald hinter jener Maske halb versteckt, bald in eigner Person sprechend, immer vollständig und erschöpfend, dabei immer froh, mehr oder weniger ironisch, durchaus tüchtig, rechtschaffen, wohlmeinend, ja manchmal derb und heftig, und dieses alles so abgemessen, daß man zugleich den Geist, den Verstand, die Leichtigkeit, Gewandtheit, den Geschmack und Charakter des Schriftstellers bewundern muß. In Absicht auf Wahl gemeinnütziger Gegenstände, auf tiefe Einsicht, freie Übersicht, glückliche Behandlung, so gründlichen als frohen Humor, wüßte ich ihm niemand als Franklin zu vergleichen.«

Verständlicherweise stieg die Wertschätzung Franklins durch solches Lob um so höher im Bewußtsein einer deutschen Leserschaft, die ohnehin schon geneigt war, eine Legende aus ihm zu machen. Daß sich dabei recht unterschiedliche Geister über die Bedeutung des Amerikaners einig zu werden vermochten, beweist der Respons von Heinrich Heine einerseits und Berthold Auerbach andererseits. Heine erwähnt Franklin lobend in den *Reisebildern*. Auerbach beschäftigt sich intensiv mit ihm in seinem Roman *Das Landhaus am Rhein* (1869), wo er ihn

u. a. als »Genie des gesunden Verstandes und des festen Willen« sowie als den »erste[n] moderne[n], sich selbst aufbauende[n] Mensch[en]« bezeichnet und wo er zudem auf das geglückte Verhältnis von Spezialisierung und Universalität bei Franklin aufmerksam macht: »Kein Philosoph, kein Dichter, kein Staatsmann, kein Handwerker, kein Gelehrter von Profession, und doch alles das zugleich; ein Sohn der Mutter Natur und der Amme Erfahrung, der ohne wissenschaftliche Führung im Walde die Heilkräuter selbst findet.« 1876 gibt Auerbach dann jene einflußreiche deutsche Ausgabe der Autobiographie heraus (*Benjamin Franklin: Sein Leben, von ihm selbst beschrieben*), die für lange Zeit die deutsche Standard-Version bleiben sollte und die auch hier in überarbeiteter Form zur Textgrundlage für die letzten drei Teile der *Lebenserinnerungen* gewählt wurde. In seinem Vorwort betont Auerbach die didaktische Wirkung der Schrift sowie Franklins Rolle als aufgeklärter, bürgerlicher Humanist und als Inkarnation des modernen »self-made man« und hebt damit noch einmal Aspekte hervor, die in Deutschland bestimmend waren und bleiben sollten.

Nun darf andererseits nicht verschwiegen werden, daß die Reaktion auf Franklin in Deutschland nicht ganz so einheitlich war, wie dies hier zunächst erscheinen mag. Neben den enthusiastischen Stimmen der Verehrung waren schon früh andere Stimmen hörbar geworden, die eine überwiegend gleichgültige bis negative Reaktion formulierten. So hatte bereits August Wilhelm Schlegel Franklins Gedankenwelt als banal abgetan, und andere – wie etwa Ferdinand Kürnberger (*Der Amerika-Müde*, 1855) – entwarfen ein negatives, satirisches Amerikabild, dessen Teil auch Franklin als entseelter, nur auf materiellen Zuwachs bedachter Krämer wurde. Es blieb Max Weber vorbehalten, diese und ähnliche Ansätze der Kritik auf einen Begriff zu bringen, der zugleich enthüllend und verzerrend war.

Weber präsentierte Franklin als Belegstück für seine Thesen vom Geist des Kapitalismus, von der innerweltlichen Askese und vom engen Zusammenhang zwischen protestantischer Ethik und neuzeitlicher Erfolgsideologie. In seiner berühmten Schrift »Die protestantische Ethik und der ›Geist‹ des Kapitalismus« (1904/5) zitiert er Maximen aus Franklins Traktaten »Necessary hints to those that would be rich« und »Advice to a young tradesman«, um zu beweisen, daß sich hier eine dem Kapitalismus nahestehende Ethik konstituiere, deren »›summum bonum‹ . . . der Erwerb von Geld und immer mehr Geld, unter strengster Vermeidung alles unbefangenen Genießens« sei. Bei Franklin, so Weber, sei dieses höchste Gut nicht länger Mittel zur Befriedigung der Lebensbedürfnisse, sondern Selbstzweck, was wiederum die Verkehrung des natürlichen Zusammenhangs von Mittel und Zweck einleite. Obwohl Weber auf Angriffe von Lujo Brentano hin (*Die Anfänge des modernen Kapitalismus*, Exkurs III, 1916) seine Kritik weiter differenzierte und dabei im gewissen Sinne abmilderte, verhinderte nichts, daß sie auch auf die Autobiographie übergriff. Diese sah Weber als weiteres Beweisstück dafür an, daß bei Franklin ein typisch puritanischer Utilitarismus in Fragen der Moral, eine Art »Philosophie des Geizes« sowie die Erzeugung eines bloß funktionalen Scheins von Tugendhaftigkeit, und damit eine Form der Heuchelei, allgegenwärtig seien. Max Weber faßte so eine Kritik zusammen, die tiefgreifender als die bereits zitierten amerikanischen Angriffe auf Franklin war und die gerade in ihrer Radikalität in bestimmten europäischen Kreisen Schule gemacht hat. Im Einklang mit und in Ergänzung zu Lujo Brentanos und Eduard Baumgartens (*Benjamin Franklin: Der Lehrmeister der amerikanischen Revolution*, 1936) Gegenkritik an Weber muß man aber sagen, daß Max Weber dabei vieles unerwähnt ließ, was gerade in den *Lebenserinnerungen* deutlich zum Vorschein kommt: so etwa die vielen Passagen, die eine ganz andere Ethik als die unterstellte postulieren, nämlich eine Ethik des Gemeinwohls und einer der Menschheit als solcher verpflichteten Vernunft; so weiterhin das uneigennützige soziale Engagement Franklins auf vielen Gebieten; sein früher Abschied von der Geschäftswelt um politischer und reformerischer Aktivitäten willen; seine Unwilligkeit, die Vielzahl seiner Erfindungen in blanke Münze umzusetzen; die Selbstironie, mit der der Autor bisweilen seine Tugendlehre kommentierte; seine alles andere als orthodox puritanische Einstellung zu Fragen der Religion und der Moral; und schließlich jener Ansatz von Franklins Ethik, der nicht auf rigoristische oder absolute Morallehre abzielte, sondern auf eine instrumentale Reflexion vorgestellter, relativer Zweck-Mittel-Zusammenhänge.

Wie auch immer, die deutsche Franklin-Rezeption hatte durch das frühe überschwengliche Lob von Herder und Goethe und durch die spätere tiefgreifende Kritik von Max Weber bestimmte Grundlinien erhalten, die keine übermäßigen Variationen mehr erlaubten. Das Urteil der heutigen Zeit scheint denn auch weniger neu als abgewogener zu sein, indem es diese oder jene Art der bekannten Stellungnahmen zu Franklin herausstellt, andere dabei aber nicht unerwähnt läßt. Wir sehen heute, daß Franklin zwar durchaus Repräsentant des erfolgsorientierten Bürgertums seiner Zeit war; daß er den materiellen Zuwachs anstrebte, das Nutzbringende suchte und verehrte und die allseitige Herrschaft des Menschen über die Natur vorantrieb; daß er alles dies aber auch weniger um egozentrischer und bloß materieller Interessen willen als um des moralisch-vernünftigen Fortschritts der Menschen schlechthin verfolgte, die er unwiderruflich als aufgeklärte, selbstverantwortliche Gattungswesen sah. Franklin war und blieb dabei in seiner Einstellung ein Kind der Aufklärung und jener Form eines nutzenorientierten bürgerlichen Humanismus, der oft Hand in Hand mit ihr ging. Es bleibt anzufügen, daß gerade die *Lebens-erinnerungen* Benjamin Franklins ein herausragendes Dokument für solche Einheit des nur scheinbar Disparaten abgeben; ein Dokument, das seinen Autor auch als Persönlichkeit ganz so zeigt, wie er nach einem Wort seines Biographen Carl van Doren nun einmal war: »mehr als ein einzelner Mensch: eine harmonische menschliche Vielfalt«.

Bamberg, Oktober 1982   Manfred Pütz

Inhalt